精選 緇門
가려뽑은 치문 해설서

정 선 치 문
精選 緇門
가려뽑은 치문 해설서

1판 1쇄 인쇄   2022년 10월 28일
1판 1쇄 발행   2022년 10월 28일

편   찬   대한불교조계종 교육원
펴 낸 이   정지현
펴 낸 곳   조계종출판사

출판등록   제2007-000078호
등록일자   2007년 4월 27일
주   소   서울시 종로구 삼봉로 81 두산위브파빌리온 831호
전   화   02-720-6107
팩   스   02-733-6708
홈페이지   www.jbbook.co.kr
E - m a i l   jogyebooks@naver.com
구입문의   불교전문서점 향전 02-2031-2070

ⓒ 대한불교조계종 교육원
ISBN 979-11-5580-193-2 13220

※ 저작권법에 의하여 보호를 받는 저작물이므로 무단으로 복사, 전재하거나 변형하여 사용할 수 없습니다.
※ 책값은 뒤표지에 있습니다.
※ 조계종출판사의 수익금은 포교·교육 기금으로 활용됩니다.

精選 緇門

가려뽑은 치문 해설서

대한불교조계종 교육원 편찬

조계종출판사

발간사

『치문(緇門)』은 발심 수행자로 살아가기 위한 훌륭한 지침과 교훈을 간직하고 있어서 예로부터 삭발염의한 스님들이 필수적으로 공부해야 하는 교훈서이자 수행 입문서로서 중요한 역할을 해 왔습니다.

특히 여기에는 역대 고승과 문인들로부터 내려오는 수행자의 길, 수행 방법과 지침, 깨달음의 가르침 등 수행자들이 반드시 익혀야 할 교육적 내용을 가득 담고 있어서 옛 승가대학인 강원에서 맨 처음 익혀야 할 중요한 교과였습니다. 나아가 『치문』은 불전을 습득하기 위한 핵심 과목으로서 1년 내내 학인들이 한문 문리(文理)가 트일 정도로 새기고 보듬으며 씨름해야 했던 내용이기도 했습니다.

그러나 강원이 사찰 승가대학으로 명칭이 전환되고 현대적 역할이 부여되면서 교과목을 많이 편성하다 보니 『치문』을 공부할 시간이 절대적으로 부족했습니다. 게다가 학인들 대다수가 한글세대라서 한문이 너무 낯설어 전통적으로 『치문』을 익히기란 매우 어려운 현실이 되고 말았습니다.

그래서 새롭게 편찬하는 『精選 緇門-가려뽑은 치문 해설서』는 한문 초보자의 입장에서 한문을 공부함에 어려움을 최대한 줄이는 데 초점을 맞추었습니다. 음독과 훈독은 물론 해석하는 방법과 더불어 어휘해설까지 달아주어 쉽게 『치문』을 익히도록 했습니다.

이 책은 안진호 스님의 『精選懸吐 緇門』에 실린 13장(章)의 큰 목차를 바탕으로, 2008년에 대한불교조계종 교육원에서 편찬한 『新編 緇門』에서 20편의 글을 가려 뽑아 놓은 것입니다. 이렇게 편찬 방향을 마련하기까지는 종단 교육기관인 사찰 승가대학 학장스님과 치문 담당 교수님들의 도움이 컸습니다. 현대적인 『치문』에 무엇을 실을 것인지 소통하고 경청하며 의견을 받아들이고 협의를 거쳐 그 구체적인 내용을 담았습니다.

　37대 총무원장 진우스님께서 8대 교육원장으로 계시면서 이러한 교재 편찬 사업의 필요성을 강조한 결과 이 책이 세상에 빛을 보게 되었습니다. 좋은 원고를 집필해 주신 전 해인사승가대학 학장 무애스님과 동국대 불교학술원 전문연구원 선암스님께 깊은 감사의 말씀을 올립니다. 아울러 이 사업을 의욕적으로 추진해주신 전 불학연구소장 보문스님의 원력도 잊지 못할 것입니다. 불학연구소 사무국장 영조스님, 고명석 팀장에게도 그간의 정진과 열정에 고마움을 표합니다.

　모쪼록 이 책이 초심 학인들은 물론 불교에 대한 신심과 발심을 일으키려는 공부인들에게 널리 읽혀 불교 한문 기초를 튼튼히 다지고 불교 고전에 대한 기틀을 잘 다듬어 나가 경장(經藏)의 지혜를 잘 꺼내 쓸 초석이 되기를 기원합니다.

불기2566(2022)년 10월
대한불교조계종 교육원장 직무대행 서봉

차례

발간사 · 4

一. 경훈警訓
1. 자경문自警文 · 11
2. 영명지각수선사수계永明智覺壽禪師垂誡 · 21
3. 팔일성해탈문八溢聖解脫門 · 44

二. 면학勉學
4. 고산원법사면학상孤山圓法師 勉學 上 · 55
5. 고산원법사면학하孤山圓法師 勉學 下 · 82

三. 유계遺誡
6. 양고승칭법주유계소사梁高僧偁法主遺誡小師 · 115

四. 잠명箴銘
7. 대당자은법사출가잠大唐慈恩法師出家箴 · 135
8. 규봉밀선사좌우명圭峰密禪師座右銘 · 152

五. 서장書狀
9. 동산양개화상사친서洞山良价和尙辭親書 · 163
10. 후서後書 · 183
11. 낭회답娘廻答 · 193

六. 기문記文
12. 남악법륜사성행당기南岳法輪寺省行堂記 · 205

七. 서문序文
13. 각범홍선사송승걸식서覺範洪禪師送僧乞食序 · 223

八. 원문願文
14. 이산연선사발원문怡山然禪師發願文 · 243

九. 선문禪文
15. 장로자각색선사좌선의長蘆慈覺賾禪師坐禪儀 · 267
16. 권참선문勸參禪文 · 294

十. 시중示衆
17. 여산동림혼융선사시중廬山東林混融禪師示衆 · 313

十一. 게찬偈讚
18. 백시랑육찬게白侍郎六讚偈 · 323

十二. 호법護法
19. 인종황제찬삼보문仁宗皇帝讚三寶文 · 345

十三. 잡록雜錄
20. 석난문釋難文 · 357

일러두기

1. 『精選 緇門-가려뽑은 치문 해설서』의 목차 구성은 안진호 스님의 『精選懸吐 緇門』에 실린 13章의 큰 목차를 그대로 수용하였고, 2008년에 대한불교조계종 교육원에서 편찬한 『新編 緇門』에서 20편의 글을 가려 뽑았다.

2. 본문의 구성은 매 편마다 독음과 뜻을 제시한 원문, 저자, 요지, 해석, 어휘 해설, 보충설명, 독송용 원문, 탄허 역 순서로 구성하였다. 원문이 긴 경우에는 편의상 해석1, 해석2 …로 단락을 구분지었다.

3. 원문의 독음은 독송용 음을 반영하여 표기하였다. 범어에서 음사한 글자, 인명과 지명, 서명의 경우에는 한자 아래에 뜻을 표기하지 않고 그대로 독음을 넣었다.
   예) 十方(십방 → 시방), 菩提(보제 → 보리), 般若(반약 → 반야),
   　　阿鼻,　 袈裟,　 良价,　 隆化惠滿,　 黃梅,　 丹陽,　 楞嚴經,　 通慧錄.
   　　아비　 가사　 양개(인명) 융화혜만(인명) 황매(지명) 단양(지명) 능엄경(서명) 통혜록(서명)

4. 해석은 축자해석에 따른 직역을 원칙으로 하였으며, 한자 아래에 해석 순서(1, 2, 3,…)를 기입하였다. 접속사나 조사의 경우, 다양한 쓰임이 있으나 그 문맥에 맞는 한가지 뜻을 제시하여 이해를 도왔다.
   예) (其)~(乎),　(而),　(而),　(而),　(以),　(以),　(以),　(於),　(於)
   　　(반어) (종결) (순접) (역접) (병렬) (로써) (이미) (이유) (~에) (~을)

5. 어휘해설에서는 단어, 구문, 숙어, 문법 등을 소개하여 문장을 파악하는 데에 도움을 주었다.

6. 보충설명에서는 내용 중 고사성어나 백암성총 스님의 주해를 소개해야 할 경우에 간략히 제시하였으며, 성총스님의 주해는 性聰으로 표시하였다.

7. 독송용 원문에서는 현토와 독음을 제시하여 독송의 편의를 도왔다.

8. 탄허 역은 1982년에 출판된 『緇門』(도서출판 敎林, 金呑虛)을 저본으로 하였으며, 당시의 맞춤법 표기가 오늘날의 한글 맞춤법과 맞지 않는 것들이 있으나 이를 수정하지 않고 그대로 실었다. 간혹 본문에 제시된 해석이 탄허 역의 해석과 일치되지 않는 곳도 있으니, 이는 독자들에게 다양한 번역의 가능성을 열어놓고 학습하게 한 것이다.

一. 警訓

경훈警訓은 고승대덕 스님이 후학들에게 출가 수행자로서의 기본 자세를 잃지 않고 수행을 잘 하도록 경책하는 마음을 담아 가르침을 내린 글이다.

1. 自警文

스스로 경계하는 글

신 심 통 조
神心洞照에는
신령/마음/꿰뚫을/비출

성 묵 위 종
聖默爲宗이요
성스러울/침묵/될/으뜸

기 계 삼 함
旣啓三緘인댄
이미/열/석/봉함할

의 준 사 실
宜遵四實이니라
마땅히/따를/넉/진실

사 관 성 설
事關聖說이요
현상/관계할/성인/말씀

이 합 금 문
理合金文이라사
이치/합치할/금/글월

방 능 보 익 교 승
方能輔翼敎乘하고
비로소/능할/도울/〃/가르칠/수레

광 양 조 도
光揚祖道하야
빛/드날릴/시조/도

이 타 자 리
利他自利에
이로울/타인/자신/이로울

공 불 랑 시
功不浪施어니와
공로/아니/헛될/베풀

약 내 절 의 조 정 정 사
若乃竊議朝廷政事하고
만약/이에/몰래/의논/조정/뜰/정사/일

사 평 군 현 관 료
私評郡縣官僚하며
사사로울/비평할/고을/현/벼슬/동료

강 국 토 지 풍 흉
講國土之豊凶하고
강론할/나라/흙/조사/풍성할/흉할

논 풍 속 지 미 오
論風俗之美惡하며
논할/바람/세속/조사/아름다울/추할

이 지 공 상 세 무
以至工商細務와
써/이를/장인/상인/세세할/일

시 정 한 담
市井閑談과
시장/우물/한가할/이야기

변 비 병 과
邊鄙兵戈와
변방/천할/병사/창

중 원 구 적
中原寇賊과
가운데/벌판/도둑/도적

문 장 기 예
文章技藝와
글월/글/기술/기예

의 식 화 재
衣食貨財히
옷/음식/재화/재물

자시기장
自恃己長하고
스스로/믿을/자기/장점

은타호사
隱他好事하며
숨길/타인/좋을/일

유양현과
揄揚顯過하고
퍼뜨릴/드날릴/드러날/허물

지적미하
指摘微瑕인댄
가리킬/지적할/작을/허물

기괴복업
旣乖福業이라
이미/어긋날/복/업

무익도심
無益道心이니라
없을/유익할/도/마음

여차유언
如此游言은
같을/이것/떠다닐/말씀

병상실덕
並傷實德이니
나란히/상할/열매/덕

좌소신시
坐消信施하고
앉을/소비할/믿을/베풀

앙괴룡천
仰愧龍天이라
우러를/부끄러울/용/하늘

죄시람상
罪始濫觴하야
죄/시작/넘칠/술잔

화종멸정
禍終滅頂하나니
재앙/마칠/소멸할/이마

하야
何也오
어찌/종결사

중생고화
衆生苦火가
많을/날/괴로울/불

사면구분
四面俱焚커늘
넉/방향/모두/태울

기가안연
豈可晏然하야
어찌/가할/편안할/그러할

좌담무의
坐談無義리오
앉을/말할/없을/이치

| 저자 |

자각종색慈覺宗賾(1009~1092): 중국 송대의 운문종 스님. 어려서부터 유가글에 널리 통하고 문장에도 능하였다. 29세에 원통법수에게 출가하고 장로응부의 법을 이었다. 그는 어머니를 방장실의 동쪽에 모시고 봉양하며 부지런히 염불수행을 하였고, 말년에는 정토수행법을 닦았다. 일원상(○)을 사용한 스님으로 알려져 있다. 저서로는『좌선의』,『선원청규』등이 있다.

| 요지 |

신령스러운 마음을 훤히 밝히는 데에는 성스러운 침묵이 으뜸이므로 참선하는 사람이라면 반드시 구업口業을 삼갈 것을 강조하였다.

| 해석1 |

神·心·洞·照에는 聖·默·爲·宗이요
  1   2   3   4   5   6   8   7

신령스러운 마음을 통철하게 비추는 데에는 성스러운 침묵이 으뜸이 됨이요

旣·啓·三·緘인댄 宜·遵·四·實이니라
  1   4   2   3   5   8   6   7

이미 세 겹으로 봉한 입을 열었을진댄 반드시 네 가지 실어實語를 따라야 한다.

【어휘해설】

洞照(통조): 훤출하게(밝게) 비추다.
聖默爲宗(성묵위종): 성스러운 침묵이 으뜸이 되다.
三緘(삼함): 세 겹으로 입을 봉한다는 뜻으로 말을 삼가야 함을 이름.
宜遵(의준): 마땅히 준수하다.
四實(사실): 네 가지 실어實語를 말하니, 즉 사실과 같은 말, 진실된 말, 허망하지 않은 말, 다르게 하지 않는 말이다.

【보충설명】

聖默: 부처님이 마갈타국에서 7일 동안 빗장을 잠근 것과 정명거사가 비야리성에서 입을 다문 것과 달마대사가 소림굴에서 9년 동안 면벽한 것 등의 사례들이다. ㉠性聰

三緘: 『공자가어』에서는 "공자가 주나라를 살펴보다가 마침내 태조 후직의 묘에 들어갔는데, 묘당의 오른쪽 계단 앞에 금인金人이 있었다. 그 입이 세 겹이나 꿰매어져 있었으며, 그 등에 '예전에 말을 삼가던 사람이다'라는 명문銘文이 새겨져 있었다."라고 하였다. ㉠性聰

| 해석2 |

事·關·聖說이요 理·合·金文이라사
1 3 2   4 6 5

현상은 성인의 말씀과 관계되고 이치는 경전에 합치하여야

方·(能)·輔翼·敎乘하고 光揚·祖道하야
1   3   2   5   4

비로소 능히 교법을 돕고 조사의 도를 밝게 드날려서

利·他·自·利에 功·不·浪·施어니와
2 1 3 4   5 8 6 7

타인을 이롭게 하고 스스로도 이롭게 함에 공덕을 헛되이 베풀지 않을 것이지만

【어휘해설】

事關(사관): 현상으로는 ~와 관계하고.
理合(이합): 이치로는 ~와 합치한다.
金文(금문): 金과 같이 귀중한 글. 부처님이 설하신 경전을 이름.
輔翼(보익): 돕다(도울 보, 도울 익).
敎乘(교승): 乘은 수레, 탈 것이라는 뜻. 교승은 교학의 가르침을 비유한 말. 즉 교법으로 중생을 실어 피안에 이르게 한다는 뜻.
光揚(광양): 밝게(빛나게, 빛내어) 드날린다.
浪施(낭시): 헛되이 베풀다.
  -浪: 물결, 유랑하다, 함부로, 마구, 방자하다.

| 해석3 |

(若乃)·竊·議·朝廷·政事하고 私·評·郡縣·官僚하며
(이를테면)　3　4　1　　2　　　7　8　　5　　6

이를테면 조정의 정사를 몰래 논의하고 군현의 관료들을 사사로이 비평하며

講·國土·(之)·豊凶하고 論·風俗·(之)·美惡하며
　3　1　(~의)　2　　　6　4　(~의)　5

국토의 풍흉을 강론하고 풍속의 좋고 나쁨을 논의하며

(以至)工商·細·務와 市井·閑·談과
(이르기까지)　1　　2　3　　4　5　6

공업·상업의 세세한 일과 저잣거리의 한가한 얘기와

邊鄙·兵戈와 中原·寇賊과
  1   2   3   4

변방의 전쟁과 중원의 도적과

文章·技藝와 衣·食·貨財히
  1   2   3 4   5

문장과 재주와 의복·음식·재물에 이르기까지(若乃~以至)

自·恃·己·長하고 隱·他·好·事하며
1 4 2 3   8 5 6 7

스스로 자기의 장점만을 자랑하고 다른 사람의 좋은 일은 숨기며

揄揚·顯·過하고 指摘·微·瑕인댄
 3   1 2   6   4 5

드러난 과실을 퍼뜨리고 작은 허물을 지적한다면

旣·乖·福業이라 無·益·道心이니라
1 3 2   6 5 4

이미 복업을 어기는지라 도 닦는 마음에 이익될 것이 없다.

【어휘해설】

若乃(약내): ~에 이르러, ~으로 말하면, 이를테면, 예를 들어.

竊議(절의): 몰래(가만히) 논의하다.

私評(사평): 사사로이 비평하다.

以至(이지): 나아가서, 내지~, ~에 이르기까지.

細務(세무): 세세한(사소한) 일.
市井(시정): 저잣거리, 속세의 시끄러운 곳.
邊鄙(변비): 변방, 궁벽한 시골.
寇賊(구적): 도적이나 원수.
技藝(기예): 기능적인 예술, 재주.
貨財(화재): 재물, 재화.
自恃(자시): 스스로 뽐내다, 과시하다.
己長(기장): 자기의 장점.
隱他(은타): 타인의 ~을 감추다.
揄揚(유양): 끌어올리다(퍼뜨리다, 드날리다).
顯過(현과): 드러난 과실.
微瑕(미하): 미미한(작은) 허물.
旣乖(기괴): 이미 어긋나다.

| 해석4 |

如·此·游·言은 並·傷·實·德이니
  2   1   3   4   5   8   6   7

이와 같이 떠도는 말은 모두 참된 덕을 손상시키니

坐·消·信·施하고 仰·愧·龍·天이라
 1   4   2   3   5   8   6   7

앉아서 신도들의 시줏물만 허비하고 우러러 용신과 천신에 부끄러울 것이다.

罪·始·濫·觴하야 禍·終·滅·頂하나니 何·(也)오
 1   4   3   2   5   8   7   6   9 (종결)

죄는 작은 술잔이 넘치는 데에서 시작하여 화는 정수리를 소멸시키는 데에서 끝나니 어째서인가?

衆生·苦·火가 四面·俱·焚커늘
　1　　2　3　　4　　5　6

중생에게 고통의 불길이 사방에서 함께 타거늘

豈·可·晏然하야 坐·談·無·義리오
1　7　2　　　3　6　5　4

어찌 편안하게 앉아서 의미 없는 이야기만 할 수 있으리오.

【어휘해설】

游言(유언): 떠도는 말, 유언비어.
信施(신시): 신도의 보시(시줏물).
仰愧(앙괴): 우러러보아 부끄럽다.
龍天(용천): 용신과 천신.
濫觴(람상): (작은) 잔을 넘치다.
滅頂(멸정): 정수리까지 마멸시킨다.
晏然(안연): 편안하다, 평온하다.

【보충설명】

濫觴:『서경』에서는 "세 강이 작은 술잔을 넘치는 물에서 시작된다."라고 하였는데, 주석에는 "샘이 처음에 흐를 때는 한 잔의 물에 불과하다가 불어나서 점점 나아가서는 마구 흐르는 데에 이른다."라고 하였다. ㊟性聰

독송용

神^신心^심洞^통照^조에는 聖^성默^묵爲^위宗^종이요 旣^기啓^계三^삼緘^함인댄 宜^의遵^준四^사實^실이니라 事^사關^관
聖^성說^설이요 理^이合^합金^금文^문이라사 方^방能^능輔^보翼^익敎^교乘^승하고 光^광揚^양祖^조道^도하야 利^이他^타
自^자利^리에 功^공不^불浪^랑施^시어니와 若^약乃^내竊^절議^의朝^조廷^정政^정事^사하고 私^사評^평郡^군縣^현官^관僚^료하며
講^강國^국土^토之^지豊^풍凶^흉하고 論^논風^풍俗^속之^지美^미惡^오하며 以^이至^지工^공商^상細^세務^무와 市^시井^정
閑^한談^담과 邊^변鄙^비兵^병戈^과와 中^중原^원寇^구賊^적과 文^문章^장技^기藝^예와 衣^의食^식貨^화財^재히 自^자恃^시
己^기長^장하고 隱^은他^타好^호事^사하며 揄^유揚^양顯^현過^과하고 指^지摘^적微^미瑕^하인댄 旣^기乖^괴福^복業^업이라
無^무益^익道^도心^심이니라 如^여此^차游^유言^언은 並^병傷^상實^실德^덕이니 坐^좌消^소信^신施^시하고 仰^앙愧^괴龍^룡天^천이라
罪^죄始^시濫^람觴^상하야 禍^화終^종滅^멸頂^정하나니 何^하也^야오 衆^중生^생苦^고火^화가 四^사面^면俱^구焚^분커늘
豈^기可^가晏^안然^연하야 坐^좌談^담無^무義^의리오

탄허 역

　神心을 훤출히 비춤에 聖默으로 宗을 삼나니 이미 三緘을 啓示했을진대 마땅히 四實을 좇을지니라. 事는 聖說에 關係하고 理는 金文에 合하여야 바야흐로 能히 敎乘을 輔翼하고 祖道를 光揚하여 利他와 自利에 功을 헛되이 베풀지 않으려니와 만일 이에 가만히 朝廷의 政事를 議論하고 私私로 郡縣의 官僚를 評論하며 國土의 豊凶을 講하고 風俗의 美惡을 論하며 써 工商의 細務와 市井의 閑談과 邊鄙의 兵戈와 中原의 寇賊과 文章技藝와 衣食貨財에 이르기까지 스스로 自己의 長處만 믿고 他人의 好事를 숨기며 顯過를 揄揚하고 微瑕를 指摘할진대 이미 福業을 乖한지라 道心에 利益이 없나니라. 이와 같은 遊言은 아울러 實德을 傷함이니 앉아 信施만 녹이고 우러러 龍天에 부끄러운지라 罪가 濫觴에 始作하여 禍가 滅頂에 終하나니라. 무슨 까닭인고. 衆生의 苦火가 四面에 모두 타거늘 어찌 晏然하여 앉아 無義만 말하리오.

2. 永明智覺壽禪師垂誡

영명사 지각연수 선사가 훈계를 내리다

<u>학 도 지 문</u>　　<u>별 무 기 특</u>　　<u>지 요 세 척 근 진 하</u>
學道之門은　**別無奇特**이라　**只要洗滌根塵下**에
배울/도/조사/문　특별할/없을/기특할/〃　다만/요긴할/씻을/〃/뿌리/티끌/아래

<u>무 량 겁 래 업 식 종 자</u>　　<u>여 등</u>　　<u>단 능 소 제 정 념</u>
無量劫來業識種子니　**汝等**이　**但能消除情念**하고
없을/헤아릴/겁/올/업/알/씨앗/새끼　너/무리　다만/능할/소멸할/제거할/뜻/생각

<u>단 절 망 연</u>　　<u>대 세 간 일 체 애 욕 경 계</u>
斷絕妄緣하야　**對世間一切愛欲境界**호대
끊을/〃/망령될/인연　대할/세상/사이/한/모두/사랑/욕구/경계/〃

<u>심 여 목 석 상 사</u>　　<u>직 요 미 명 도 안</u>　　<u>자 연 성 취 정 신</u>
心如木石相似하면　**直饒未明道眼**이라도　**自然成就淨身**하리라
마음/같을/나무/돌/서로/비슷할　다만/넉넉할/아닐/밝을/도/눈　스스로/그럴/이룰/성취할/깨끗할/몸

<u>약 봉 진 정 도 사</u>　　<u>절 수 근 심 친 근</u>
若逢眞正導師어든　**切須勤心親近**이니
만약/만날/참/바를/인도할/스승　간절할/모름지기/부지런할/마음/친할/가까울

<u>가 사 참 이 미 철</u>　　<u>학 이 미 성</u>　　<u>역 재 이 근</u>
假使參而未徹하며　**學而未成**이라도　**歷在耳根**하면
가령/하여금/참여할/말이을/아닐/꿰뚫을　배울/말이을/아닐/이룰　지날/있을/귀/뿌리

<u>영 위 도 종</u>　<u>세 세</u>　<u>불 락 악 취</u>　<u>생 생</u>　<u>불 실 인 신</u>
永爲道種하야　**世世**에　**不落惡趣**하고　**生生**에　**不失人身**하며
영원할/될/도/씨앗　세상/〃　아니/떨어질/악할/갈래　날/〃　아니/잃을/사람/몸

纔出頭來에 一聞千悟하리라 須信道하라 眞善知識은
爲人中最大因緣이라 能化衆生하야 得見佛性케하나니라
深嗟라 末世에 誑說一禪이 只學虛頭하고 全無實解하며
步步行有호대 口口談空하며 自不責業力所牽하고 更敎人으로
撥無因果하야 便說飮酒食肉이 不礙菩提하고
行盜行婬이 無妨般若라하야 生遭王法하고 死陷阿鼻하며
受得地獄業消하야는 又入畜生餓鬼하야 百千萬劫에
無有出期하나니 除非一念回光하면 立卽飜邪爲正이어니와
若不自懺自悔하고 自度自修하면 諸佛이 出來라도

야 무 구 이 처	약 할 심 간	여 목 석 상 사	변 가 식 육
也無救你處리라	若割心肝호대	如木石相似라사	便可食肉이며
조사/없을/구할/너/곳	만약/도려낼/심장/간	같을/나무/돌/서로/비슷할	곧/가할/먹을/고기

약 끽 주	여 끽 시 뇨 상 사	변 가 음 주	
若喫酒호대	如喫屎尿相似라사	便可飮酒며	
만약/먹을/술	같을/먹을/똥/오줌/서로/비슷할	곧/가할/마실/술	

약 견 단 정 남 녀	여 사 시 상 사	변 가 행 음	
若見端正男女호대	如死尸相似라사	便可行婬이며	
만약/볼/단정할/바를/남/여	같을/죽을/시체/서로/비슷할	곧/가할/행할/음란	

약 견 기 재 타 재	여 분 토 상 사	변 가 침 도	
若見己財他財호대	如糞土相似라사	便可侵盜니라	
만약/볼/자기/재물/타인/재물	같을/똥/흙/서로/비슷할	곧/가할/침범할/훔칠	

요 이 련 득 도 차 전 지	역 미 가 순 여 의 재
饒你鍊得到此田地라도	亦未可順汝意在니
넉넉할/너/단련할/얻을/이를/이/밭/땅	또한/아닐/가할/따를/너/뜻/있을

직 대 증 무 량 성 신	시 가 행 세 간 역 순 사
直待證無量聖身하야사	始可行世間逆順事니라
곧을/기다릴/증득할/없을/헤아릴/성인/몸	비로소/가할/행할/세상/사이/거스를/순할/일

고 성 시 설	기 유 타 심	지 위 말 법 승 니
古聖施設이	豈有他心이리요	只爲末法僧尼가
옛/성인/베풀/시설할	어찌/있을/다를/마음	다만/때문/끝/법/중/여승

소 지 금 계	공 잠 타 향 선 속 자	다 퇴 도 심
少持禁戒하고	恐賺他向善俗子하야	多退道心일새
적을/지닐/금할/계율	아마도/속일/타인/향할/착할/세속/아들	많을/물러날/도/마음

소 이	광 행 차 호	천 경 소 설	만 론 소 진
所以로	廣行遮護하시니	千經所說과	萬論所陳에
바/써	넓을/행할/막을/보호할	천/경전/바/말씀	만/논할/바/베풀

若不去婬하면 斷一切淸淨種하고 若不去酒하면
斷一切智慧種하고 若不去盜하면 斷一切福德種하고
若不去肉하면 斷一切慈悲種이라하야 三世諸佛이
同口敷宣하시며 天下禪宗이 一音演暢이어시늘
如何後學은 略不聽從하며 自毀正因하고 反行魔說이어뇨
只爲宿熏業種으로 生遇邪師하야 善力易消하고 惡根難拔일새니라
豈不見가 古聖이 道호대 見一魔事하면 如萬箭攢心하고
聞一魔聲하면 如千錐箚耳라하시니 速須遠離하야
不可見聞하고 各自究心하야 愼莫容易어다

| 저자 |

영명연수永明延壽(904~975): 법안종 스님으로 자는 충현沖玄・포일자抱一子, 시호는 지각선사智覺禪師이다. 영명사에 오래 주석하여 영명연수라 칭한다. 취암영참에게 출가하였고, 천태덕소의 법을 이어 법안종 3세가 되었다. 선과 교를 회통하고 염불을 겸수하였으며, 저술로 『종경록』 100권, 『만선동귀집』 3권, 『유심결』 등이 있다.

| 요지 |

불도를 닦아 성불함에 특별한 비법이 있지 않고, 다만 육근과 육진으로 길러온 업식종자를 씻어버리면 된다. 수행자는 망정妄情・망념妄念・망연妄緣을 끊고 세간의 허망한 집착을 버려야 하며, 오직 계행을 철저히 지켜야 한다.

| 해석1 |

學·道·(之)·門은 別·無·奇特이라
 2 1 (~는) 3   4 6 5

도를 배우는 방도는 특별히 기특할 것이 없다.

(只要)·洗滌·根·塵·下에 無·量·劫·來·業識·種子니
(오직~해야함) 10   1 2 3   5 4 6 7 8   9

오직 육근과 육진 아래에 한량없는 겁 이래의 업식종자를 씻어내기만 하면 되니

汝等이 但·(能)·消除·情·念하고 斷絶·妄·緣하야
　1　　2　　（能）　5　3　4　　　8　6　7

너희들이 단지 능히 망정과 망념을 제거하고 망령된 인연을 단절하여

對·世間·一切·愛欲·境界호대 心·如·木石·相似하면
5　1　　2　　3　　4　　　　6　7　8　9

세상의 일체 애욕 경계를 대하되 마음을 마치 목석과 같이 할 수 있다면

直饒·未·明·道眼이라도 自然·成就·淨·身하리라
1　　4　3　2　　　　　5　　8　6　7

설사 도안을 밝히지 못하더라도 자연히 청정한 몸을 성취하리라.

【어휘해설】

別無(별무): 특별히 ~이 없다. 특별하게 ~라고 할 만한 게 없다.

奇特(기특): 기이하고 특이한 것.

只要(지요): 오직 ~하기만 하면 된다.

洗滌(세척): 씻고 닦는다.

根塵(근진): 육근과 육진.

無量劫來(무량겁래): 무량한 겁 이래로, 무량한 겁을 지내오는 동안.

業識種子(업식종자): (아뢰야식에 저장된) 업식의 종자.

汝等(여등): 너희들.
　　-等: 들. 다수를 나타내는 접미사. 예컨대 吾等 → 우리들.

消除(소제): 녹이고 없애다.

情念(정념): 망령된 생각. 妄情(망정), 妄念(망념).

愛欲境界(애욕경계): 애욕으로 인하여 생기는 경계.

如~相似(여~상사): 마치 ~과 같다.
直饒(직요): 설사, 설령. 같은 표현으로 設使(설사), 假饒(가요), 縱饒(종요), 假令(가령).
道眼(도안): 진리를 분명히 가려내는 안목.

| 해석2 |

若·逢·眞·正·導師어든 切·須·勤·心·親近이니
　1 2 3 4 　　　6 7 8 9 10

만일 참되고 바른 스승(길잡이)을 만나면 반드시 모름지기 마음을 부지런히해서 가까이해야 하니

假使·參·(而)·未·徹하며 學·(而)·未·成이라도
　1　2　(역접) 4 3　　5 (역접) 7 6

가령 참구하였으나 확철하지 못하고, 배웠으나 이루지 못했더라도

歷·(在)·耳根하면 永·爲·道·種하야
2　(~에)　1　　3 6 4 5

귀에 스치기만 하면 영원히 불도佛道의 종자가 되어

世世에 不·落·惡趣하고 生生에 不·失·人身하며
　1　　4 3 2　　　5　　8 7 6

(만나는) 세상마다 악취에 떨어지지 않고 태어날적마다 사람 몸을 잃지 않으며

纔·出·頭·來에 一·聞·千·悟하리라
1 3 2 4　　5 6 7 8

겨우 머리를 내밀어옴에(내밀자마자) 하나를 듣고서 천 가지를 깨우칠 것이다.

須·信·道하라 眞·善知識은 爲·人·中·最·大·因緣이라
　1　3　2　　　4　　5　　　　7　6　8　9　10　11

반드시 (다음과 같은) 말을 믿어라. 참된 선지식은 사람을 완성시키는 중에 가장 큰 인연인지라

(能)·化·衆生하야 得·見·佛性케하나니라
　2　1　　　　　5　4　3

중생을 능히(제대로, 잘) 교화하여 불성을 볼 수 있게 한다.

【어휘해설】

導師(도사): 이끌어 주는 스승, 길잡이, 선지식.
切須(절수): 간절히 모름지기, 반드시.
勤心(근심): 부지런한 마음으로, 마음을 부지런하게 하다.
親近(친근): 가까이하여 모신다.
假使(가사): 설령, 설사, 가령.
參而未徹(참이미철): 참구하였으나 확철하지 못함. 같은 유형으로 '學而未成'
歷在耳根(역재이근): 귓가에 스치다.
　　-在: 어조사(於). ~에.
道種(도종): 불도의 종자. 수행하여 성불할 만한 종자.
不落惡趣(불락악취): 악취에 떨어지지 않는다.
　　-惡趣: 삼악도(지옥, 아귀, 축생)를 말함.
不失人身(불실인신): 사람 몸을 잃지 않는다.
纔出頭來(자출두래): 머리를 내밀자마자, 태어나자마자.
　　-纔: (재) 재주/(자) 겨우, ~하자마자, ~에서야 비로소, 방금, 만약.
一聞千悟(일문천오): 한가지를 듣고 천가지를 깨우친다.

須信道(수신도): 모름지기 이 말(道)을 믿어라. 道: 말하다.

爲人中最大因緣(위인중최대인연): 사람을 완성시키는 중에(완성시킴에 있어) 가장 큰 인연이다.

　　-爲: 이루다, 만들다, 완성하다.

　　-탄허 역에는 爲를 '되다'로 보아서, '사람 중에 최대인연이 된다'라고 해석.

得見佛性(득견불성): 불성을 볼 수 있다.

　　-得: ~할 수 있다. 가능.

| 해석3 |

深·嗟라 末世에 誑·說·一·禪이
1　2　　3　　4　5　6　7

매우 애닯도다! 말세에 허황된 말을 하는 한 부류의 선객들이

只·學·虛頭하고 全·無·實·解하며
1　3　2　　　　4　7　5　6

단지 헛된 것만을 배울 뿐이고, 전혀 실다운 견해는 없으며

步步·行·有호대 口口·談·空하며
1　　2　3　　　4　　5　6

걸음마다 유위有爲를 행하면서 입으로는 공을 말하며

自·不·責·業力·所牽하고 更·敎·人으로 撥·無·因果하야
3　5　4　1　　2　　　6　8　7　　10　11　9

업력에 의해 끌려다니는 것을 스스로 책망하지 않고, 다시 사람들로 하여금 인과를 뽑아 없애버려서

便·(說)·飮·酒·食·肉이 不·礙·菩提하고
1　(뒷구절)　3　2　5　4　　8　7　6

곧 "술 마시고 고기 먹는 것이 보리에 장애되지 않고

行·盜·行·婬이 無·妨·般若라하야
2　1　4　3　　7　6　5

도적질하고 음행하는 것이 반야에 방해되지 않는다"라고 말하여(說)

生·遭·王法하고 死·陷·阿鼻하며
1　3　2　　　4　6　5

살아서는 국법을 만나고 죽어서는 아비지옥에 빠지며

受得·地獄業·消하야는 又·入·畜生·餓鬼하야
2　　1　　3　　　5　8　6　　7

지옥업을 받아서 소멸되면(마치면) 또 축생과 아귀로 들어가서

百千萬劫에 無有·出·期하나니
　1　　　　4　2　3

백천만겁토록 벗어날 기약이 없으니

除非·一念·回光하면 立卽·翻·邪·爲·正이어니와
1　　2　　3　　　4　　6　5　8　7

오직 한순간에 회광반조하면 당장에 삿된 것을 뒤집어 바른 것으로 만들겠지만

【어휘해설】

深嗟(심차): 매우 애닯도다. 깊이 탄식하노라.

誑說一禪(광설일선): 허황된 말을 하는 한 부류의 선객.

只學虛頭(지학허두): 단지 헛된 것만 배우다.
- 頭: 접미사.

全無實解(전무실해): 실다운 견해가 전혀 없다.

步步行有(보보행유) 口口談空(구구담공): 걸음걸이마다 有爲를 행하면서 입으로는 空을 말한다. 즉, 말로는 空을 떠들어대지만 실제행동에 있어서는 有를 표방함.

自不責(자불책): 스스로(자신을) 책망하지 않다.

業力所牽(업력소견): 업의 힘에 이끌리는 바가 되다.
- 爲A所B: A에게 B되다, B당하다. 이때 爲가 생략되기도 함.
- 業力所牽은 '爲業力所牽'에서 爲가 생략된 구문.

更敎人(갱교인): 다시 사람들로 하여금(~에게).
- 敎: ~로 하여금. 사역의 의미(令, 使).

撥無因果(발무인과): 인과를 뽑아서 없애다(무시하다), 인과가 없다고 말한다.

生遭王法(생조왕법): 살아서는 왕법(국법)을 만나다.

死陷阿鼻(사함아비): 죽어서는 아비지옥에 떨어진다.

無有出期(무유출기): 벗어날(빠져나올) 기약이 없다.

除非(제비): ~을 제외하면 없다, 다만~함으로써만이 비로소, 오직~하여야.

一念回光(일념회광): 한 생각(순간)에 광명을 돌이키다.

立卽(입즉): 즉시, 곧, 당장에.

翻邪爲正(번사위정): 삿된 것을 뒤집어서 바르게 한다.

| 해석4 |

若·不·自懺·自悔하고 自度·自修하면
　1　6　2　　3　　　4　　5

만약 스스로 참회하고 스스로 뉘우치고 스스로 제도하고 스스로 수행하지 않는다면

諸·佛이 出來라도 也·無·救·你·處리라
1　2　　3　　　4　8　6　5　7

모든 부처님이 출현하시더라도 또한 너를 구제할 곳이 없으리라.

若·割·心肝호대 如·木石·相似라사 便·可·食·肉이며
1　4　2　3　　　5　6　　7　　　8　11　10　9

만약 심장과 간을 도려내더라도 마치 목석과 같아야 곧 고기를 먹을 수 있으며

若·喫·酒호대 如·喫·屎·尿·相似라사 便·可·飮·酒며
1　3　2　　　4　7　5　6　8　　　9　12　11　10

만약 술 마시기를 마치 똥·오줌 먹듯이 하여야 곧 술을 마실 수 있으며

若·見·端正·男女호대 如·死尸·相似라사 便·可·行·婬이며
1　4　2　　3　　　　5　6　　7　　　8　11　10　9

만약 단정한 남녀 보기를 마치 시체와 같이 여겨야 곧 음행을 할 수 있으며

若·見·己財·他財호대 如·糞土·相似라사 便·可·侵·盜니라
1　6　2　3　4　5　　7　8　　9　　　10　13　12　11

만약 자신의 재물이나 남의 재물 보기를 마치 똥 덩어리와 같이 여겨야 곧 도둑질을 할 수 있다.

饒·你·鍊得·到·此·田地라도 亦·未可·順·汝·意·(在)니
 1   2   3   6 4   5   7   11 10 8 9 (어조사)

설령 그대가 연마하여 이러한 경지에 이르더라도 또한 그대의 뜻을 따라서는 안 되니

直·待·證·無量·聖·身 하야사 始·可行·世間·逆順·事니라
 1 6 5 2   3 4   7   11   8   9   10

오직 한량없는 성스러운 몸을 증득하기를 기다려야 비로소 세간의 역·순 경계의 일들을 할 수 있다.

【어휘해설】

出來(출래): 출현하여 오시다.

也無救你處(야무구이처): 그대를 구출할 방도(處)가 없다.
    -也: 또한. 又는 과거를, 也는 미래를 나타냄.

若割心肝(약할심간): 만약 심장과 간을 도려내더라도.

如~相似(여~상사): 마치 ~처럼, ~과 같다.

喫屎尿(끽시뇨): 똥과 오줌을 먹는다.

死尸(사시): 죽은 시체.

糞土(분토): 똥 덩어리.

便可侵盜(변가침도): 그렇다면(곧) 도적질을 해도 된다.

饒你鍊得到(요이련득도): 설사 그대가 단련하여 (그러한 경지에) 이를 수 있어도.

亦未可順汝意在(역미가순여의재): 또한 그대의 뜻을 따라서는 안 된다. 하고 싶은 대로 함부로 해서는 안 된다는 뜻.
    -在: 어조사.

直待證(직대증): 곧바로 증득하기를 기다려서야.

始可行~逆順事(시가행~역순사): 비로소 ~역순의 일을 할 수 있다.

| 해석5 |

古·聖·施設이 **豈·有·他·心**이리오
1　2　3　　　4　7　5　6

옛 성인이 (가르침을) 베푼 것이 어찌 별다른 마음이 있었겠는가?

只·(爲)·末法·僧尼가 **少·持·禁戒**하고
1　(때문)　2　　3　　　6　5　4

다만 말법의 승려들이 계율을 지키는 이가 적고

恐·賺·他·向·善·俗子하야 **多·退·道·心**일새
10　5　1　3　2　4　　　　9　8　6　7

저 선을 향하는 속인들을 속여 도 닦는 마음을 후퇴시킴이 많을까 염려했기 때문이다(爲).

所以로 **廣·行·遮·護**하시니
　1　　　4　5　2　3

그러므로 (악을) 막고 (선을) 보호하는 일을 널리 행하였으니

千·經·所說과 **萬·論·所陳**에
1　2　3　　　4　5　6

천 권의 경전에서 말한 것과 만 권의 논서에서 말한 것에 (의하면)

若·不·去·婬하면 **斷·一切·淸淨·種**하고
1　3　2　　　　8　5　6　7

"만약 음행을 없애지 않으면 일체의 청정 종자를 끊을 것이고

34 緇門

若·不·去·酒하면 斷·一切·智慧·種하고
　1　4　3　2　　8　5　6　7

만약 음주를 없애지 않으면 일체의 지혜 종자를 끊을 것이고

若·不·去·盜하면 斷·一切·福德·種하고
　1　4　3　2　　8　5　6　7

만약 도둑질을 없애지 않으면 일체의 복덕 종자를 끊을 것이고

若·不·去·肉하면 斷·一切·慈悲·種이라하야
　1　4　3　2　　8　5　6　7

만약 육식을 없애지 않으면 일체의 자비 종자를 끊을 것이다."라고 하여

三世·諸·佛이 同口·敷·宣하시며
　1　2　3　　4　6　7

삼세의 모든 부처님이 한입으로 널리 선양하셨으며

天下·禪宗이 一音·演·暢이어시늘
　1　2　　3　4　5

천하의 선종이 한소리로 연설하여 펼치셨는데

如何·後學은 略·不·聽從하며
　1　2　　3　5　4

어째서 후학들은 조금도 듣고 따르지 않으며

自·毀·正因하고 反·行·魔·說이어뇨
1　3　2　　4　7　5　6

스스로 정인을 훼손하고 도리어 마군의 말을 행하는가?

【어휘해설】

施設(시설): (가르침을, 교화를) 베풀다.

豈有他心(기유타심): 어찌 별다른 마음이 있었으랴? 특별한 마음이 있어서가 아니라, (뒷문장에) '바로 ~~ 때문이다' 가 이어짐.

僧尼(승니): 비구와 비구니.

少持禁戒(소지금계): 금계(계율)를 지키는 이가 적다(드물다).

恐賺(공잠): 아마도 ~을 속일까 염려하다(걱정하다, 두려워하다).

他向善俗子(타향선속자): 저 선을 향한 세속 사람들이.

多退道心(다퇴도심): 도심에서 물러나게 함이 많다.

廣行遮護(광행차호): (악을) 막고 (선을) 보호하는 일을 널리 행하다.

同口敷宣(동구부선): 한입으로 널리 선양하다.

一音演暢(일음연창): 한소리로 연설하여 펼치다.

略不聽從(약불청종): 간략히(조금도) 듣고 따르지 않다.

自毀正因(자훼정인): 스스로 正因을 훼손하다.
　　　-正因: 왕생 또는 성불하는 데 있어 정당한 원인이 되는 것.

反行魔說(반행마설): 도리어 마군의 말을 행하다.

| 해석6 |

只·(爲)·宿·熏·業·種으로 生·遇·邪·師하야
1　(때문) 2　3　4　5　　6　9　7　8

단지 숙세에 훈습된 업식의 종자로 태어나서는 삿된 스승을 만나

善·力은 易·消하고 惡·根은 難·拔일새니라
　1　2　　4　3　　　5　6　　8　7

선한 업력은 소멸되기 쉽고, 악한 뿌리는 뽑아내기 어렵기 때문이다(爲).

豈·不·見가 古·聖이 道호대
1　3　2　　4　5　　6

어찌 보지 못했는가? 옛 성인이 말하기를(道-뒷구절),

見·一·魔·事하면　如·萬·箭·攢·心하고
4　1　2　3　　　5　6　7　9　8

"한 가지 마군의 일을 보면 마치 만 개의 화살이 심장을 뚫는 듯이 여기고

聞·一·魔·聲하면　如·千·錐·箚·耳라하시니
4　1　2　3　　　5　6　7　9　8

한마디 마군의 소리를 들으면 마치 천 개의 송곳이 귀를 찌르는 듯이 여겨라."라고 하였으니(道)

速·須·遠·離하야　不可·見·聞하고
1　2　3　4　　　　7　5　6

속히 반드시 멀리 벗어나서 보지도 듣지도 말고

各·自·究·心하야　愼·莫·容易어다
1　2　4　3　　　5　7　6

각자 스스로 마음을 궁구하여 삼가 쉽게 여기지 말라.

2. 永明智覺壽禪師垂誡

【어휘해설】

宿熏業種(숙훈업종): 숙세에 훈습된 업식의 종자.
豈不見(기불견): 어찌 보지 못했는가? 어찌 알지 못하는가? (뒷문장에) 유명한 말, 전거, 속담 등이 이어짐.
萬箭攢心(만전찬심): 만 개의 화살이 심장을 뚫는다.
千錐箚耳(천추차이): 천 개의 송곳이 귀를 찌른다.
速須遠離(속수원리): 신속히 반드시 멀리 벗어나다.
各自究心(각자구심): 각각 스스로 마음을 궁구하다.
愼莫容易(신막용이): 삼가 쉽다고 여기지 말라.

【보충설명】

自懺自悔: 중국말(悔)과 범어(懺)를 함께 쓴 것이다. '懺'은 백법白法을 이름한 것이고 '悔'는 흑법黑法을 이름한 것이니, 백법은 반드시 숭상해야 하고 흑법은 반드시 버려야 한다. 또 '懺'은 대중들에게 자기의 잘못을 털어놓음을 말하고, '悔'는 이어지는 망념을 끊음을 말한다. (性聰)

『유부비나야』 권15 주석에서는 "'懺'은 가벼운 의미로서 단지 용서를 구하는 것을 말하고, '悔'는 다른 사람에게 자기의 죄를 고백하여 죄를 없애는 설죄說罪로서 의미가 무겁다."라고 하였다.

독송용

學道之門은 別無奇特이라 只要洗滌根塵下에 無量劫來業識

種子니 汝等이 但能消除情念하고 斷絕妄緣하야 對世間一切愛

欲境界호대 心如木石相似하면 直饒未明道眼이라도 自然成就淨

身하리라 若逢眞正導師어든 切須勤心親近이니 假使參而未徹하며

學而未成이라도 歷在耳根하면 永爲道種하야 世世에 不落惡趣하고

生生에 不失人身하며 纔出頭來에 一聞千悟하리라 須信道하라 眞

善知識은 爲人中最大因緣이라 能化衆生하야 得見佛性케하나니라

深嗟라 末世에 誑說一禪이 只學虛頭하고 全無實解하며 步步行

有호대 口口談空하며 自不責業力所牽하고 更敎人으로 撥無因

果하야 便說飮酒食肉이 不礙菩提하고 行盜行婬이 無妨般若라하야

生遭王法하고 死陷阿鼻하며 受得地獄業消하야는 又入畜生餓鬼하야

百千萬劫에 無有出期하나니 除非一念回光하면 立卽飜邪爲正이어니와

若不自懺自悔하고 自度自修하면 諸佛이 出來라도 也無救你處리라

若割心肝호대 如木石相似라사 便可食肉이며 若喫酒호대 如喫屎

尿相似라사 便可飮酒며 若見端正男女호대 如死屍相似라사

便可行婬이며 若見己財他財호대 如糞土相似라사 便可侵盜니라

饒你鍊得到此田地라도 亦未可順汝意在니 直待證無量聖身하야사

始可行世間逆順事니라 古聖施設이 豈有他心이리요 只爲末法

僧尼가 少持禁戒하고 恐賺他向善俗子하야 多退道心일새 所以로

廣行遮護하시니 千經所說과 萬論所陳에 若不去婬하면 斷一切

淸淨種하고 若不去酒하면 斷一切智慧種하고 若不去盜하면 斷一

切福德種하고 若不去肉하면 斷一切慈悲種이라하야 三世諸佛이

同口敷宣하시며 天下禪宗이 一音演暢이어시늘 如何後學은 略不

聽從하며 自毁正因하고 反行魔說이어뇨 只爲宿熏業種으로 生遇

40 緇門

邪師하야 善力은 易消하고 惡根難拔일새니라 豈不見가 古聖이 道호대
見一魔事하면 如萬箭攢心하고 聞一魔聲하면 如千錐箚耳라하시니
速須遠離하야 不可見聞하고 各自究心하야 愼莫容易어다

탄허 역

　學道의 門은 別로 奇特함이 없는지라 다만 종요로이 根塵下에 無量劫來의 業識種子를 洗滌함이니 汝等이 다만 能히 情念을 消除하고 妄緣을 斷絶하여 世間의 一切 愛欲境界를 對하되 마음이 木石과 같이 相似하면 바로 넉넉히 道眼을 밝히지 못하더라도 自然히 淨身을 成就하리라. 만일 眞正한 導師를 만나거든 간절히 모름지기 勤心으로 親近할지니 假使 參究해 사무치지 못하며 배워 成就하지 못하더라도 耳根에 지내 두면 永히 道種이 되어서 世世에 惡趣에 떨어지지 않고 生生에 人身을 잃지 않아서 겨우 出頭해 오매 한번 들으면 千이나 悟하리니 모름지기 이름을 信할지어다. 眞善知識은 人中의 最大因緣이 되는지라 能히 衆生을 化하여 佛性을 得見케 하나니라. 깊이 슬프다. 末世에 誑說하는 一禪이 다만 虛頭만 배우고 全혀 實解가 없어서 步步에 有를 行하되 口口로 空을 말하며 스스로 業力의 所牽을 責하지 않고 다시 사람으로 하여금 因果를 撥無하여 문득 說하되 飮酒와 食肉이 菩提에 障碍되지 않으며 行盜와 行婬이 般若에 妨害롭지 않다 하여 生前에 王法을 만나고 死後엔 阿鼻獄에 빠지며 地獄業을 受得해 마쳐서는 또 畜生과 餓鬼에 入하여 百千萬劫에 出離할 期約이 없나니 오직 一念에 回光하면 당장에 곧 邪를 뒤쳐 正이 되려니와 만일 自懺하며 自悔하고 自度하며 自修하지 않으면 諸佛이 出來하여도 또한 너를 救援할 곳이 없으리라. 만일 心肝을 오려내되

木石과 같이 相似하면 문득 可히 食肉할 것이며 만일 술을 먹되 屎·尿를 먹음과 같이 相似하면 문득 可히 飮酒를 할 것이며 만일 端正한 男女를 보되 死屍와 같이 相似하면 문득 可히 行婬할 것이며 만일 自己의 財物과 他人의 財物을 보되 糞土와 같이 相似하면 문득 可히 侵盜할 것이니라. 넉넉히 네가 鍊得하여 이 田地에 이르더라도 또한 可히 너의 뜻을 順從하지 못할지니 바로 無量聖身을 證得함을 待하여야 비로소 可히 世間의 逆順事를 行할지니라. 古聖의 施設이 어찌 他心이 있으리오. 다만 末法의 僧尼가 禁戒를 가짐이 적고 或 저 善에 向하는 俗子를 속여서 많이 道心을 退轉케 함이 될새 所以로 널리 遮護를 行하시니 千經의 所說과 萬論의 所陳에 만일 婬을 버리지 않으면 一切 淸淨種을 斷하고 만일 酒를 버리지 않으면 一切 智慧種을 斷하고 만일 盜를 버리지 않으면 一切 福德種을 斷하고 만일 肉을 버리지 않으면 一切 慈悲種을 斷한다 하여 三世諸佛이 同口로 敷宣하시며 天下禪宗이 一音으로 演暢하셨거늘 어찌하여 後學은 略干도 聽從치 않아서 스스로 正因을 毁하고 도리어 魔說을 行하는고. 다만 宿熏한 業種으로 生하매 邪師를 만나서 善力은 녹기 쉽고 惡根은 뽑기 難함이 됨일새니라. 어찌 보지 못했느냐. 古聖이 이르되 한 魔事를 보면 萬箭으로 心腸을 찌름과 같이 여기고 한 魔聲을 들으면 千錐로 귀를 찌름과 같이 여기라 하시니 速히 모름지기 遠離하여 可히 보거나 듣지 말고 各各 스스로 心을 硏究하여 삼가 容易하게 말지어다.

3. 八溢聖解脫門

성스러운 해탈에 이르는 여덟 가지 만족스러운 일

禮佛者는 敬佛之德也요 念佛者는 感佛之恩也요
예의/부처/것 공경/부처/조사/덕/종결사 생각/부처/것 감사할/부처/조사/은혜/종결사

持戒者는 行佛之行也요 看經者는 明佛之理也요
지닐/계율/것 행할/부처/조사/행동/종결사 볼/경전/것 밝을/부처/조사/이치/종결사

坐禪者는 達佛之境也요 參禪者는 合佛之心也요
앉을/참선/것 통달할/부처/조사/경지/종결사 참여할/참선/것 합할/부처/조사/마음/종결사

得悟者는 證佛之道也요 說法者는 滿佛之願也니
얻을/깨달을/것 증득/부처/조사/도/종결사 말할/법/것 가득할/부처/조사/원할/종결사

實際理地에는 不受一塵이나 佛事門中에는 不捨一法이니라
진실/사이/이치/땅 아니/받을/한/티끌 부처/일/문/가운데 아니/버릴/한/법

然이나 此八事는 猶如四方四隅하니 闕一不可라
그러할 이/여덟/일 오히려/같을/넉/방위/넉/모퉁이 빠트릴/한/아니/가할

前聖後聖이 其揆는 一也니라 六波羅蜜을 亦須兼行이니
앞/성인/뒤/성인 그/법규 한/종결사 여섯/바라밀 또한/모름지기/겸할/행할

六祖가 云호대 執空之人은 滯在一隅하야 謂不立文字하나니
여섯/조사 이를 집착할/공/조사/사람 막힐/있을/한/모퉁이 이를/아니/설/글월/글자

自迷는 猶可어니와 又謗佛經이라 罪障이 深重하리라하시니
스스로/미혹할 오히려/가할 또/헐뜯을/부처/경전 죄/장애 깊을/무거울

可不戒哉아
가할/아니/경계할/종결사

| 저자 |

영명연수: 25쪽 참조.

| 요지 |

성스러운 해탈을 이루는 방법으로 예불, 염불, 지계, 간경, 좌선, 참선, 득오, 설법 등 여덟 가지가 있는데, 한 가지라도 빠트려서는 안 되며 아울러 육바라밀을 함께 행하여야 한다.

| 해석1 |

禮佛·者는 敬·佛·(之)·德·(也)요
  1   2   5 3 (~의) 4 (종결)

예불 올리는 것은 부처님의 덕을 공경하는 것이고

念佛·者는 感·佛·(之)·恩·(也)요
　1　　2　　5　3　(~의)　4　(종결)

염불하는 것은 부처님의 은혜에 감사하는 것이고

持·戒·者는 行·佛·(之)·行·(也)요
2　1　3　　6　4　(~의)　5　(종결)

계를 지키는 것은 부처님의 행위를 (따라) 행하는 것이고

看·經·者는 明·佛·(之)·理·(也)요
2　1　3　　6　4　(의)　5　(종결)

경전을 보는 것은 불법의 이치를 밝히는 것이고

坐禪·者는 達·佛·(之)·境·(也)요
　1　　2　　5　3　(~의)　4　(종결)

좌선하는 것은 부처님의 경지에 도달하는 것이고

參禪·者는 合·佛·(之)·心·(也)요
　1　　2　　5　3　(~의)　4　(종결)

참선하는 것은 부처님의 마음에 합치하는 것이고

得·悟·者는 證·佛·(之)·道·(也)요
2　1　3　　6　4　(~의)　5　(종결)

깨달음을 얻는 것은 부처님의 도를 증득하는 것이고

說·法·者는 滿·佛·(之)·願·(也)니
2　1　3　　6　4　(의)　5　(종결)

불법을 연설하는 것은 부처님의 서원을 만족하게 하는 것이니

實際·理地에는　不·受·一·塵이나
　1　　2　　　　6　5　3　4

진실제의 경지(理의 입장)에서는 한 티끌도 받아들이지 않으나

佛事·門中에는　不·捨·一·法이니라
　1　　2　　　　6　5　3　4

불사의 문(事의 입장)에서는 한 법도 버리지 않는다.

【어휘해설】

敬佛之德(경불지덕): 부처님의 덕을 공경하는 것.

感佛之恩(감불지은): 부처님의 은혜에 감사하는 것.

行佛之行(행불지행): 부처님의 행위를 (따라) 행하는 것.

明佛之理(명불지리): 불법의 이치를 밝히는 것.

達佛之境(달불지경): 부처님의 경지에 도달하는 것.

合佛之心(합불지심): 부처님의 마음에 합치하는 것.

證佛之道(증불지도): 부처님의 도를 증득하는 것.

滿佛之願(만불지원): 부처님의 서원을 만족시키는 것.

實際理地(실제리지): 궁극적 실제인 이치의 경지.

不受一塵(불수일진): 한 티끌도 받아들이지 않는다 → 眞空(진공), 理(리), 體(체)의 입장.

佛事門中(불사문중): 불법의 일에서는.

不捨一法(불사일법): 한 법도 버리지 않는다 → 妙有(묘유), 事(사), 用(용)의 입장.

| 해석2 |

然이나 此·八·事는 猶如·四方·四隅하니 闕·一·不可라
　1　　2　3　4　　　　5　　6　　　7　　　　9　8　10

그러나 이 여덟 가지 일은 마치 네 방위와 네 모퉁이와 같으니 하나라도 빠트릴 수 없다.

前·聖·後·聖이 其·揆는 一·(也)니라
　1　2　3　4　　5　6　　7　(종결)

앞선 성인과 후대의 성인도 그 법도는 한 가지이다.

六波羅蜜을 亦·須·兼·行이니
　　1　　　2　3　4　5

육바라밀을 또한 반드시 겸비하여 행하여야 하니

六祖가 (云)호대 執·空·(之)·人은 滯·(在)·一·隅하야
　1　　(뒷구절)　3　2　　　(~는)　4　7　(~에)　5　6

육조(혜능대사)가 이르기를, "공에 집착하는 사람은 한 모퉁이에 막혀있어서

謂·不立文字하니 自·迷는 猶·可어니와
　2　　1　　　　3　4　　5　6

'불립문자(문자를 세우지 않는다)'라 하나니, 스스로 미혹한 것은 그래도 괜찮지만

又·謗·佛經이라 罪障이 深·重하리라하시니 可·不·戒·(哉)아
1　3　2　　　　4　　　5　6　　　　　　9　8　7　(종결)

또 불경을 비방하는지라, 죄가 깊고도 무거우리라."라고 했으니(云), 경계하지 않을 수 있겠는가?

【어휘해설】

猶如(유여): 마치 ~와 같다.

四方四隅(사방사우): 네 방위와 네 모퉁이.

闕一(궐일): 하나가 부족하다, 하나를 빠트리다.

前聖後聖(전성후성): 앞선 성인과 후대의 성인.

六波羅蜜(육바라밀): 보시, 지계, 인욕, 정진, 선정, 지혜를 말한다. 원음은 '파라밀'인데, 통상 '바라밀'로 읽음.

兼行(겸행): 함께(겸비하여) 수행하다.

滯在一隅(체재일우): 한 모퉁이에 막혀 있다. 在: ~에(於).

不立文字(불립문자): '문자를 세우지 않는다'는 선종의 가풍.

自迷猶可(자미유가): 스스로 미혹한 것은 오히려 가능하다(그래도 괜찮다).

謗佛經(방불경): 부처님 경전을 비방하다.

深重(심중): 깊고도 무겁다.

可不戒哉(가불계재): 경계하지 않을 수 있겠는가?

【보충설명】

實際: 범어로 koti 혹은 bhūta-koti이다. 『섭대승론석』에 따르면 진실하므로 '實'이라 하고, 궁극의 경지이어서 '際'라고 하니, 존재하는 것의 궁극적인 모습을 뜻한다. 『보적경』에 따르면 眞實際의 준말이며, '모든 곳에 두루 가득하여 단 한 법도 실제가 아님이 없다'는 뜻이다.

독송용

禮佛者는 敬佛之德也요 念佛者는 感佛之恩也요 持戒者는 行佛之行也요 看經者는 明佛之理也요 坐禪者는 達佛之境也요 參禪者는 合佛之心也요 得悟者는 證佛之道也요 說法者는 滿佛之願也니 實際理地에는 不受一塵이나 佛事門中에는 不捨一法이니라 然이나 此八事는 猶如四方四隅하니 闕一不可라 前聖後聖이 其揆는 一也니라 六波羅蜜을 亦須兼行이니 六祖가 云호대 執空之人은 滯在一隅하야 謂不立文字하나니 自迷는 猶可어니와 又謗佛經이라 罪障이 深重하리라하시니 可不戒哉아

탄허 역

　禮佛이란 것은 佛의 德을 恭敬함이요 念佛이란 것은 佛의 恩을 感謝함이요 持戒란 것은 佛의 行을 行함이요 看經이란 것은 佛의 理를 밝힘이요 坐禪이란 것은 佛의 境을 達함이요 參禪이란 것은 佛의 心에 合함이요 得悟란 것은 佛의 道를 證함이요 說法이란 것은 佛의 願을 滿足히 함이니 實際理地엔 一塵도 받지 않으나 佛事門中엔 一法도 버리지 않나니라. 그러나 이 八事는 마치 四方·四隅와 같아서 一이라도 闕하면 不可하니 前聖과 後聖이 그 法은 一이니라. 六波羅蜜을 또한 모름지기 兼해 行할지니 六祖가 이르시되 空을 執한 사람은 一隅에 滯해 있어서 不立文字라 말하나니 스스로 迷함은 오히려 可하거니와 또 佛經을 誹謗하랴 罪障이 深重하리니 可히 警戒하지 않으랴 하시니라.

二. 勉學

면학勉學은 후학들에게 부지런히 배울 것을 권장한 글이다.

4. 孤山圓法師 勉學 上 【並序】

고산지원 법사의 면학 상 【서문을 병기함】

中人之性은 知務學而或惰於學일새 乃作勉學하노라
(중인지성) (지무학이혹타어학) (내작면학)
가운데/사람/조사/성품 알/힘쓸/배울/말이을/혹/게으를/조사/배울 이에/지을/힘쓸/배울

勉學 上
면학 상

嗚呼라 學不可須臾怠며 道不可須臾離라
(오호) (학불가수유태) (도불가수유리)
슬플/부를 배울/아니/가할/잠시/잠깐/게으를 도/아니/가할/잠시/잠깐/떠날

道由學而明이어니 學可怠乎며
(도유학이명) (학가태호)
도/말미암을/배울/말이을/밝을 배울/가할/게으를/종결사

聖賢之域에 由道而至어니 道可離乎아
(성현지역) (유도이지) (도가리호)
성인/어질/조사/영역 말미암을/도/말이을/이를 도/가할/떠날/종결사

肆凡民之學이 不怠면 可以至於賢이요
(사범민지학) (불태) (가이지어현)
발어사/무릇/백성/조사/배울 아니/게으를 가할/써/이를/조사/어질

賢人之學이 不怠면 可以至於聖이니라
(현인지학) (불태) (가이지어성)
어질/사람/조사/배울 아니/게으를 가할/써/이를/조사/성인

冉求之學이 可以至於顔淵이로대 而不逮具體者는
中心怠耳니라 故로 曰非不說子之道언마는 力不足也라하니
子가 曰患力不足者는 中道廢하나니 今汝는 畫이라하시니라
顔淵之學이 可以至於夫子로대 而不齊於聖師者는
短命死耳니 如不死런들 安知其不如仲尼哉리오
以其學之不怠也일새니라 故로 曰有顔氏子가 好學하더니
不幸短命死矣라 今也卽亡라하시니라
或이 問聖人도 學耶닛가 曰 是何言歟며 是何言歟아
凡民與賢도 猶知學이어든 豈聖人이 怠於學耶리오

夫天之剛也而能學柔於地故로 不干四時焉하며
무릇/하늘/조사/굳셀/종결사/말이을/능할/배울/부드러울/조사/땅/연고 아니/간섭/넉/때/종결사

地之柔也而能學剛於天故로 能出金石焉하며
땅/조사/부드러울/종결사/말이을/능할/배울/굳셀/조사/하늘/연고 능할/날/쇠/돌/종결사

陽之發生也而亦學肅殺於陰故로 靡草가 死焉하며
볕/조사/필/날/종결사/말이을/또한/배울/엄숙/죽일/조사/그늘/연고 가늘/풀 죽을/종결사

陰之肅殺也而亦學發生於陽故로 薺麥이 生焉하니
그늘/조사/엄숙/죽일/종결사/말이을/또한/배울/필/날/조사/볕/연고 냉이/보리 날/종결사

夫爲天乎地乎陽乎陰乎여 交相學而不怠일새
무릇/될/하늘/조사/땅/조사/볕/조사/그늘/조사 바꿀/서로/배울/말이을/아니/게으를

所以成萬物하나니 天不學柔則無以覆하고
바/써/이룰/만/물건 하늘/아니/배울/부드러울/곧/없을/써/덮을

地不學剛則無以載하고 陽不學陰則無以啓하고
땅/아니/배울/굳셀/곧/없을/써/실을 볕/아니/배울/그늘/곧/없을/써/열

陰不學陽則無以閉하니 聖人은 無他也라
그늘/아니/배울/볕/곧/없을/써/닫을 성인/사람 없을/다를/종결사

則天地陰陽而行者시니 四者學不怠어늘
본받을/하늘/땅/그늘/볕/말이을/행할/사람 넉/것/배울/아니/게으를

4. 孤山圓法師 勉學 上 57

聖人이 惡乎怠리오 或者가 避席曰予之孤陋也여

幸子가 發其蒙하시니 願聞聖人之學하노이다

中庸子가 曰復坐하라 吾語汝호리라 書不云乎아

惟狂이라도 克念作聖이요 惟聖이라도 罔念作狂이라하니 是故로

聖人은 造次顚沛라도 未嘗不念正道而學之也니라

夫子는 大聖人也라 拔乎其萃하며 出乎其類하사

自生民以來로 未有如夫子者로대

入太廟하사 每事를 問則 是는 學於廟人也요

三人이 行에 擇其善者而從之則 是는 學於偕行也요

入周則問禮於老子則 是는 學於柱史也니

豈仲尼之聖이 不若廟人行人柱史耶아 蓋聖人은

懼夫不念正道而學之則至於狂也矣니라 故로 曰

必有如丘之忠信焉이로대 不如丘之好學也라하시니라

曰聖人은 生而知之어니 何必學爲리오

曰知而學은 聖人也요 學而知는 常人也라

雖聖人常人이라도 莫有不由於學焉이니라

孔子가 曰君子는 不可不學이라하야늘 子路曰南山에

有竹하니 不柔自直이라 斬而用之면 達乎犀革하나니

이 차 언 지
以此言之컨댄
써/이/말/대명사

하 학 지 유
何學之有리오
어찌/배울/조사/있을

공 자
孔子가
공자(인명)

왈 괄 이 우 지
曰括而羽之하고
가로/묶을/말이을/깃/대명사

촉 이 려 지
鏃而礪之하면
화살/말이을/숫돌/대명사

기 입 지
其入之가
그/들/조사

불 역 심 호
不亦深乎아
아니/또한/깊을/종결사

자 로
子路가
자로(인명)

재 배 왈
再拜曰
다시/절/가로

경 수 교 의
敬受教矣라하니
공경/받을/가르침/종결사

희
噫라
탄식할

성 인 지 학
聖人之學이
성인/사람/조사/배울

무 내 괄 우 촉 려
無乃括羽鏃礪하야
없을/이에/묶을/깃/화살/숫돌

사 심 입 호
使深入乎아
하여금/깊을/들/종결사

기 생 이 지 지 자
豈生而知之者인달
어찌/날/말이을/알/대명사/놈

올 연 불 학 야
兀然不學耶리오
우두커니/그럴/아니/배울/종결사

| 저자 |

고산지원孤山智圓(976~1022): 호는 중용자中庸子. 뛰어난 재주와 깊은 학문으로 경론에 대하여 수많은 저술을 남겼으며, 『중용자전』이 대표작이다.

| 요지 |

곧은 대나무는 바로잡을 필요가 없지만, 이를 베어서 오늬를 채워 깃털을 달고 화살촉을 박아 숫돌에 갈아서 발사하면 깊이 들어갈 수 있듯이, 나면서부터 아는 성인聖人도 배워서 다듬으면 학문이 더욱 깊어진다. 성인과 현인도 배움에 힘쓰는데, 보통사람이 배움에 게을리해서는 안 된다.

| 해석1 |

中人·(之)·性은 知·務·學·(而)·或·惰·(於)·學일새 乃·作·勉學하노라
　　1　　(~의)　2　　5　4　3　(역접)　6　8　(~에) 7　 9　11　10

중근기의 성품은 배움에 힘써야 할 줄은 알면서도 혹은 배움에 게을리하므로 이에「면학」을 짓노라.

嗚呼라 學·不可·須臾·怠며　道·不可·須臾·離라
　1　　2　5　　3　　4　　6　9　　7　　8

오호라! 배움은 잠시라도 게을리해서는 안 되며, 도는 잠시라도 떠나서는 안 된다.

道·由·學·(而)·明이어니　學·可怠·(乎)며
　1　3　2　(순접)　4　　　5　6　(종결)

도는 배움을 말미암아(통해서) 밝아지니 배움을 게을리할 수 있겠는가?

聖賢·(之)·域에 由·道·(而)·至어니 道·可離·(乎)아
　1　(~의)　2　3　(순접)　5　　6　7　(종결)

성현의 영역에는 도를 통해서 도달하니 도를 떠날 수 있겠는가?

肆·凡·民·(之)·學이 不·怠면 可以·至·(於)·賢이요
1　2　3　(~의)　4　6　5　9　8　(~에)　7

그러므로 평범한 백성들의 배움이 게으르지 않으면 현인에 이를 수 있고

賢人·(之)·學이 不·怠면 可以·至·(於)·聖이니라
　1　(~의)　2　4　3　7　6　(~에)　5

현인의 배움이 게으르지 않으면 성인에 이를 수 있다.

冉求·(之)·學이 可以·至·(於)·顔淵이로대
　1　(~의)　2　　5　　4　(~에)　3

염구의 학문이 안연에 이를 수 있었지만

(而)·不·逮·具·體·者는 中心·怠·(耳)니라
(역접) 4　3　2　1　5　　6　7　(종결)

전체를 갖춤에 미치지 못한 것은 마음이 게을렀기 때문이다.

故로 (曰)·非·不·說·子·(之)·道언마는 力·不·足·(也)라하니
 1　(뒷구절) 6　5　4　2　(~의) 3　　7　8　(종결)

그러므로 이르기를, "선생님의 도를 좋아하지 않는 것이 아니건마는 힘이 부족합니다." 라고 하니(曰)

子가 (曰)·患·力·不·足·者는 中道·廢하나니 今·汝는 畫이라하시니라
 1 (뒷구절) 4　2　3　5　　6　7　　8　9　10

공자가 이르기를, "힘이 부족한 것을 근심하는 자는 중도에 그치니, 지금 너는 한계를 짓는구나."라고 하였다(曰).

【어휘해설】

嗚呼(오호): 슬픔이나 탄식을 나타내는 감탄사. 아아!

須臾(수유): 잠시 짧은 시간.

肆(사): 마침내, 그러므로, 이제. 문장을 마무리하여 잇는 연결사.

凡民(범민): 평범한 일반 백성.

冉求(염구): 공자의 제자.

顔淵(안연): 공자의 제자.

不逮具體者(불체구체자): 전체를 갖춤에 미치지 못한 것.

非不說子之道(비불열자지도): 선생님의 도를 좋아하지 않는 것은 아니다.

     非不은 이중 부정. 子는 공자를 높여 부른 존칭.

    -說: (열) 기쁠(悅과 통함)/(설) 말씀.

患力不足(환력부족): 힘이 부친다(모자란다)는 것을 걱정하다.

中道廢(중도폐): 중간에 그만두다.

畫(획): 선을 긋다, (스스로 할 수 없다는) 한계를 짓다.

【보충설명】

不逮具體者: 『맹자』「공손추상」에서는 "자하·자유·자장은 모두 성인의 한 부분을 가졌고, 염우·민자건·안연은 전체를 갖추었으되 미약하다.(子夏·子游·子張, 皆有聖人之一體, 冉牛·閔子·顏淵, 則具體而微.)"라고 하였고, 주석에는 "성인의 전체를 갖추고 있지만 다만 아직까지 성인에게 있는 '대인이면서 저절로 화한 것이 무한한 것'에 미치지 못하기 때문에 미약하다고 하였다."라고 하였다.

| 해석2 |

顏淵·(之)·學이 可以·至·(於)·夫子로대
 1 (~의) 2   5 4 (~에) 3

안연의 학문이 공자에 이를 수 있었지만

(以)·不·齊·(於)·聖師·者는 短命·死·(耳)니
(때문) 3 2 (~에)   1 4   5 6 (종결)

성인과 나란하지 못한 이유(者)는 단명하여 죽었기 때문이니(以)

如·不·死런들 安·知·其·不如·仲尼·(哉)리오
　1　3　2　　　7　8　4　　6　　5　(종결)

만일 죽지 않았다면 그가 중니만 못하다고 어찌 알겠는가?

(以)·其·學·(之)·不·怠·(也)일새니라
(때문) 1　2　(~이) 4　3　(종결)

그의 배움이 게으르지 않았기 때문이다(以).

故로 (曰)·有·顔氏·子가 好·學하더니
 1　(뒷구절) 4　 2　 3　6　5

그러므로 이르기를, "안씨의 아들이 있어 배우기를 좋아하였는데

不幸·短命·死·(矣)라 今·(也)·則·亡라하시니라
  1　　2　　3　(종결)　4　(강조) 5　6

불행히도 단명하여 죽은지라 지금은 곧 없다."라고 하였다(曰).

或이 問·聖人도 學·(耶)닛가
 1　 2　 3　　4　(종결)

어떤 사람이 묻기를, "성인도 배웁니까?" 하니,

曰·是·何·言·(歟)며 是·何·言·(歟)아
1　2　3　4　(종결) 5　6　7　(종결)

대답하였다. "이 무슨 말인가? 이 무슨 말인가?

凡·民·與·賢도 猶·知·學이어든 豈·聖人이 怠·(於)·學·(耶)리오
1　2　3　4　　5　7　6　　　8　 9　　11　(~을) 10　(종결)

평범한 백성과 현인도 오히려 배울 줄 아는데, 어찌 성인이 배우기를 게을리하겠는가?

夫·天·(之)·剛·(也)·(而)·(能)·學柔·(於)·地·故로 不·
1　 2　(~이)　3　(종결)　(역접)　　　6　5　(~에서)　4　7　　10

干·四時·(焉)하며
9　　8　　(종결)

무릇 하늘이 강하나 능히 땅으로부터 부드러움을 배우기 때문에 사시(사계절)를 침범하지 않으며

地·(之)·柔·(也)·(而)·(能)·學剛·(於)·天·故로 (能)·出·
1　(~이)　2　(종결)　(역접)　　　5　4　(~에서)　3　6　　　　8

金石·(焉)하며
7　　(종결)

땅이 부드러우나 능히 하늘로부터 강함을 배우기 때문에 금석을 낼 수 있으며(能)

陽·(之)·發·生·(也)·(而)·亦·學·肅殺·(於)·陰·故로 靡·草가
1　(~이)　3　2　(종결)　(역접)　4　7　6　　(~에서)　5　8　　9　10

死·(焉)하며
11　(종결)

양이 생명을 발생시키지만 또한 음에게서 숙살을 배우기 때문에 가녀린 풀이 죽으며

陰·(之)·肅殺·(也)·(而)·亦·學·發·生·(於)·陽·故로 薺·麥이
1　(~이)　2　(종결)　(역접)　3　7　6　5　(~에서)　4　8　　9　10

生·(焉)하니
11　(종결)

음이 숙살하지만 또한 양에게서 생명을 발생시키는 것을 배우기 때문에 냉이와 보리가 자라나니

【어휘해설】

夫子(부자): 공자를 높여 부르는 말.

如不死(여불사): 만약 죽지 않았더라면. 如는 '만약(若)'의 뜻.

安知其(안지기): 어찌 (그 사항을) 알겠는가? 강한 반문이니, '알 수 없다'는 의미.

今也則亡(금야즉무): 이제는 죽고 없다. 也는 강세를 나타내는 조사. 亡(망)이 '없다'는 뜻으로 쓰일 때에는 '無(무)'로 읽기도 한다.

是何言歟(시하언여): 이 무슨 말인가? 반문으로 '말도 안 되는 소리'라는 뜻.

學柔於地(학유어지): 땅에게서(땅으로부터) 부드러움을 배운다.
- 같은 유형으로 學剛於天.

不干四時焉(불간사시언): 춘하추동 네 계절의 순서를 간섭(침범)하지 않는다.

能出金石(능출금석): 능히 금석을 낸다 → 금석을 낼 수 있다.
- '能+동사'는 '~할 수 있다'로 번역.

陽之發生(양지발생): 양이 생명을 발생시킨다(낸다). 여기서 음과 양이란 것은 음양오행을 중심으로 나타난 양극을 말한다.

學肅殺於陰(학숙살어음): 음에게서 숙살을 배운다.
- 같은 유형으로 學發生於陽.
- 숙살: 가을의 쌀쌀한 기운이 풀이나 나무를 말려 죽이는 것.

靡草死焉(미초사언): 가녀린 풀이 죽는다.

薺麥生焉(제맥생언): 냉이와 보리가 자란다.

【보충설명】

不干四時: 『좌전』에서는 "하늘은 강한 덕이지만 오히려 때를 침범하지 않는다."라고 하였고, 주석에는 "추위와 더위가 서로 따르는 것이 마치 사시의 순서를 침범하지 않는 것과 같다."라고 하였다. ㊀

| 해석3 |

夫·爲·天·(乎)·地·(乎)·陽·(乎)·陰·(乎)여
　1　6　2　(감탄)　3　(감탄)　4　(감탄)　5　(감탄)

대저 하늘이여! 땅이여! 양이여! 음이여!(하늘과 땅과 양과 음이 됨이여!)

交·相·學·(而)·不·怠일새 (所以)·成·萬物하나니
　1　2　3　(순접)　5　4　　(이유)　7　6

서로가 서로에게 배우면서 게을리하지 않으므로 (그 때문에) 만물을 이루나니

天·不·學·柔·則·無·(以)·覆하고
　1　4　3　2　5　7　(로써)　6

하늘이 부드러움을 배우지 않으면 (하늘로써 만물을) 덮어 줄 수가 없고

地·不·學·剛·則·無·(以)·載하고
　1　4　3　2　5　7　(로써)　6

땅이 굳셈을 배우지 않으면 (땅으로써 만물을) 실어 줄 수가 없으며

陽·不·學·陰·則·無·(以)·啓하고
　1　4　3　2　5　7　(로써)　6

양이 음을 배우지 않으면 (양으로써 춘하의 계절을) 열 수 없고,

陰·不·學·陽·則·無·(以)·閉니
　1　4　3　2　5　7　(로써)　6

음이 양을 배우지 않으면 (음으로써 추동의 계절을) 닫을 수 없으니

聖人은 無·他·(也)라 則·天地陰陽·(而)·行·者시니
　1　　3　2　(종결)　　5　　　4　(순접)　6　7

성인은 다른 게 없는지라. 하늘과 땅과 음과 양을 본받아 행하는 분이시니

四者·學·不·怠어늘 聖人이 惡·(乎)·怠리오
1　　2　4　3　　　5　　6　　　7

네 가지가 배움을 게을리하지 않거늘 성인이 어찌 게을리하겠는가?"

或者가 避·席·(曰)·予·(之)·孤陋·(也)여
　1　　3　2　(뒷문장)　4　(~의)　5　(종결)

그 사람이 자리를 피하며 말하기를, "나의 고루함이여!

幸·子가 發·其·蒙하시니 願聞·聖人·(之)·學하노이다
1　2　　5　3　4　　　　8　　6　(의)　7

다행히 그대가 그 몽매함을 열어 주셨으니, 성인의 학문을 듣기를 원합니다."라고 하므로(曰)

中庸子가 曰·復·坐하라 吾·語·汝호리라 書·不·云·(乎)아
　1　　2　3　4　　　5　7　6　　　8　10　9　(종결)

중용자가 말하였다. 다시 앉으라. 내가 너에게 말하리라. 『서경』에서 말하지 않았던가?

惟·狂이라도 克·念·作·聖이요 惟·聖이라도 罔·念·作·狂이라하니
1　2　　　　4　3　6　5　　7　8　　　10　9　12　11

'오직 미치광이라도 생각을 끝까지 하면(제대로 잘 생각하면) 성인이 되고, 오직 성인이라도 생각을 잊으면(제대로 생각하지 않으면) 미치광이가 된다.'라고 하였으니,

是故로 聖人은 造次·顚沛라도 未·嘗·不·念·正道·(而)·
1   2   3 4   10 5 9 7 6   (순접)

學·(之)·(也)니라
8 (대명사) (종결)

그러므로 성인은 다급하거나(造次) 위급할(顚沛) 때에도 일찍이 바른 도를 생각하여 그것(之)을 배우지 않은 적은 없었다.

【어휘해설】

天乎(천호): 하늘이여. 乎는 비분, 찬양, 감격 등의 어기를 나타내는 嘆詞(탄사).

交相(교상): 서로가 서로를, 서로가 서로에게, 교차하여 서로를.

天不學柔則無以覆(천불학유즉무이부): 하늘이 부드러움을 배우지 않는다면 (하늘로써 만물을) 덮을 수가 없다.

　　-같은 유형으로 地不學剛則無以載.

　　-無以(무이): ~할 수가 없다, ~할 도리가 없다.

陽不學陰則無以啓(양불학음즉무이계): 양이 음을 배우지 않으면 (양으로써 춘하의 계절을) 열 수 없다.

　　-같은 유형으로 陰不學陽則無以閉.

無他也(무타야): 다른 게 없다, 특별한 게 없다, 별다른 게 없다. 뒷문장에 '바로 ~할 뿐이다.' 라는 내용이 뒤따라옴.

則天地陰陽(칙천지음양): 천지음양을 본받다.

　　-則: (칙) 본받다/(즉) 곧.

惡乎怠(오호태): 어찌 게을리하겠는가?

　　-惡(오): 의문·반어. 어찌 ~일 것인가. 安, 何와 쓰임이 같음.

避席(피석): 자리를 일어나다(피하다).

孤陋(고루): 고루하다(굳어서 경직되어 있는 것).

幸子發其蒙(행자발기몽): 다행히 그대(子=汝)가 몽매함(어리석음)을 열어 주다(격발
　　시켜 주다).
中庸子(중용자): 고산지원 법사의 號(호).
克念作聖(극념작성): 망념을 이기면 성인이 된다.
　　-克(극): 잘 관리하다, 제대로 끝까지 하다.
罔念作狂(망념작광): 생각을 없애면(잘못하면) 미치광이가 된다.
造次顚沛(조차전패): 造次-조급하고 구차한 때, 顚沛-엎어져 뒤집어 지는 때. 즉, 엎어지
　　고 구르는 급한 순간이라는 뜻으로, 위급하고 짧은 순간을 비유적으로 이르는 말.
未嘗不(미상불): 일찍이 ~하지 않은 적이 없다(항상 그러하다).

【보충설명】

克念作聖, 罔念作狂: 제대로 생각한다는 것은 허물을 고쳐 선한 것으로 옮겨감을 말한다. 聖은 통달하여 밝음을 일컫는 말이니, 어리석은 미치광이라도 제대로 생각하면 성인이 되고, 비록 성인이라도 제대로 생각하지 않으면 미치광이가 됨을 말한 것이다. 性聰

| 해석4 |

夫子는 大·聖人·(也)라 拔·(乎)·其·萃하며 出·(乎)·其·類하사
　1　　 2　3　 (종결)　6 　(~에서) 4　5　　9　(~에서)　7　8

공자는 큰 성인인지라, 그 무리에서 빼어났으며 그 부류에서 출중하셔서

自·生·民·以來로 未·有·如·夫子·者로대
　4　2　1　3　　　9　8　6　5　　7

백성이 생겨난 이래로부터(이후로) 공자 같은 이가 있지 않았으되

入·太廟하사 每事를 問·則·是는 學·(於)·廟人·(也)요
　2　　1　　　　3　　4　5　6　　8　(~에게)　7　　(종결)

태묘에 들어가서는 매사를 물었으니, 즉(그렇다면) 이는 묘지기에게 배운 것이고

三人이 行에 擇·其·善者·(而)·從·(之)·則·是는 學·(於)·偕行·(也)요
1　　2　　3　4　5　(순접)　7　(대명사)　8　9　　11　(~에게)　10　　(종결)

세 사람이 감에 그 좋은 사람을 가려서 그를(之) 따랐으니, 즉(그렇다면) 이는 동행자에게 배운 것이고

入·周·則·問·禮·(於)·老子·則·是는 學·(於)·柱史·(也)니
2　1　3　6　5　(~에게)　4　　7　8　　10　(~에게)　9　　(종결)

주나라에 들어가서는 노자에게 예를 물었으니, 즉(그렇다면) 이는 도서관지기에게 배운 것이니

豈·仲尼·(之)·聖이 不·若·廟人·行人·柱史·(耶)아
1　　2　　(~의)　3　　8　7　4　　5　　6　　(종결)

어찌 중니의(중니와 같은) 성인이 묘지기나 행인이나 도서관지기만 못하겠는가?

蓋·聖人은 懼·夫·不·念·正道·(而)·學·(之)·則·至·(於)·
1　　2　　　11　3　7　5　　4　　(순접)　6　(대명사)　8　10　(~에)

狂·(也矣)니라
9　　(종결)

아마도 성인은 저 바른 도를 생각하여 그것을(之) 배우지 아니하면 미치광이에 이를까 두려워한 것이다.

故로 (曰)·必·有·如·丘·(之)·忠·信·(焉)이로대 不·如·丘·(之)·
1　(뒷구절) 6　7　5　2　(~의) 3　4　(종결)　　12　11　8　(~의)

好·學·(也)라하시니라
10　9　(종결)

그러므로 이르되, '나(丘)의 충성스럽고 신실함과 같은 자는 반드시 있지만, 나의 호학(배우기를 좋아하는 것)만 같지 못하다.' 라고 하였다(曰).

【어휘해설】

拔乎其萃(발호기췌): 그 무리에서 뽑히다(빼어나다).
出乎其類(출호기류): 그 부류에서 특출나다.
太廟(태묘): 주공의 사당.
廟人(묘인): 묘지 관리하는 사람(묘지기).
偕行(해행): 함께 동행하는 사람.
柱史(주사): 도서관지기, 즉 오늘날의 사서.
不若(불약): ~과 같지 않다, ~만 못하다.
　　-若: ~만큼, ~처럼. ~와 같다.
蓋(개): 대개, 아마도, 발어사.
懼夫(구부): 저 ~을 두려워하다.
　　-夫: 彼(피), 此(차)와 같은 뜻.
必有如丘之(필유여구지)~: 반드시 공자(丘: 공자 이름)의 ~와 같음이 있을 것이다.

【보충설명】

三人이 行에 擇其善者而從之: 『논어』에서는 "세 사람이 길을 갈 때 반드시 나의 스승이 있으니, 좋은 사람을 가려서 그를 따르고, 좋지 못한 사람을 (가려서 자기의 허물을) 고친다."라고 하였다.

| 해석5 |

曰·聖人은 生·(而)·知·(之)어니 何必·學·爲리오
　1　　2　　　3　(순접)　4　(대명사)　　5　　6　 7

이르되, "성인은 나면서부터 (그것을) 아는 분이거니, 어찌 반드시 배움을 하리요(배울 필요가 있습니까)?"

曰·知·(而)·學은 聖人·(也)요 學·(而)·知는 常人·(也)라
　1　2　(역접)　3　　4　　(종결)　 5　(순접)　6　　 7　(종결)

이르되, "알지만(알고도) 배우는 자는 성인이고, 배워서 아는 자는 보통사람이다.

雖·聖人·常人이라도 莫·有·不·由·(於)·學·(焉)이니라
　1　 2　　3　　　　8　7　6　5　　　(을)　4　(종결)

비록 성인, 보통사람이라도 배움을 말미암지(통하지) 않은 자는 있지 않다.

孔子가 曰·君子는 不可不·學이라하야늘
　1　　　2　　3　　　5　　 4

공자가 이르되, '군자는 배우지 않으면 안 된다.' 라 하거늘

子路·(曰)·南山에 有·竹하니 不·柔·自·直이라
　1　(뒷구절)　2　　　3　 4　　5　　6　7　8

자로가 이르되, '남산에 대나무가 있으니, 바로잡지 않아도 스스로 곧은지라

4. 孤山圓法師 勉學 上 73

斬·(而)·用·(之)면 達·(乎)·犀·革하나니
　1　(순접)　2　(대명사)　　5　(~을)　3　4

베어서 그것을(之) 사용하면 무소의 가죽을 꿰뚫으니

(以)·此·言·(之)컨댄 何·學·(之)·有리오
(로써)　1　2　(대명사)　　3　4　(~이)　5

이로써 그것을(之) 말하건대 무슨 배울 것이 있겠습니까?' 라고 하였다(曰).

孔子가 (曰)·括·(而)·羽·(之)하고 鏃·(而)·礪·(之)하면
　1　(뒷구절)　2　(순접)　3　(대명사)　　4　(순접)　5　(대명사)

공자가 이르되, '오늬를 채워서 거기에 깃털을 달고, 살촉을 박아서 그것을 숫돌에 갈면

其入·(之)가 不·亦·深·(乎)아
　1　(~이)　4　2　3　(종결)

그 들어감이(들어가는 깊이가) 또한(참으로) 깊지 않겠는가?' 라고 하니(曰)

子路가 再·拜·曰·敬·受·敎·(矣)라하니
　1　　2　3　4　5　7　6　(종결)

자로가 두 번 절하고 이르되, '삼가 가르침을 받겠습니다.' 라고 하였으니

噫라 聖人·(之)·學이 無乃·括·羽·鏃·礪하야 (使)·深·入·(乎)아
1　　2　(~의)　3　10　4　5　6　7　(하여금)　8　9　(종결)

아! 성인의 배움이 오늬를 채워 깃털을 달고 화살촉을 박아 숫돌에 갈아서 깊게 들어가게 하는 것이 아니겠는가?

豈·生·(而)·知·(之)·者인달 兀然·不·學·(耶)리오
1　 2　 (순접)　3　(대명사)　4　　 5　　7　6　(종결)

어찌 나면서부터 (그것을) 아는 자인들 우두커니 배우지 않으리오?"

【어휘해설】

生而知之(생이지지): 태어나면서부터 아는 총명함. 그보다 아래 단계로 學而知之(학이지지: 배워서 알다) → 困而知之(곤이지지: 곤란을 겪고 나서 알다) → 困而不學(곤이불학: 곤란을 겪고 나서도 알지 못한다)이 있다.

何~爲(하~위): 어찌 ~합니까? 何 뒤에 '以'가 붙기도 하고, 何 대신 '奚'를 쓰기도 함.

常人(상인): 일반 사람, 보통 범부.

不可不(불가불): ~하지 않으면 안 된다, 즉 반드시 ~해야 한다.

子路(자로): 공자의 제자.

不柔自直(불유자직): 바로잡지(柔 = 揉) 않아도 스스로 곧다.

達乎犀革(달호서혁): 무소의 가죽을 뚫다.

括而羽之(괄이우지): 오늬를 채워서(→ 화살의 꼬리를 십자로 갈라서) 깃털을 달다.

鏃而礪之(촉이려지): 화살촉을 박아서 앞을 숫돌에 예리하게 갈다.

其入之不亦深乎(기입지불역심호): 그 들어감이 또한 깊지 않겠는가?
　　-之: 주격조사(~이)
　　-不亦~乎: 또한 ~하지 않겠는가?

敬受敎矣(경수교의): 삼가 가르침을 받겠습니다.

無乃~乎(무내~호): 아마도 ~이 아니겠는가?
　　-無乃: 완곡하게 '아마도, 너무, ~이 아니다'로 해석.

兀然不學耶(올연불학야): 우두커니 배우지 않겠는가?
　　-兀然: 말뚝처럼, 우두커니, 아무것도 하지 않고.

독송용

中^중人^인之^지性^성은 知^지務^무學^학而^이或^혹惰^타於^어學^학일새 乃^내作^작勉^면學^학하노라

勉^면學^학 上^상

嗚^오呼^호라 學^학不^불可^가須^수臾^유怠^태며 道^도不^불可^가須^수臾^유離^리라 道^도由^유學^학而^이明^명이어니 學^학可^가怠^태乎^호며 聖^성賢^현之^지域^역에 由^유道^도而^이至^지어니 道^도可^가離^리乎^호아 肆^사凡^범民^민之^지學^학이 不^불怠^태면 可^가以^이至^지於^어賢^현이요 賢^현人^인之^지學^학이 不^불怠^태면 可^가以^이至^지於^어聖^성이니라 冉^염求^구之^지學^학이 可^가以^이至^지於^어顔^안淵^연이로대 而^이不^불逮^체具^구體^체者^자는 中^중心^심怠^태耳^이니라 故^고로 曰^왈非^비不^불說^열子^자之^지道^도언마는 力^력不^부足^족也^야라하니 子^자가 曰^왈患^환力^력不^부足^족者^자는 中^중道^도廢^폐하나니 今^금汝^여는 畫^획이라하시니라 顔^안淵^연之^지學^학이 可^가以^이至^지於^어夫^부子^자로대 而^이不^부齊^제於^어聖^성師^사者^자는 短^단命^명死^사耳^이니 如^여不^불死^사런들 安^안知^지其^기不^불如^여仲^중尼^니哉^재리오 以^이其^기學^학之^지不^불怠^태也^야일새니라 故^고로 曰^왈有^유顔^안氏^씨子^자가 好^호學^학하더니 不^불幸^행短^단命^명死^사矣^의라 今^금也^야則^즉亡^무이라하시니라

或이 問聖人도 學耶닛가 曰是何言歟며 是何言歟아 凡民與賢도 猶知學이어든 豈聖人이 怠於學耶리오 夫天之剛也而能學柔於地故로 不干四時焉하며 地之柔也而能學剛於天故로 能出金石焉하며 陽之發生也而亦學肅殺於陰故로 靡草가 死焉하며 陰之肅殺也而亦學發生於陽故로 薺麥이 生焉하니 夫爲天乎地乎陽乎陰乎여 交相學而不怠일새 所以成萬物하나니 天不學柔則無以覆하고 地不學剛則無以載하고 陽不學陰則無以啓하고 陰不學陽則無以閉니 聖人은 無他也라 則天地陰陽而行者시니 四者學不怠어늘 聖人이 惡乎怠리오 或者가 避席曰予之孤陋也여 幸子가 發其蒙하시니 願聞聖人之學하노이다

中庸子가 曰復坐하라 吾語汝호리라 書不云乎아 惟狂이라도 克念作聖이요 惟聖이라도 罔念作狂이라하니 是故로 聖人은 造次顚沛라도 未嘗不念正道而學之也니라 夫子는 大聖人也라 拔乎其萃하며

出乎其類하사 自生民以來로 未有如夫子者로대 入太廟하사 每事를
問則 是는 學於廟人也요 三人이 行에 擇其善者而從之則
是는 學於偕行也요 入周則問禮於老子則 是는 學於柱史也니
豈仲尼之聖이 不若廟人行人柱史耶아
蓋聖人은 懼夫不念正道而學之則 至於狂也矣니라 故로 曰必
有如丘之忠信焉이로대 不如丘之好學也라하시니라 曰聖人은 生而
知之어니 何必學爲리오 曰知而學은 聖人也요 學而知는 常人也라
雖聖人常人이라도 莫有不由於學焉이니라
孔子가 曰君子는 不可不學이라하야늘 子路曰南山에 有竹하니 不柔
自直이라 斬而用之면 達乎犀革하나니 以此言之컨댄 何學之有리오
孔子가 曰栝而羽之하고 鏃而礪之하면 其入之가 不亦深乎아 子
路가 再拜曰 敬受敎矣라하니 噫라 聖人之學이 無乃栝羽鏃
礪하야 使深入乎아 豈生而知之者인댄 兀然不學耶리오

탄허 역

嗚呼라 學은 可히 須臾도 怠慢하지 못하며 道는 可히 須臾도 여의지 못하니라. 道는 學을 由해 밝나니 學을 可히 怠慢히 하며 聖賢의 域은 道를 由해 至하나니 道를 可히 여의랴. 그러므로 凡民의 學이 怠慢치 않으면 可히 써 賢에 至하고 賢人의 學이 怠慢치 않으면 加히 써 聖에 至하나니라. 冉求의 學이 可히 써 顏淵에 至할 것이로되 具体에 미치지 못한 것은 中心이 怠慢함이니라. 故로 이르되 夫子의 道를 기뻐하지 않음이 아니언마는 力이 不足하다 하거늘 孔子가 이르시되 力不足을 근심하는 이는 中道에 廢하나니 이제 너는 그었다 하시니라. 顏淵의 學이 可히 써 夫子에 至할 것이로되 聖師와 같지 못한 것은 短命해 死함이니 만일 夭死하지 않았던들 어찌 그 仲尼만 같지 못함을 알리오. 그 學이 怠慢치 않음으로써 함일새니라. 故로 이르되 顏氏의 子가 있어 學을 좋아하더니 不幸히 短命해 死한지라 이제는 없다 하시니라.

或이 묻되 聖人도 배우나잇가. 이르시되 이 무슨 말이며 이 무슨 말이냐. 凡民과 다못 賢人도 오히려 배울 줄 알거든 어찌 聖人이 學에 怠慢하랴. 대저 天은 剛하되 能히 柔를 地에서 배우는 故로 四時에 干犯하지 않고 地는 柔하되 能히 剛을 天에서 배우는 故로 能히 金石을 내며 陽은 發生이로되 또한 肅殺을 陰에서 배우는 故로 靡草가 死하고 陰은 肅殺이로되 發生을 陽에서 배우는 故로 薺·麥이 生

하니 대저 天과 地와 陽과 陰이 됨이여. 사귀어 서로 배워 怠慢치 않을새 所以로 萬物을 成하나니 天이 柔를 배우지 않은 즉 써 覆할 수 없고 地가 剛을 배우지 않은 즉 써 載할 수 없으며 陽이 陰을 배우지 않은 즉 써 啓할 수 없고 陰이 양을 배우지 않은 즉 써 閉할 수 없나니라. 聖人은 다름이 없는지라 天地와 陰陽을 法받아 行하는 者시니 四者가 배워 怠慢치 않거늘 聖人이 어찌 怠慢하리오. 或者가 자리를 避해 이르되 나의 孤陋함이여 多幸히 子가 그 蒙滯를 擊發하시니 聖人의 學을 듣기 願하노이다.

中庸子가 이르시되 다시 앉아라 내가 너에게 말하리라. 書에 이르지 않았느냐 오직 狂이라도 생각을 剋하면 聖이 되고 오직 聖이라도 생각을 罔하면 狂이 된다 하니 이런 故로 聖人은 造次와 顚沛라도 일찌기 正道를 생각하여 배우지 않음이 없나니라. 夫子는 大聖人이라 그 萃에 빼어나며 그 類에 뛰어나사 生民以來로부터 夫子와 같은 이가 있지 않되 太廟에 入하사 每事를 問했은 즉 이는 廟人에게 배움이요 三人이 行할 적에 그 善한 이를 擇해 從했은 즉 이는 偕行에게 배움이요 周에 入한 즉 禮를 老子에게 問했은 즉 이는 柱史에게 배움이니 어찌 仲尼의 聖이 廟人·行人·柱史만 같지 못했으랴.

대개 聖人이 正道를 생각하여 배우지 않은 즉 狂에 至할까 두려워함이니라. 故로 이르되 반드시 丘의 忠信과 같음은 있으려니와 丘의 好學만은 같지 못하다 하시니라. 이르되 聖人은 生하자 알거니 어찌 반드시 學을 하리오. 이르시되 알고 學함은 聖人이요 學하여 앎은 常人이니 비록 聖人과 常人일지라도 學에 由하지 않음이 있지 않으니라. 孔子가 이르시되 君子는 可히 배우지 아니치 못한다 하시거늘 子路가 이르되 南山에 竹이 있으니 바로잡지 않되 스스로 곧은지라 베어쓰면 犀革에 達하나니 이로써 말하건대 무엇 배울 게 있으리잇고. 孔子가 이르시되 화살 끝에 깃을 달고 활촉을 갈아서 하면 그 入함이 또한 깊지 않으랴. 子路가 再拜하여 이르되 恭敬히 敎를 받겠다 하니 噫라 聖人의 學이 이에 화살 끝에 깃을 달고 활촉을 갈아서 하여금 깊이 入하게 함이 아니랴. 어찌 生而知之한 者인들 兀然히 배우지 않으리오.

5. 孤山圓法師 勉學 下

고산지원 법사의 면학 하

勉學 下
면학 하

夫聖且賢도 必務於學이어든 聖賢以下가
부성차현 / 필무어학 / 성현이하
대저/성인/또/어질 · 반드시/힘쓸/조사/배울 · 성인/현인/써/아래

安有不學而成人哉리오 學은 猶飮食衣服也라
안유불학이성인재 / 학 / 유음식의복야
어찌/있을/아니/배울/말이을/이룰/사람/종결사 · 배울 · 같을/마실/먹을/옷/〃/종결사

人有聖乎賢乎衆庶乎여 雖三者가 異而飢索食하고
인유성호현호중서호 / 수삼자 / 이이기색식
사람/있을/성인/조사/어질/조사/무리/여러/조사 · 비록/석/것 · 다를/말이을/주릴/찾을/음식

渴索飮하고 寒索衣則不異矣리니 學也인달 豈得異乎리오
갈색음 / 한색의즉불이의 / 학야 / 기득이호
갈증/찾을/마실 · 추울/찾을/옷/곧/아니/다를/종결사 · 배울/조사 · 어찌/얻을/다를/종결사

惟禽獸土木은 不必學也니라
유금수토목 / 불필학야
오직/새/짐승/흙/나무 · 아니/반드시/배울/종결사

嗚呼라 愚夫는 嗜飮食而不怠하며 冒貨利而不休호대
오호 / 우부 / 기음식이불태 / 모화리이불휴
슬플/부를 · 어리석을/지아비 · 즐길/마실/먹을/말이을/아니/게으를 · 탐할/재물/이익/말이을/아니/쉴

及就于學하야는 朝學而夕怠者가 有矣夫며
有春學而冬怠者가 有矣夫인저
苟如嗜飮食冒貨利之不知怠者인댄
何患於不爲博聞乎며 不爲君子乎리오
曰世有至愚者하니 不辨菽麥之異하며 不知寒暑之變이어니
豈令學耶며 豈可敎耶리오 曰至愚도 由不敎也며
由不學也니 苟師敎之不倦하며 彼心之不怠者인댄
聖域에 可躋而陞乎리니 何憂菽麥之不辨乎리오
且愚者도 渴而知飮하며 飢而知食하며 寒而知衣하나니

5. 孤山圓法師 勉學 下

旣知斯三者則與草木으로 殊矣라 惡乎不可學也며

不可敎也리오 人之至愚인달 豈不能日記一言耶아

積日至月則記三十言矣요 積月至年則記三百六十言矣리니

積至數年而不怠者면 亦幾於博聞乎인저

又日取一小善而學行之하야 積日至月則身有三十善矣요

積月至年則身有三百六十善矣리니

積至數年而不怠者면 不亦幾於君子乎아

爲愚爲小人而不變者는 由不學耳니라

中庸子가 喟然歎曰吾가 嘗見恥智之不逮하며

才之不敏而輟於學者요 未見恥飲食이
不如他人之多而輟飲食者호라 輟飲食則殞其命이어니
何必恥於不多耶며 輟學問則同夫禽獸土木이어니
何必恥才智之不如他人耶리오 苟恥才智가
不如而不學則亦應恥飲食이 不如他人이라하야 則廢飲食이니라
以是觀之컨댄 豈不大誤乎아 吾亦至愚也라
每揣才與智가 不逮他人者가 遠矣언마는
由知飲食之不可輟而不敢怠於學也하노라
行年이 四十有四矣라 雖病且困이나 而手未嘗釋卷은

所以懼同於土木禽獸耳라 非敢求臻聖域也며

亦非求乎聞達也니라 雖或彷徉戶庭하며 夷猶原野하야

以暫頤養하며 目觀心思에도 亦未嘗敢廢於學也하노라

由是로 登山則思學其高하고 臨水則思學其淸하며

坐石則思學其堅하고 看松則思學其貞하며

對月則思學其明하노니 萬境이 森列에 各有所長이어든

吾가 悉得師而學之하노라 萬境은 無言이로대 而尙可學이온

況人之能言이랴 雖萬惡이라도 必有一善也니

師一善而學之면 其誰曰不然乎리오

中庸子가 曰世有求之而或不得者也하며

世有求之而必得者也하니 求之而或不得者는

利也요 求之而必得者는 道也라 小人之於利也에

雖或萬求而萬不得이라도 而求之彌勇하고 君子之於道也에

求之必得이로대 而望塗懷怯하야 自念力不足者는

此求利小人之罪耳니라 仲尼가 曰仁遠乎哉아

我欲仁이면 斯仁이 至矣라하니 言求之而必得也시니라

| 저자 |

고산지원: 60쪽 참조.

| 요지 |

배움은 음식이나 의복과 같은 것이므로 성인과 현인과 범부가 하나같이 배고프면 음식을 찾고, 목마르면 마실 것을 찾고, 추우면 옷을 찾는 것처럼 불도를 깨닫는 데 있어서 배움은 매우 중요하다. 아무리 어리석은 바보라도 배우면 하루하루 진전이 있으니, 부지런히 배우면 불도를 깨달을 수 있다.

| 해석1 |

夫·聖·且·賢도 必·務·(於)·學이어든
 1 2 3 4   5 7 (~에) 6

무릇 성인과 현인도 반드시 배움에 힘쓰는데

聖賢·以下가 安·有·不學·(而)·成·人·(哉)리오
   1   2   3 7 4 (역접) 6 5 (종결)

성현도 못 되는 자가 어찌 배우지 않고도 사람(다움)을 이룸이 있겠는가?

學은 猶·飮食·衣服·(也)라
 1   4   2   3   (종결)

배움은 음식이나 의복과 같다.

人·有·聖(乎)·賢(乎)·衆庶(乎)여
1 5 2   3   4   (종결)

사람에게 성인과 현인과 보통사람이 있음이여!

雖·三者가 異·(而)·飢·索·食하고
　1　　2　　3　(역접)　4　6　5

비록 셋이 다르지만 굶주리면 음식을 찾고

渴·索·飲하고 寒·索·衣·則·不·異·(矣)러니
1　3　2　　　4　6　5　7　9　8　(종결)

목마르면 마실 것을 찾고, 추우면 옷을 찾는 것은 다르지 않으니

學·(也)인달 豈·得·異·(乎)리오
1　(강조)　　2　4　3　(종결)

배움인들 어찌 다를 수 있으리오?

惟·禽獸·土木은 不必·學·(也)니라
1　　2　　3　　　5　　4　(종결)

오직 날짐승과 들짐승, 흙과 나무는 배울 필요가 없다.

嗚呼라 愚夫는 嗜·飲食·(而)·不·怠하며
1　　　2　　4　3　(순접)　6　5

오호라! 어리석은 사람은 마시고 먹는 것을 즐겨서 게을리하지 않으며

冒·貨利·(而)·不·休호대 及·就·(于)·學하야는
2　1　(순접)　4　3　　　7　6　(~에)　5

재물과 이익을 탐내서 그치지 않되, 배움에 나아감에 미쳐서는(→ 배움에 있어서는)

朝·學·(而)·夕·怠·者가 有·(矣夫)며
1　2　(순접)　3　4　5　　6　(종결)

아침에 배우고 저녁에 게을리하는 자가 있으며

5. 孤山圓法師 勉學 下 89

有·春·學·(而)·冬·怠·者가 有·(矣夫)인저
1　2　3　(순접)　4　5　6　7　(종결)

또(有) 봄에 배우고 겨울에 게으른 자가 있다.

苟·如·嗜·飮食·冒·貨利·(之)·不知·怠·者인댄
1　2　4　3　6　5　(~를)　8　7　9

진실로 만약 마시고 먹기를 좋아하고 재물과 이익을 탐내기를 게을리할 줄 모르는 자라면(모른다면)

何·患·(於)·不爲·博聞·(乎)며 不爲·君子·(乎)리오
1　4,7　(~를)　3　2　(종결)　6　5　(종결)

어찌 널리 들음이 되지 못할까를 근심하며, 군자가 되지 못할까를 근심하리오?

【어휘해설】

安有不學(안유불학): 어찌 배우지 않음이 있겠는가?

飢索食(기색식): 굶주리면 음식을 찾는다.
　　-같은 유형으로 渴索飮, 寒索衣.

學也豈得異(학야기득이): 배움인들 어찌 다를 수 있으리오?
　　-也: 어세를 강화하는 작용. ~인들, ~도, ~으로 말할 것 같으면.

嗚呼(오호): 아아!(감탄사로 슬프게 탄식하는 소리)

嗜飮食(기음식): 마시고(飮) 먹는(食) 것을 좋아하다(嗜).

冒貨利(모화리): 재물(貨)과 이익(利)을 탐내다(冒).

朝學而夕怠(조학이석태): 아침에 배우고서 저녁에 게을리한다.

有春學(유춘학): 또 봄에 배우고. 有는 '又'와 같은 뜻.

苟~者(구~자): 만약 ~라면. 조건을 나타냄.

何患於(하환어): 어찌 ~를(於) 근심하리오?

不爲君子(불위군자): 군자가 되지 못함.

| 해석2 |

(曰)·世·有·至愚者하니 不·辨·菽·麥·(之)·異하며
(뒷구절) 1 3 2 8 7 4 5 (~의) 6

이르되, "세상에 지극히 어리석은 자가 있으니 콩과 보리의 차이를 분별하지 못하며

不·知·寒·暑·(之)·變이어니 豈·(令)·學·(耶)며 豈·可·敎·(耶)리오
 5 4 1 2 (~의) 3 6 (사역) 7 (종결) 8 9 (종결)

추위와 더위의 변화를 알지 못하니, 어찌 배우게 하며(令) 어찌 가르칠 수 있으리오?"
하니(曰)

(曰)·至·愚도 由·不·敎·(也)며 由·不·學·(也)니
(뒷문장) 1 2 5 4 3 (종결) 8 7 6 (종결)

대답하되 "지극히 어리석은 것도 가르치지 않았기 때문이며(由), 배우지 않았기 때문이니(由)

苟·師·敎·(之)·不·倦하며 彼·心·(之)·不·怠·者인댄
 1 2 3 (~이) 5 4 6 7 (~이) 9 8 10

진실로 스승의 가르침이 게으르지 않으며 그의 마음이 게으르지 않는 자라면(게으르지 않을진댄)

聖·域에 可·躋·(而)·陞·(乎)리니 何·憂·菽·麥·(之)·不·辨·(乎)리오
　　　1　　2　5　3　(순접)　4　(종결)　　6　11　7　8　(~를)　10　9　(종결)

성인의 영역에 밟아서 올라갈 수 있을 것이니, 어찌 콩과 보리를 분별하지 못함을 근심하리오?

且·愚者도 渴·(而)·知·飮하며 飢·(而)·知·食하며
1　2　　 3　(~하면)　5　4　　6　(~하면)　8　7

또 어리석은 자라도 목마르면 마실 줄 알며, 굶주리면 먹을 줄 알며

寒·(而)·知·衣하나니 旣·知·斯·三者·則·與·草木으로 殊·(矣)라
1　(~하면)　3　2　　　4　7　5　6　則　8　10　9　　　11　(종결)

추우면 입을 줄 아나니, 이미 이 세 가지를 안다면 초목과 더불어 다른지라.

惡·(乎)·不可·學·(也)며 不可·敎·(也)리오
1　　　3　2　(종결)　　5　4　(종결)

어찌 배우지 않을 수 있으며 가르치지 않을 수 있으리오?

【어휘해설】

不辨菽麥(불변숙맥): 콩과 보리를 가릴 줄 모르는 것. 보통 세간에서 사리 분별을
　　못하는 어리석고 못난 사람을 '숙맥'이라 부른다.
不知寒暑(부지한서): 춥고 더운 것을 알지 못한다.
可躋而陞(가제이승): 밟아서 (높은 경지에) 올라갈 수 있다.
渴而知飮(갈이지음): 목마르면 마실 줄 알고.
　　 -같은 유형으로 飢而知食, 寒而知衣.
惡乎不可學(오호불가학): 어찌 배우지 않을 수(不可)가 있겠는가?

-惡乎: 어찌 ~하리오. 반문으로 '~하지 않을 수 없음'을 나타냄.

| 해석3 |

人·(之)·至·愚인달 豈·不·(能)·日·記·一言·(耶)아
　1　(~이)　2　3　　4　8　(능히)　5　7　6　(종결)

사람이 지극히 어리석은들 어찌 하루에 한마디의 말을 능히 기억하지 못하겠는가(기억할 수 없겠는가)?

積·日·至·月·則·記·三十·言·(矣)요
2　1　4　3　5　8　6　7　(종결)

날을 쌓아서 달에 이르면, 서른 개의 말을 기억할 것이고

積·月·至·年·則·記·三百六十·言·(矣)리니
2　1　4　3　5　8　　6　　7　(종결)

달을 쌓아서 해에 이르면 삼백육십 개의 말을 기억할 것이니

積·(之)·數年·(而)·不·怠·者면 亦·幾·(於)·博聞·(乎)인저
1　(대명사)　2　(순접)　4　3　5　6　8　(~에)　7　(종결)

그것을(之) 축적하기를 몇 년 동안 하여 게으르지 않는다면 또한(참으로) 박문에 가까울 것이다.

又·日·取·一·小善·(而)·學·行·(之)하야
1　2　5　3　4　(순접)　6　7　(대명사)

또 하루에 한 개의 작은 선행을 취하여 그것을 배우고 실천하여

5. 孤山圓法師 勉學 下　93

積·日·至·月·則·身·有·三十·善·(矣)요
2　1　4　3　5　6　9　7　8　(종결)

날을 쌓아 달에 이르면 몸에는 서른 개의 선행이 있을 것이고,

積·月·至·年·則·身·有·三百六十·善·(矣)리니
2　1　4　3　5　6　9　　7　　8　(종결)

달을 쌓아 해에 이르면 몸에는 삼백육십 개의 선행이 있을 것이니

積·(之)·數年·(而)·不·怠·者면　不·亦·幾·(於)·君子·(乎)아
1　(대명사)　2　(순접)　4　3　5　　9　8　(~에)　7　(종결)

그것을(之) 쌓기를 몇 년 동안 하여 게으르지 않는다면 또한(참으로) 군자에 가깝지 않겠는가?

爲·愚·爲·小人·(而)·不·變·者는　由·不·學·(耳)니라
2　1　4　3　(순접)　6　5　7　　10　9　8　(종결)

어리석은 이가 되고 소인이 되어 변화하지 않는 자는 배우지 않음을 말미암아서이다(않아서이기 때문이다)."라고 하였다(日).

【어휘해설】

日記一言(일기일언): 날마다 한 개의 말을 기억한다.

積日至月(적일지월): 날을 쌓아 달에 이르다.
　　　-같은 유형으로 積月至年.

亦幾於博聞乎(역기어박문호): 또한(참으로) 박문(널리 들어 많이 앎)에 가까울 것이다.
　　　거의 박문이 될 것이다.

-亦: 또한, 참으로, 실로. 幾: 가까울, 거의. 乎: ~일 것이다. 문장 끝에 쓰여 추측을 나타냄.

日取一小善(일취일소선): 날마다 한 개의 작은 선을 취하다.

積之數年而不怠者(적지수년이불태자): 그것을(그렇게) 쌓기를 몇 년간 해서 게으르지 않는다면

幾於君子(기어군자): 군자에 가깝다, 거의 군자가 될 것이다.

| 해석4 |

中庸子가 喟然·歎·曰
     1   2   3 4

중용자가 한숨 쉬며 탄식하여 말하였다.

吾가 嘗·見·恥·智·(之)·不·逮하며 才·(之)·不·敏·(而)·輟·(於)·學·者요
 1 2 13 9 3 (~가) 5 4   6 (~가) 8 7 (순접) 11 (~을) 10 12

"내가 일찍이 지혜가 미치지 못하며 재주가 민첩하지 못함을 부끄러워하여 배움을 그만두는 자는 보았고,

未·見·恥·飮食이 不·如·他人·(之)·多·(而)·輟·飮食·者호라
11 10 6 1   5 4   2   (~의) 3 (순접) 8 7   9

음식이 타인의 많음과 같지 않음을(타인처럼 많지 않음을) 부끄러워하여 음식을 끊는 자를 보지 못했노라.

輟·飲食·則·殞·其·命이어니 何必·恥·(於)·不多·(耶)며
2　1　　3　6　4　5　　7　9　（~을）　8　（종결）

음식을 끊으면 그 목숨을 끊을 것이니, 하필(어찌 구태여) 많지 않음을 부끄러워할 것이며

輟·學問·則·同·夫·禽獸·土木이어니
2　1　　3　7　4　5　　6

학문을 그만두면 저 금수나 토목과 같아질 것이니

何必·恥·才·智·(之)·不·如·他人·(耶)리오
1　　7　2　3　（~가）　6　5　4　（종결）

하필 재주나 지혜가 타인과 같지 않다고(타인보다 못하다고) 부끄러워하리오?

苟·恥·才·智가 不·如·(而)·不·學·則
1　6　2　3　　5　4　（순접）　8　7　9

진실로(만약) 재주와 지혜가 (타인과) 같지 않음(타인보다 못함)을 부끄러워하여 배우지 않는다면

亦·應·恥·飲食이 不·如·他人이라하야 則·廢·飲食이니라
1　2　7　3　　　6　5　4　　　　　　8　10　9

또한 마땅히 음식이 타인과 같지 않음(타인보다 못함)을 부끄러워하여 곧 음식을 끊어야 할 것이다.

【어휘해설】

喟然歎曰(위연탄왈): 한숨 쉬며 탄식하여 말하다.
嘗見恥(상견치)~: 일찍이 ~을 부끄러워하는 것을 보았다.

智之不逮(지지불체): 지혜가 미치지 못하다.
　　-같은 유형으로 才之不敏.

輟扵學者(철어학자): 배우기를 그만두는 사람.

未見恥飮食(미견치음식): 음식을 부끄러워하는 것을 보지 못하였다.

何必恥才智之(하필치재지지)~: 하필(어찌 반드시, 어째서) 재능과 지혜가 ~을 부끄러워하리오?

| 해석5 |

(以)·是·觀·(之)컨댄　豈·不·大·誤·(乎)아
(로써)　1　2　(대명사)　3　6　4　5　(종결)

이로써 그것을(之) 보건대, 어찌 크게 잘못된 것이 아니겠는가?

吾·亦·至愚·(也)라
1　2　3　(종결)

나 또한 지극히 어리석은지라.

每·揣·才·與·智가　不·逮·他人·者가　遠·(矣)언마는
1　2　3　4　5　　8　7　6　9　　10　(종결)

매번 헤아려보건대 재주와 지혜가 타인에게 미치지 못한 것이 멀지만(크지만)

由·知·飮食·(之)·不可·輟·(而)·不·敢·怠·(於)·學·(也)하노라
5　4　1　(~을)　3　2　(순접)　9　6　8　(~을)　7　(종결)

음식을 그만둘 수 없음을 알기 때문에(由) 감히 배우기를 게을리하지 않는다.

行·年이 四十·有·四·(矣)라
　1　2　　3　5　4　(종결)

가는 나이가 마흔하고도 넷이 있는지라.

雖·病·且·困이나 (而)·手·未·嘗·釋·卷은
　1　2　3　4　　(역접)　5　9　6　8　7

비록 병들고 또한 고달프나 손에서 일찍이 책을 놓지 않았던 것은

所以·懼·同·(於)·土木·禽獸·(耳)라
　5　4　3　(~와)　1　2　　(종결)

토목이나 금수와 같아질까 두려웠기 때문이라(所以)

非·敢·求·臻·聖域·(也)며 亦·非·求·(乎)·聞達·(也)니라
5　1　4　3　2　(종결)　6　9　8　(~을)　7　(종결)

감히 성인의 경지에 이르기를 구한 것도 아니었으며, 또한 (세상에 이름이) 널리 알려지기를 구한 것도 아니었다.

雖·或·彷徉·戶庭하며 夷猶·原野하야 (以)·暫·頤養하며
1　2　4　3　　6　5　(순접)　7　8

비록 간혹 뜰앞을 배회하거나 들녘을 거닐면서 잠시 (품성을) 기르며

目·觀·心·思에도 亦·未·嘗·敢·廢·(於)·學·(也)하노라
1　2　3　4　　5　10　6　7　9　(~을)　8　(종결)

눈으로 보고 마음으로 생각할 때에도 또한 일찍이 감히 배움을 그만두지는 않았노라.

【어휘해설】

以是觀之(이시관지): 이로써 그것을 보건대.

豈不大誤乎(기불대오호): 어찌 크게 잘못된 것이 아닌가?

每揣才與智(매췌재여지): 매번 헤아려보건대 재주와 지혜가~. '揣'를 나중에 해석하면 '매번 재주와 지혜가 ~라고 헤아리건만'

不逮他人者(불체타인자): 다른 사람에게 미치지 못하는 것.

手未嘗釋卷(수미상석권): 손에서 일찍이 책을 놓지 않았다. '手不釋卷(수불석권)'과 같은 뜻.

懼同於土木(구동어토목): 토목과 같아질까 두려워하다.

非敢求臻聖域(비감구진성역): 감히 성인의 영역(경지)에 이르길 구하지(바라지) 않는다.

求乎聞達(구호문달): 널리 알려지기를 구하다.
　　-聞達: 이름이 세상에 널리 알려짐.

彷徉戶庭(방양호정): 뜰(戶庭)을 배회하다(彷徉).
　　-彷徉: 한가하게 다니는 모양, 배회하다.

夷猶原野(이유원야): 들녘(原野)을 슬슬 걷다(夷猶).
　　-夷猶: 머뭇거리듯 슬슬 거니는 모양.

以暫頤養(이잠이양): ~함으로써 잠시 (품성을) 기른다. 頤養은 음식을 씹어서 자양분이 되게 한다는 의미.
　　-頤: 턱, 씹다, 기르다. 養: 기르다.

目觀心思(목관심사): 눈으로 보고 마음으로 생각하다.

| 해석6 |

由·是로 登·山·則·思·學·其高하고
　2　　1　　4　3　5　8　7　6

이로 말미암아 산에 오르면 그 높은 것을 배우기를 생각하고

臨·水·則·思·學·其淸하며　坐·石·則·思·學·其堅하고
　2　1　3　6　5　4　　　　2　1　3　6　5　4

물가에 다다르면 그 맑은 것을 배우기를 생각하며, 돌에 앉으면 그 견고함을 배우기를 생각하고

看·松·則·思·學·其貞하며　對·月·則·思·學·其明하노니
　2　1　3　6　5　4　　　　2　1　3　6　5　4

소나무를 보면 그 곧음(절개)을 배우기를 생각하며, 달을 대하면 그 밝음을 배우기를 생각하였으니

萬·境이 森·列에 各·有·所長이어든 吾가 悉·得·師·(而)·學·(之)하노라
　1　2　　3　4　　5　7　6　　　　　　　8　　9　12　10　(순접)　11　(대명사)

온갖 경계가 무성하게 펼쳐짐에 각기(저마다) 뛰어난 바(장점)가 있으면 내가 모두 그것을(之) 스승삼아 배울 수 있었노라.

萬·境은 無·言이로대 (而)·尙·可·學이온 況·人·(之)·(能)·言이라
　1　2　　4　3　　　(역접)　5　7　6　　8　9　(~은)　(능히)　10

온갖 경계(삼라만상)는 말이 없는데도 오히려 배울 만하거늘, 하물며 사람은 <u>능히 말하는지라</u>(말할 수 있는지라)

雖·萬·惡이라도 必·有·一善·(也)니
　1　 2　 3　　　 4　 6　 5　　(종결)

비록 만 가지 악행(이 있는 사람)이라도 반드시 한 가지 선행은 있을 것이니

師·一善·(而)·學·(之)면 (其)·誰·曰·不然·(乎)리오
 2　 1　 (순접)　3　(대명사)　(반문)　4　 6　 5　　(종결)

한 가지 선행을 스승삼아 그것을(之) 배운다면 누가 그렇지(옳지) 않다고 하리오?"

【어휘해설】

思學其高(사학기고): 그 높은 것을 배우기를 생각한다.
　　-같은 유형으로 思學其淸, 思學其貞, 思學其堅, 思學其明.
萬境森列(만경삼열): 만 가지 경계가 빽빽이(삼나무처럼) 나열되어 있다. 이를 '삼라만
　　상'이라 함.
各有所長(각유소장): 각각 장점되는 바가 있다.
得師而學之(득사이학지): 그것을 스승삼아 배울 수 있었다. 得은 가능(~할 수 있다)의
　　뜻.
萬境無言(만경무언): 만 가지 경계(삼라만상)는 말이 없다.
而尙可學(이상가학): 그러나(역접) 오히려 배울 수 있고
況人之能言(황인지능언): 하물며 사람은 말까지 할 수 있다.
其誰曰不然乎(기수왈불연호): 누가 그렇지(옳지) 않다고 말하리오.
　　-其~乎: 반어문을 나타냄.

| 해석 7 |

中庸子가 (曰)·世·有·求·(之)·(而)·或·不得·者·(也)하며
　　　1　(끝문장)　2　7　3　(대명사)(역접)　4　5　6　(종결)

중용자가 말하였다. "세상에는 그것을(之) 구하여도 간혹 얻지 못하는 것이 있으며

世·有·求·(之)·(而)·必·得·者·(也)하니
1　6　2　(대명사)(순접)　3　4　5　(종결)

세상에는 그것을(之) 구하면 반드시 얻는 것이 있으니

求·(之)·(而)·或·不得·者는 利·(也)요
1　(대명사)(역접)　2　3　4　5　(종결)

(그것을) 구하더라도 간혹 얻지 못하는 것은 이익이요

求·(之)·(而)·必·得·者는 道·(也)라 小人·(之)·(於)·利·(也)에
1　(대명사)(순접)　2　3　4　5　(종결)　6　(~이)　(~에)　7　(조사)

(그것을) 구하면 반드시 얻는 것은 도이다. 소인이 이익에 있어서

雖·或·萬·求·(而)·萬·不得이라도 (而)·求·(之)·彌·勇하고
1　2　3　4　(순접)　5　6　　　　(역접)　7　(대명사)　8　9

비록 간혹 만 번을 구하여 만 번을 얻지 못하더라도 그것을 구하기를 더욱 용맹스럽게 하고

君子·(之)·(於)·道·(也)에 求·(之)·必·得이로대
1　(~가)　(~에)　2　(조사)　3　(대명사)　4　5

군자가 도에 있어서 그것을 구하면 반드시 얻을 수 있는데도

(而)·望·塗·懷·怯하야 **自·念·力·不·足·者**는
(역접) 2 1 4 3   5 8 6 7 9

앞길을 바라보고 겁을 품어서 스스로 힘이 부족하다고 염려하는 자는(염려한다면)

此·求·利·小人·(之)·罪·(耳)니라
 1 3 2   4   (~의) 5 (종결)

이것은 이익을 구하는 소인의 죄가 되는 것이다(소인에게 죄를 짓는 것이다).

仲尼가 **(曰)·仁·遠·(乎哉)**아 **我·欲·仁**이면 **斯·仁**이 **至·(矣)**라하니
  1   (뒷구절) 2 3 (의문)   4 6 5   7 9   8 9 (종결)

중니가 이르기를, '仁이 멀리 있는가? 내가 仁하고자 하면(斯) 仁이 이를 것이다.' 라고 하였으니(曰)

言·求·(之)·(而)·必·得·(也)시니라
 4 1 (대명사) (순접) 2 3 (종결)

그것을(之) 구하면 반드시 얻을 수 있음을 말한 것이다."(中庸子가 曰-여기까지)

【어휘해설】

求之而或不得(구지이혹부득): 구하려 하나 혹 얻을 수 없다.
　　-비슷한 유형으로 求之而必得, 萬求而萬不得, 求之必得.
求之彌勇(구지미용): (그것을) 구하기를 더욱 용맹스럽게 하다.
望塗懷怯(망도회겁): 앞길을 바라보고(아득히 여기고) 겁을 품는다(먹는다).
自念力不足者(자념역부족자): 스스로 힘이 부족하다고 생각하는 자.
　　-者를 조건절의 '~라면'으로 보아도 됨 → 스스로 힘이 부족하다고 여긴다면.
仲尼(중니): 공자.

仁遠乎哉(인원호재) 我欲仁(아욕인) 斯仁至矣(사인지의): "仁이 멀리 있는가? 내가 仁 하고자 하면 仁이 (나에게) 이를 것이다."-『논어』「술이」편에 나오는 공자의 말씀. -斯는 보통 '이'로 해석되지만 여기서는 '則'과 같이 '~이면, 그렇다면, 곧'으로 해석됨.

【보충설명】

求利小人之罪: 군자는 도를 구함에 태만하고 소인은 이익을 구함에 부지런하니, 부지런하고 태만한 것으로 말하자면 군자가 소인만 못하다. 이는 군자가 소인에게 죄를 짓는 것이니, 소위 '오패五霸가 삼왕三王의 죄인'이라고 하는 것과 같다. 性聰

독송용

夫聖且賢도 必務於學이어든 聖賢以下가 安有不學而成人哉리오

學은 猶飮食衣服也라 人有聖乎賢乎衆庶乎여 雖三者가 異而

飢索食하고 渴索飮하고 寒索衣則不異矣리니 學也인달 豈得異乎

리오 惟禽獸土木은 不必學也니라 嗚呼라 愚夫는 嗜飮食而不怠하며

冒貨利而不休호대 及就于學하야는 朝學而夕怠者가 有矣夫며

有春學而冬怠者가 有矣夫인저 苟如嗜飮食冒貨利之不知怠者

인댄 何患於不爲博聞乎며 不爲君子乎리오

曰世有至愚者하니 不辨菽麥之異하며 不知寒暑之變이어니 豈令

學耶며 豈可敎耶리오 曰至愚도 由不敎也며 由不學也니 苟師

敎之不倦하며 彼心之不怠者인댄 聖域에 可躋而陞乎리니 何憂

菽麥之不辨乎리오 且愚者도 渴而知飮하며 飢而知食하며 寒而

知衣하나니 旣知斯三者則與草木으로 殊矣라 惡乎不可學也며
不可敎也리오
人之至愚인달 豈不能日記一言耶아 積日至月則記三十言矣요
積月至年則記三百六十言矣리니 積至數年而不怠者면 亦幾於
博聞乎인저 又日取一小善而學行之하야 積日至月則身有三十
善矣요 積月至年則身有三百六十善矣리니 積至數年而不怠
者면 不亦幾於君子乎아 爲愚爲小人而不變者는 由不學耳니라
中庸子가 喟然歎曰吾가 嘗見恥智之不逮하며 才之不敏而輟於
學者요 未見恥飮食이 不如他人之多而輟飮食者호라 輟飮食
則殞其命이어니 何必恥於不多耶며 輟學問則同夫禽獸土木이어니
何必恥才智之不如他人耶리오 苟恥才智가 不如而不學則亦
應恥飮食이 不如他人이라하야 則廢飮食이니라
以是觀之컨댄 豈不大誤乎아 吾亦至愚也라 每揣才與智가 不逮

他人者가 遠矣언마는 由知飮食之不可輟而不敢怠於學也하노라

行年이 四十有四矣라 雖病且困이나 而手未嘗釋卷은 所以懼

同於土木禽獸耳라 非敢求臻聖域也며 亦非求乎聞達也니라 雖

或彷徉戶庭하며 夷猶原野하야 以暫頤養하며 目觀心思에도 亦未嘗

敢廢於學也하노라 由是로 登山則思學其高하고 臨水則思學其

淸하며 坐石則思學其堅하고 看松則思學其貞하며 對月則思學其

明하노니 萬境이 森列에 各有所長이어든 吾가 悉得師而學之하노라

萬境은 無言이로대 而尙可學이온 況人之能言이랴 雖萬惡이라도 必

有一善也니 師一善而學之면 其誰曰不然乎리오

中庸子가 曰世有求之而或不得者也하며 世有求之而必得者也

하니 求之而或不得者는 利也요 求之而必得者는 道也라 小人

之於利也에 雖或萬求而萬不得이라도 而求之彌勇하고 君子之於

道也에 求之必得이로대 而望塗懷怯하야 自念力不足者는 此求

利小人之罪耳니라 仲尼가 曰仁遠乎哉아 我欲仁이면 斯仁이 至矣라하니 言求之而必得也시니라

탄허 역

　대저 聖人과 또 賢人도 반드시 學을 힘쓰거든 聖賢以下가 어찌 學하지 않고 成人함이 있으리오. 學은 飮食衣服과 같은지라 사람이 聖과 賢과 衆庶가 있음이여 비록 三者가 다르나 주림에 밥을 찾고 목마름에 물을 찾고 추움에 옷을 찾음이 다르지 않나니 學인들 어찌 시러금 다르리오. 오직 禽獸와 土木은 반드시 學하지 않나니라. 嗚呼라 愚夫는 飮食을 즐겨해 怠慢치 않으며 貨利를 貪하여 쉬지 않되 學에 就함에 미쳐서는 아침에 學하다가 저녁에 怠慢한 者가 있으며 봄에 學하다가 겨울에 怠慢한 者가 있은저. 진실로 飮食을 즐기고 貨利를 貪함의 怠慢할 줄 알지 못하는 이와 같을진대 어찌 博聞이 되지 못하며 君子가 되지 못함을 근심하랴.

　이르되 세상에 至極히 어리석은 이가 있어서 菽麥의 다름을 分辨치 못하며 寒暑의 變을 알지 못하거니 어찌 하여금 배우게 하며 어찌 可히 가르치랴. 이르시되 至愚는 不敎를 由함이며 不學을 由함이니 진실로 師敎가 不倦하며 彼心이 不怠한 者일진대 聖域을 可히 밟아 오르리니 어찌 菽麥의 不辨을 근심하리오. 또 愚者도 목마르매 마실 줄 알며 주리매 먹을 줄 알며 추우매 옷 입을 줄 아나니 이미 이 三者를 안다면 草木으로 더불어 다른지라 어찌 可히 배우지 못하며 可히 가르치지 못하리오.

사람이 至愚인들 어찌 能히 一日에 一言을 記憶하지 못하랴. 日을 쌓아 月에 至한즉 三十言을 記憶할 것이요 月을 쌓아 年에 至한 즉 三百六十言을 記憶하리니 數年을 쌓아 怠慢치 않는 者라면 또한 博聞에 가까울진저. 또 每日 一小善을 取해 배우고 行하여 日을 쌓아 月에 至한즉 몸에 三十善이 있을 것이요 月을 쌓아 年에 至한즉 몸에 三百六十善이 있으리니 數年을 쌓아 怠慢치 않는 者라면 또한 君子에 가깝지 않겠느냐. 愚가 되고 小人이 되어 變치 않는 者는 不學을 由함이니라.

中庸子가 喟然히 嘆息해 이르되 나는 일찍이 智의 不逮와 才의 不敏을 부끄러워하여 學을 쉬는 者를 보았고 飮食이 他人의 많음만 같지 못함을 부끄러워하여 飮食을 쉬는 者는 보지 못했노라. 飮食을 쉰즉 그 命이 떨어지거니 어찌 반드시 많지 않음을 부끄러워하며 學을 쉰즉 禽獸·土木과 같거니 어찌 반드시 才와 智가 他人만 같지 못함을 부끄러워하리오. 진실로 才智가 他人만 같지 못함을 부끄러워하여 배우지 않은즉 또한 應當 飮食이 他人만 같지 못함을 부끄러워하여 飮食을 쉬어야 할 것이니라. 이로써 觀하건대 어찌 크게 錯誤함이 아니랴. 나도 또한 至極히 愚한지라 매양 才와 다못 智가 他人에 미치지 못함이 많을 헤아리되 飮食의 可히 쉬지 못함을 앎을 由하여 敢히 學에 怠慢치 않노라.

行年이 四十이요 또 四니 비록 病들고 또 困하나 손에 일찍이 冊을 놓지 않음은 써 土木·禽獸와 같음을 두려워한 바라 敢히 聖域에 이름을 求함이 아니며 또한 聞達을 求함도 아니니라. 비록 或 戶庭에 彷徉하고 原野에 夷猶하여 써 暫時

頤養하며 눈으로 보고 마음으로 생각함에도 또한 일찍이 敢히 學을 廢하지 못하노라. 이로 말미암아 山에 오른즉 그 높은 것 배움을 생각하고 물에 臨한즉 그 맑은 것 배움을 생각하고 돌에 앉은즉 그 굳은 것 배움을 생각하고 솔을 본즉 그 곧은 것 배움을 생각하고 달을 對한즉 그 밝은 것 배움을 생각하노니 萬境이 森列함에 各各 所長이 있거든 내가 다 시러금 스승삼아 배우노라. 萬境은 말이 없으되 오히려 可히 배우거든 하물며 사람은 能히 말하는지라 비록 萬惡일지라도 반드시 一善이 있나니 一善을 스승삼아 배우면 그 누가 옳지 않다 말하리오.

中庸子가 이르되 世上에 求하여 或 얻지 못하는 者도 있으며 세상에 求하여 반드시 얻는 者도 있으니 求하여 或 얻지 못하는 것은 利요 求하여 반드시 얻는 것은 道라. 小人이 利에 비록 或 萬번 求하여 萬번 얻지 못하더라도 求함을 더욱 勇猛히 하나니 君子가 道에 求하면 반드시 얻되 길을 바라보고 憫을 품어서 스스로 力이 不足함을 念慮하는 者는 이 求利小人의 罪人이니라. 仲尼가 이르시되 仁이 遠하냐 내가 仁을 하고자 하면 이 仁이 至한다 하시니 求하매 반드시 얻음을 말함이니라.

三. 遺誡

유계遺誡는 옛 선사께서 후학들에게 수행을 잘 하도록 훈계하기 위하여 남긴 글이다.

6. 梁高僧傴法主遺誡小師

법주라 불리는 양나라 고승이 어린 스님에게 남긴 훈계

塵世匪堅이요 浮生이 不久라 我는 光陰以謝하고

汝는 齒髮漸高하니 無以世利로 下其身하며 無以虛名으로

苟其利하며 莫輕仁賤義하며 莫嫉善妬才하며

莫抑遏無辜하며 莫沈埋有德하며 莫疎慵人事하며

莫懶惰焚修하며 莫耽湎睡眠하며 莫強知他事하며

莫空腹高心하며 莫營私利己하며 莫恃強欺弱하며

莫利己損他하며 無以長而慢後生하며 無以少而欺老宿하며

無以財華로 下視物하며 無以意氣로 高揖人하며
無以不善으로 苦相親하며 無以善而却憎惡하며
無以片能으로 稱我是하며 無以少解로 道他非하며
無以在客하야 慢主人하며 無以爲主하야 輕旅客하며
無以在事하야 失綱紀하며 無以伈衆으로 破條章하며
無以誹謗으로 怪他人하며 無以穿鑿으로 覓他過하며
好向佛法中하야 用意하고 多於塵境上에 除情이어다
袈裟下에 失却人身이 實爲苦也요 捺落裏에
受諸異報가 可謂屈焉이니라 況端拱無爲하야

安閑不役하며 徐行金地하고 高坐華堂하야 足不履泥하고
편안할/한가할/아니/부릴 느릴/갈/금/땅 높을/앉을/화려할/집 발/아니/밟을/진흙

手不彈水하나니 身上衣而口中食을 豈易消乎며
손/아니/튕길/물 몸/위/옷/말이을/입/가운데/먹을 어찌/쉬울/녹일/종결사

圓却頂而方却袍는 爲何事也오
둥글/조사/이마/말이을/모/조사/도포 할/무슨/일/종결사

其或剛柔得所하며 進退含容하야 堪行卽行하고
그/혹/강할/부드러울/얻을/바 나아갈/물러날/머금을/넉넉할 견딜/갈/곧/갈

可止須止하야 無貪眼下하고 數省時中하라
가할/그칠/모름지기/그칠 없을/탐할/눈/아래 자주/살필/때/맞을

一點相當하면 萬金消得이니라 予以千叮萬囑으로
한/점/서로/마땅 만/금/녹일/얻을 나/써/천/정성/만/부탁

苦口甘言하노니 依予言者는 來世相逢이어니와
쓸/입/달/말씀 의지할/나/말씀/사람 올/세상/서로/만날

若不依予言者는 擬向何處出頭오 珍重珍重하라
만약/아니/의지할/나/말/사람 헤아릴/향할/어느/곳/날/머리 진귀할/중할/진귀할/중할

| 저자 |

미상. '법주法主'라 불리는 노스님일 뿐, 인적 사항은 알려져 있지 않다.

| 요지 |

'법주'라 불리는 양나라 고승이 어린 스님에게 수행자의 기본자세와 마음가짐에 대해 고구정녕히 가르침을 내린 글이다.

| 해석1 |

塵世·匪·堅이요 浮生이 不·久라
　1　　3　2　　　4　　　6　5

티끌세상은 견고한 것이 아니고, 들뜬 삶은 오래가지 않는다.

我는 光陰·(以)·謝하고 汝는 齒髮·漸·高하니
　1　　2　(이미)　3　　　4　　5　　6　7

나는 세월이 이미(~과 함께) 물러가고 너희는 나이가 점차 많아지니

無·(以)·世利로 下·其·身하며
　5　(이유)　　1　　4　2　3

세상의 이익으로써(때문에) 그 몸을 낮추지 말고

無·(以)·虛名으로 苟·其·利하며
　5　(이유)　　1　　4　2　3

헛된 명성 때문에 그 이익을 구차하게 구하지 말며

莫·輕·仁·賤·義하며 莫·嫉·善·妬·才하며
  5 2 1 4 3   10 7 6 9 8

어진 이를 가볍게 여기거나 의로운 이를 천하게 여기지 말고, 훌륭한 이를 시기하거나 재주 있는 이를 질투하지 말며

莫·抑·遏·無辜하며 莫·沈·埋·有德하며
  4 2 3 1   8 6 7 5

무고한 사람을 내치거나 억누르지 말고, 덕 있는 사람을 가라앉히거나 매장하지 말며

莫·疎·慵·人事하며 莫·懶惰·焚·修하며
  4 2 3 1   8 7 5 6

인사를 소홀히 하거나 게을리하지 말고, 향을 사르고 예불하는 것을 게을리하지 말며

莫·耽·洒·睡眠하며 莫·强·知·他事하며
  4 2 3 1   8 6 7 5

잠에 탐닉하거나 빠지지 말고, 남의 일을 억지로 알려고 하지 말며

莫·空·腹·高·心하며 莫·營·私·利·己하며
  5 2 1 4 3   10 7 6 9 8

속은 비었으면서 아만심만 높이 가지지 말고, 사사로움을 도모하여 자신을 이익되게 하지 말며

莫·恃·强·欺·弱하며 莫·利·己·損·他하며
  5 2 1 4 3   10 7 6 9 8

강한 자를 믿고 약한 자를 기만하지 말며, 자신을 이롭게 하고 남에게 손해를 끼치지 말며

【어휘해설】

塵世(진세): 흙먼지 나는 어지러운 세상.

匪堅(비견): 견고하지 못하다.
- 匪: 非의 뜻.

浮生(부생): 뜬 구름 같은 인생. 덧없는 삶.

光陰以謝(광음이사): 세월이 이미 물러나다.
- 光陰: 시간, 세월. 以: 이미(已), 따라, ~과 함께(與). 謝: 보내다, 물러나다.

齒髮(치발): 치아와 머리털, 즉 나이를 상징.

苟其利(구기리): 그 이익을 구차히 바라다.

輕仁賤義(경인천의): 어진 이를 경시하고 의로운 이를 천하게 여기다.

嫉善妬才(질선투재): 착한 자를 시기하고, 재주 있는 자를 질투하다.

抑遏無辜(억알무고): 무고한 이를 내치거나 억누르다.

沈埋有德(침매유덕): 덕 있는 사람을 가라앉히거나 매장하다.

疎慵人事(소용인사): 인사를 소홀히 하고 게을리하다.
- 人事: 사람이 해야 할 일, 인간세상의 일, 인정과 사리.

懶惰焚修(나타분수): 향 사르고 수행하는 것(예불)을 게을리하다.

耽湎睡眠(탐면수면): 잠에 탐착하고 빠지다.

强知他事(강지타사): 남의 일을 억지로 알아내다.

空腹高心(공복고심): 속은 텅 비었으면서 마음만 높다. 즉 학식은 없으면서 아만심만 높다는 말.

營私利己(영사리기): 사사로움을 도모하여 자신을 이롭게 하다.

恃强欺弱(시강기약): 강한 자를 믿고, 약한 자를 속이다.

利己損他(이기손타): 자기를 이롭게 하고 남에게 손해를 끼치다.

【보충설명】

睡眠: 수면이라는 마구니는 비록 얼음 침상에 눈 이불을 덮고 있어도 자기가 모르는 사이에 와서 사람을 무력하게 만드는데, 하물며 자리를 두껍게 깔고서 다리를 펴고 크게 누워 있다면 어떻게 수마를 물리칠 수 있겠는가? 그러므로 흡사 죽은 사람처럼 숙면에 깊이 빠져 있어서 밤이 새는 줄도 모르고 날이 저무는 줄도 모르니, 어느 겨를에 마음을 거두어 공부를 하겠는가? 그러므로 잠에 깊이 빠져들지 말라고 경계한 것이다. 하물며 (과도한 수면에) 다섯 가지 허물이 있으니, 첫째는 악몽이 많고, 둘째는 모든 천신이 보호하지 않고, 셋째는 마음이 법에 들어가지 못하고, 넷째는 밝은 상相을 생각하지 못하고, 다섯째는 정액을 내기 좋아한다. ㉠性聰

| 해석2 |

無·(以)·長·(而)·慢·後生 하며
4　(로서)　1　(순접)　3　2

어른으로서(어른이라는 이유로) 후학들을 업신여기지 말며

無·(以)·少·(而)·欺·老宿 하며
4　(로서)　1　(순접)　3　2

젊음으로서(젊었다는 이유로) 원로들을 기만하지 말며

無·(以)·財·華로 下·視·物 하며
6　(로써)　1　2　4　5　3

재물과 영화로 남(타인, 만물)을 내려보지 말며

無·(以)·意氣로 高·揖·人하며
5　(로써)　1　　3　4　2

의기로 남에게 높이(거만하게) 읍하지 말며

無·(以)·不善으로 苦·相親하며
4　(로써)　1　　　3　2

착하지 못한 것으로써 친한 상대를 괴롭히지 말며

無·(以)·善·(而)·却·憎惡하며
4　(로써)　1　(순접)　3　2

착한 것으로써 미워하는 이를 물리치지 말며

無·(以)·片·能으로 稱·我·是하며
6　(로써)　1　2　　5　3　4

조그만 능력으로써 내가 옳다고 일컫지 말며

無·(以)·少·解로 道·他·非하며
6　(로써)　1　2　5　3　4

소소한 견해로써 다른 이가 그릇되다고 말하지 말며

無·(以)·在·客하야 慢·主人하며
5　(로써)　2　1　　4　3

손님으로 있으면서(손님의 자격으로서) 주인에게 거만히 굴지 말며

無·(以)·爲·主하야 輕·旅客하며
5　(로써)　2　1　　4　3

주인이 됨으로써 손님을 가볍게 여기지 말며

無·(以)·在·事하야 失·綱紀하며
　5　(로써)　2　1　　4　　3

일에 있음으로써(있어서는) 기강을 잃지 말며

無·(以)·㤦·衆으로 破·條章하며
　5　(로써)　2　1　　4　　3

대중을 어김(흔듦)으로써 법규를 깨뜨리지 말며

無·(以)·誹謗으로 怪·他人하며
　4　(로써)　1　　3　2

비방함으로써 남을 괴이하게 여기도록 하지 말며

無·(以)·穿鑿으로 覓·他·過하며
　5　(로써)　1　　4　2　3

천착함으로써 남의 허물을 찾지 말며

好·(向)·佛法·中하야 用·意하고
　5　(~에서)　1　2　　4　3

불법 속에서 마음 쓰기를 좋아하고

多·(於)·塵境上에 除·情이어다
　4　(~에서)　1　　3　2

육진경계에서 妄情(망정) 제거하기를 많이할지어다.

6. 梁高僧倚法主遺誡小師

【어휘해설】

無以長而慢後生(무이장이만후생): 어른으로서(어른이라는 이유로) 후학들을 업신여기지 말며.
- 以: 지위(~로서), 자격, 도구(~으로써, ~를 갖고), 이유(~라는 이유로).

無以不善苦相親(무이불선고상친): 착하지 못한 것으로써 친한 상대를 괴롭히지 말며.

好向佛法中用意(호향불법중용의): 불법 속에서 마음 쓰기를 좋아하며.
- 好: 좋아하다. 또는 당위를 나타냄(→ 불법 속에서 마음 쓰기를 해야 한다).
  또는 부사어로 '쉽게'라는 뜻이 있음(→ 쉽게 불법 속에서 마음을 쓰며).
- 向: ~에(於).

多於塵境上除情(다어진경상제정): 육진경계에서 망정 제거하기를 많이할지어다. 또는 '다분히 육진경계에서 망정을 제거할지어다'.
- 情: 세속의 정, 妄情(망정). 多: 자주, 많이.

| 해석3 |

袈裟·下에 失却·人身이 實·爲·苦·(也)요
　1　　2　　4　　3　　5　7　6　　(종결)

가사 아래에서 사람 몸 잃는 것이 실로 고통이 되고

捺落·裏에 受·諸·異報가 可謂·屈·(焉)이니라
　1　　2　　5　3　　4　　7　6　　(종결)

지옥 속에서 많은 다른 과보를 받는 것이 굴욕스럽다고 할 만하다.

況・端拱・無爲하야 安・閑・不・役하며
  1   2   3   4 5 7 6

하물며 단정히 팔짱 끼고 하는 일도 없으면서 편안하고 한가롭게 노역도 하지 않으며

徐・行・金地하고 高・坐・華・堂하야
 2 3   1   6 7 4 5

절간(경내)을 천천히 거닐고, 화려한 법당에 높이 앉아서

足・不・履・泥하고 手・不・彈・水하나니
1 4 3 2   5 8 7 6

발은 진흙을 밟지 않고 손에는 물을 묻히지 않으니

身上・衣・(而)・口中・食을 豈・易・消・(乎)며
 1   2 (병렬) 3   4   5 6 7 (종결)

몸에 걸친 옷과 입에 넣은 음식을 어찌 쉽게 소화시킬 수 있으며

圓・(却)・頂・(而)・方・(却)・袍는 爲・何・事・(也)오
2 (조사) 1 (병렬) 4 (조사) 3   7 5 6 (종결)

정수리를 둥글게 하고 옷자락(가사)을 반듯하게 한 것은 무슨 일을 하려는 것인가?

【어휘해설】

袈裟下失却人身(가사하실각인신): 가사 아래서 사람 몸을 잃어버리다. 즉 승려가
    되어서 깨침을 이루지 못하고 죽는다는 뜻.
捺落裏受諸異報(나라리수제이보): 나락(지옥) 속에서 많은 다른 과보를 받음.
可謂屈焉(가위굴언): 굴욕스럽다고 할 만하다.

端拱無爲(단공무위): 단정히 팔짱 끼고서 아무것도 하지 않음.

安閑不役(안한불역): 편안하고 한가롭게(빈둥대며) 일도 하지 않음.

徐行金地(서행금지): (뒷짐지고) 천천히 도량을 거니는 것.

　　-金地: 사찰 경내, 도량.

高坐華堂(고좌화당): 화려한 법당에 높이 (법좌에) 앉다.

足不履泥(족불리니) 手不彈水(수불탄수): 발은 흙을 밟지 않고, 손은 물을 묻히지 않는다. 즉 농사일이나 궂은일을 하지 않음을 표현.

身上衣而口中食(신상의이구중식): 몸 위의 옷과 입 속의 음식.

　　-而: 병렬을 나타내는 연결사로 쓰임. ~와, 함께, 또(又). 아래문장의 而도 마찬가지이다.

圓却頂而方却袍(원각정이방각포): 정수리를 둥글게 해버리고 도포(가사)를 반듯하게 해버리다. 즉 삭발하고 가사를 걸친 승려의 모습을 형용함. 흔히 '方袍圓頂(방포원정)'으로 표현함.

　　-却: ~해버리다. 동작의 완성을 나타내는 결과보어로 쓰임.

【보충설명】

捺落: '나락가捺落迦'인데, 한역하면 '헤아릴 수 없음'이다. 또는 '지극히 고통스러운 곳'이라고도 하는데, 고통이 지하에 갖추어져 있으므로 지옥이라 일컫는다. 性聰

異報: '異'는 '많다'는 말이니, 갖가지 여러 고통의 과보를 받는다는 말이다. 性聰

| 해석4 |

其或·剛·柔·得·所하며 進·退·含·容하야
　1　2　3　4　5　　6　7　8　9

혹 강하고 부드러움이 제자리를 얻으며, 나아가고 물러남이 넉넉함을 품어서

堪·行·卽·行하고 可·止·須·止하야
　2　1　3　4　　　6　5　7　8

나아갈 만하면 바로 나아가고 그칠 만하면 반드시 그쳐서

無·貪·眼下하고 數·省·時·中하라
　3　2　1　　　　6　7　4　5

눈앞의 것을 탐하지 말고, 때에 맞는지를(적절한지를) 자주 살펴라.

一點·相當하면 萬·金·消得이니라
　1　　2　　　　3　4　5

한 소식 통하게 되면 만 냥의 황금도 녹일 수 있을 것이다.

予·(以)·千叮·萬囑으로 苦口·甘言하노니
1　(로써)　2　　3　　　　4　　5

내가 천 번의 정성과 만 번의 부탁으로 고구정녕히 감언을 내리니

依·予·言·者는 來世·相逢이어니와
3　1　2　4　　5　　6

나의 말에 의지하는 자는 내세에 서로 만날 것이지만

若·不·依·予·言·者는 擬·(向)·何處·出·頭오
1　5　4　2　3　6　　10 (~에)　7　9　8

만약 내 말에 의지하지 않는 자는 어느 곳에 머리를 내밀려 하는가?

珍重·珍重하라
　1　　2

살피고 살필지어다.

【어휘해설】

剛柔得所(강유득소): 강하고 부드러움이 제자리를 얻다.
　　-得所: 제자리를 얻다. 各得其所(각득기소: 각자 자기가 있을 자리에 있다)의 줄인 말.

進退含容(진퇴함용): 나아가고 물러남에 포용을 머금다(급함이 없다, 넉넉하다).

數省時中(삭성시중): 때에 맞는지를 자주 살피다.
　　-數: (삭) 자주/(수) 헤아리다, 숫자.
　　-時中: 때에 맞게 적절하다.

一點相當(일점상당): 한 소식(一點) 맞닥뜨리게 되면
　　-相當: 알맞다, 어떠한 정도에 도달하다. 구체적인 시간이나 금액, 일정 수준에 맞먹을 정도임을 나타내는 말.

萬金消得(만금소득); 만 냥의 황금도 녹일 수 있다. 施恩(시은)을 감당할 수 있다는 말.

千叮萬囑(천정만촉): 천 번의 정성과 만 번의 부탁.

苦口甘言(고구감언): 고구정녕히 감언을 내리다.
　　-苦口: 입에 쓰다, 거듭 간곡하게 권하는 모양.
　　-甘言: 말을 달게 하다, 다른 사람의 비위에 맞게 꾸며서 하는 말.

擬向何處出頭(의향하처출두): 어느 곳에 머리를 내밀려 하는가?
　　-擬: ~하려고 하다(欲). 向: ~에(於). 出頭: 나타나다, 태어나다.

珍重(진중): 살필지어다. 禪家(선가)에서는 법문이 끝나고 '수고하였다' 또는 '대중들은 그만 쉬어라'라고 할 때에도 쓰임.

독송용

塵世匪堅이요 浮生이 不久라 我는 光陰以謝하고 汝는 齒髮漸高하니 無以世利로 下其身하며 無以虛名으로 苟其利하며 莫輕仁賤義하며 莫嫉善妬才하며 莫抑遏無辜하며 莫沈埋有德하며 莫疎慵人事하며 莫懶惰焚修하며 莫耽湎睡眠하며 莫强知他事하며 莫空腹高心하며 莫營私利己하며 莫恃强欺弱하며 莫利己損他하며 無以長而慢後生하며 無以少而欺老宿하며 無以財華로 下視物하며 無以意氣로 高揖人하며 無以不善으로 苦相親하며 無以善而却憎惡하며 無以片能으로 稱我是하며 無以少解로 道他非하며 無以在客하야 慢主人하며 無以爲主하야 輕旅客하며 無以在事하야 失綱紀하며 無以伵衆으로 破條章하며 無以誹謗으로 怪他人하며 無以穿鑿으로 覓他過하며 好向佛法中하야 用意하고 多於塵

境上에 除情이어다

袈裟下에 失却人身이 實爲苦也요 捺落裏에 受諸異報가 可謂

屈焉이니라 況端拱無爲하야 安閑不役하며 徐行金地하고 高坐華

堂하야 足不履泥하고 手不彈水하나니 身上衣而口中食을 豈易消

乎며 圓却頂而方却袍는 爲何事也오 其或剛柔得所하며 進退

含容하야 堪行卽行하고 可止須止하야 無貪眼下하고 數省時中하라

一點相當하면 萬金消得이니라 予以千叮萬囑으로 苦口甘言하노니

依予言者는 來世相逢이어니와 若不依予言者는 擬向何處出頭오

珍重珍重하라

탄허 역

　　塵世가 堅固하지 않고 浮生이 長久하지 않은지라 나는 光陰이 써 遷謝하고 너는 齒髮이 점점 높으니 世利로써 그 몸을 낮게 하지 말고 虛名으로써 그 利를 苟且히 하지도 말며 仁을 輕히 하거나 義를 賤히 하지 말고 善을 嫉하거나 才를 妬忌하지도 말며 無辜한 이를 抑遏하지 말고 有德한 이를 沈埋하지도 말며 人事를 疎慵히 하지 말고 焚修를 懶惰히 하지도 말며 睡眠을 耽湎하지 말고 他事를 强知하려고도 말며 空腹에 마음을 높은 체하지 말고 私를 經營해 自己만 利롭게 하지도 말며 强함을 믿어 弱한 이를 속이지 말고 自己만 利롭게 하여 他人을 毁損치도 말며 尊長으로서 後生을 慢忽히 하지 말고 少年으로서 老宿을 속이지도 말며 才華로써 物을 下視하지 말고 意氣로써 他人에게 高揖하지도 말며 不善으로써 相親을 괴롭히지 말고 善으로써 도리어 憎惡하지도 말며 片能으로써 나만 옳다 稱하지 말고 小解로써 他가 그르다 말하지도 말며 써 客에 있어서 主人을 慢忽히 여기지 말고 써 主人이 되어서 旅客을 輕히 여기지도 말며 써 事에 있어서 綱紀를 잃지 말고 써 大衆을 흔들어서 條章을 破하지도 말며 誹謗으로써 他人을 怪異히 여기지 말고 穿鑿으로써 他過를 찾지도 말며 좋이 佛法中에 向하여 뜻을 쓰고 많이 塵境上에 情을 除할지어다.

袈裟下에서 人身을 失却함이 實로 苦가 되고 捺落裡에서 모든 異報를 받음이 可謂 屈함이니라. 하물며 端拱하고 하염이 없어서 安閑히 勞役하지 않으며 金地에 徐行하고 華堂에 高坐하여 발은 진흙을 밟지 않고 손은 물을 튕기지 않나니 身上의 衣와 口中의 食을 어찌 쉽게 녹이며 頂을 圓케 하고 袍를 方케 함은 무슨 일을 爲함인고. 그 或 剛柔가 곳을 얻고 進退가 含容하여 能히 行하매 곧 行하고 可히 止하매 모름지기 止하며 眼下를 貪하지 말고 時中에 자주 살펴서 一點이 相當하면 萬金을 消得하리라. 내가 千叮萬囑으로써 苦口로 甘言하노니 나의 말을 依하는 이는 來世에 相逢하려니와 만일 나의 말을 依하지 않는 이는 何處를 向하여 出頭하려 擬度하는고. 珍重하고 珍重하라.

四. 箴銘

잠명箴銘은 箴과 銘을 합친 장으로, 箴은 사람의 잘못을 일깨우고 경계시키는 말이고, 銘은 자신에 대한 경계·타인의 공적 등을 금석이나 기물에 기록하는 한문문체이다. 여기서는 출가자에게 훈계하는 가르침인 「출가잠」과 자리 옆에 갖추어 놓고 경계로 삼는 「좌우명」을 실었다.

7. 大唐慈恩法師出家箴

대당 자은법사의 출가잠

捨家出家何所以오
버릴/집/날/집/어찌/바/써

稽首空王求出離로다
조아릴/머리/빌/왕/구할/날/떠날

三師七證定初機하고
석/스승/일곱/증명/정할/처음/기틀

剃髮染衣發弘誓어다
깎을/머리/물들일/옷/일으킬/클/맹서

去貪嗔除鄙悋하고
버릴/탐낼/화낼/제거할/더러울/아낄

十二時中常謹愼하라
열/둘/때/가운데/항상/삼갈/삼갈

鍊磨眞性若虛空하면
단련할/갈/참/성품/같을/빌/허공

自然戰退魔軍陣하리라
스스로/그럴/싸울/물리칠/마귀/군사/진영

勤學習尋師匠하야
힘쓸/배울/익힐/찾을/스승/장인

說與同人堪倚仗이언정
기쁠/더불/같을/사람/견딜/의지할/기댈

莫敎心地亂如麻하야
금지사/하여금/마음/땅/어지러울/같을/삼

百歲光陰等閑喪이어다
백/해/빛/그늘/같을/한가할/잃을

踵前賢斅先聖하야
쫓을/앞/어질/본받을/앞/성인

盡假聞思修得證이니
다할/빌릴/들을/생각/닦을/얻을/증득할

행주좌와요정전
行住坐臥要精專하야
갈/머물/앉을/누울/바랄/정미로울/오로지

념념무차시상응
念念無差始相應이니라
생각/〃/없을/다를/비로소/서로/응할

불진경십이부
佛眞經十二部에
부처/참/경서/열/둘/분류

종횡지시보리로
縱橫指示菩提路어늘
세로/가로/가리킬/보일/보리/길

불습불청불의행
不習不聽不依行하면
아니/익힐/아니/들을/아니/의지할/갈

문군하일심개오
問君何日心開悟리오
물을/너/어느/날/마음/열/깨달을

속수구사두연
速須究似頭燃하야
빠를/모름지기/궁구할/같을/머리/탈

막대명년여후년
莫待明年與後年이어다
금지사/기다릴/밝을/해/더불/뒤/해

일식불래즉후세
一息不來卽後世니
한/쉴/아니/올/곧/뒤/세상

수인보득차신견
誰人保得此身堅이리오
누구/사람/보장할/얻을/이/몸/굳을

부잠의부전식
不蠶衣不田食하니
아니/누에/옷/아니/밭/먹을

직녀경부한혈력
織女耕夫汗血力이로다
베짤/여인/밭갈/사내/땀/피/힘

위성도업시장래
爲成道業施將來어늘
위할/이룰/도/업/베풀/가질/올

도업미성쟁소득
道業未成爭消得이리오
도/업/아닐/이룰/어찌/녹일/얻을

애애부애애모
哀哀父哀哀母여
슬플/〃/아비/슬플/〃/어미

연고토감대신고
嚥苦吐甘大辛苦하며
삼킬/쓸/뱉을/달/큰/매울/괴로울

취습회간양육성
就濕回乾養育成은
나아갈/젖을/돌/마를/기를/〃/이룰

요습문풍계선조
要襲門風繼先祖어늘
필요/계승할/문/바람/이을/앞/조상

일단사친구체락	팔십구십무의탁
一旦辭親求剃落하니	八十九十無依托이로다
한/아침/헤어질/어버이/구할/자를/떨어질	여덟/열/아홉/열/없을/의지할/맡길

약불초범월성류
若不超凡越聖流인댄
만약/아니/넘을/범부/넘을/성인/무리

향차인순전대착
向此因循全大錯이로다
향할/이/인할/돌/온전할/큰/어긋날

복전의항룡발
福田衣降龍鉢로
복/밭/옷/항복/용/발우

수용일생구해탈
受用一生求解脫이어늘
받을/쓸/한/날/구할/풀/벗어날

약인소리계심회
若因小利繫心懷하면
만약/인할/작을/이익/매달/마음/품을

피안열반쟁득달
彼岸涅槃爭得達이리오
저/언덕/열반/어찌/얻을/이를

선남자여수지
善男子汝須知하라
착할/사내/아이/너/모름지기/알

조봉난득사금시
遭逢難得似今時어늘
만날/〃/어려울/얻을/같을/이제/때

기우출가피누갈
旣遇出家披縷褐하니
이미/만날/날/집/입을/실/누더기

유여부목치맹구
猶如浮木値盲龜로다
같을/〃/뜰/나무/만날/눈멀/거북

대장부수맹리
大丈夫須猛利하야
큰/어른/사내/모름지기/맹렬할/날카로울

긴속신심막용이
緊束身心莫容易하라
단단할/묶을/몸/마음/금지사/쉬울/〃

당능행원력상부
儻能行願力相扶하면
만일/능할/행할/바랄/힘/서로/도울

결정용화친수기
決定龍華親授記하리라
결단/정할/용/꽃/친할/줄/수기

| 저자 |

자은규기慈恩窺基(632~682): 17세 때에 현장법사가 그를 설득하여 출가하게 하였더니, 많은 장경들을 읽고서는 모두 외워버렸다. 논서 백 부를 저술하였으므로 당시에 '백부논사百部論師'라 불렸으며, 성격이 호방하여 매번 외출할 때마다 석 대의 수레에 경서와 음식을 싣고 다녔으므로 '삼거법사三車法師'라고 불렸다. 유식과 관련한 수많은 저서를 남겼다.

| 요지 |

출가자라면 출가한 본래 뜻을 잊어서는 안 된다. 항상 근신하고 부지런히 학습하며, 시줏물을 소중히 여기고, 출가한 본래 뜻을 되새겨서 도업을 이루어야 한다. 출가 인연 만나기가 '맹구우목'과 같으니, 몸과 마음을 단단히 단속하고 수행과 서원이 힘써 돕도록 한다면 결정코 용화회상에서 수기를 받으리라.

| 해석1 |

捨·家·出家·何·所以오 稽首·空王·求·出離로다
 2 1 3 4 5   7   6   9 8

집 버리고 출가한 것은 무슨 까닭인가? 부처님께 머리 조아려 (생사에서) 벗어나기를 구함이로다.

三師·七證·定·初·機하고 剃·髮·染·衣·發·弘誓어다
 1   2 5 3 4   7 6 9 8 11 10

세 분의 스승과 일곱 분의 증계사證戒師가 초심자의 근기를 확정하고, 머리 깎고 옷을 물들여 큰 서원을 일으키도록 한다.

去·貪嗔·除·鄙悋하고　十二時·中·常·謹愼하라
　2　1　4　3　　　　5　　6　7　8

탐욕과 성냄을 버리며 비루함과 인색함을 제거하고, 십이시 중에(하루종일) 항상 근신하라.

【어휘해설】

所以(소이): ~한 바, ~ 때문에, 까닭.

稽首(계수): 머리를 숙이다, 머리를 조아려 예배하다.

空王(공왕): 부처님을 달리 부르는 칭호. 부처님은 만물이 空한 이치를 깨달았으므로
　　　　　 고요하며 걸림이 없고, 그러한 성과를 따를 자가 없기 때문에 王이라 함.

出離(출리): (생사고해를) 벗어나다.

定初機(정초기): 초심자의 근기를 판정한다.

剃髮染衣(체발염의): 머리를 깎고 옷을 물들이다. 즉 삭발하고 승복을 입은 스님의 형
　　　　　　　　　 상을 말함.

十二時(십이시): 하루를 열둘로 나누어 십이지十二支의 이름을 붙인 것. 오늘날의 24
　　　　　　　 시간, 온종일.

【보충설명】

三師七證定初機: 세 명의 스승은 화상和尙과 갈마羯磨와 교수敎授이다. 화상은 한역(중국말로 번역)하면 '근독近讀'인데, 친히 가까이하고 받들어 섬겨 독경하는 법을 그로부터 받는다는 뜻이다. 또는 '역생力生'이라 하는데, 스승의 힘으로 말미암아 법신을 성장케

한다는 것이다. 갈마는 한역하면 '판사辦事'인데, 이들을 통해 비구와 비구니의 일을 제대로 판단하기 때문이니, 수계사受戒師이다. 교수는 수계할 때 위의威儀를 가르치는 분이다. 『사분율산번보궐행사초』에서는 "아사리는 한역하면 정행正行인데, 제자의 행위를 제대로 바로잡아 주기 때문이다."라고 하였다. 『사분율』에는 다섯 종류의 아사리를 밝혀 놓았다. 첫째는 출가아사리이니, 출가할 때에 의지하는 분이다. 둘째는 수계아사리이니, 수계할 때 갈마를 하는 분이다. 셋째는 교수아사리이니, 위의를 가르쳐 주는 분이다. 넷째는 수경受經아사리이니, 그로부터 경전의 가르침을 받거나 혹은 4구게 한 게송이라도 받게 된다. 다섯째는 의지아사리이니, 하루 저녁이라도 그에게 의지하여 머물 수 있다. 다섯 중에 두 번째는 갈마사羯磨師이며, 세 번째는 교수사敎授師이며, 네 번째와 다섯 번째는 화상사和尙師이다. 칠증七證이란 수계할 때의 증계사證戒師 7명인데, 변방국의 경우에는 세 사람만으로 증계사를 삼을 수 있다. 초심자를 판단한다는 것은 처음 발심한 자의 근기를 판단하는 것이다. 性聰

| 해석2 |

鍊磨·眞性·若·虛空하면　　自然·戰·退·魔軍·陣하리라
　2　　1　　3　　　　　　　5　6　9　7　8

참된 성품을 연마하여 허공과 같이 (맑게) 하면 자연히 싸워 마군의 무리를 물리치리라.

勤·學習·尋·師匠하야　說·與·同人·堪·倚仗이언정
2　1　　4　3　　　　　5　7　6　9　8

학습을 부지런히 하고 스승을 찾아서 기꺼이(說) 도반들과 더불어 의지할지언정

莫·(敎)·心地·亂·如·麻하야　百歲·光陰·等閑·喪이어다
9　(하여금)　1　4　3　2　　　　5　　6　　7　8

마음으로 하여금 삼대처럼 어지럽게 하여 백년 세월을 헛되이 보내지 말라.

踵·前賢·敩·先聖하야　盡·假·聞思修·得證이니
　2　　1　　4　　3　　　　6　7　　5　　　8

앞선 현인 뒤따르고 앞선 성인 본받아서 문사수를 다 의지해서 증득할 것이니

行住坐臥·要·精·專하야　念念·無·差·始·相應이니라
　1　　　　7　2　3　　　　4　　6　5　8　9

가고 머물고 앉고 눕는 사이에 정밀하고 전일하게 하여 순간순간(매순간) 어긋남이 없게 하여야(要) 비로소 상응할 것이다.

【어휘해설】

說與同人堪倚仗(열여동인감의장): 기꺼이 도반들과 더불어 의지할 수 있다(의지함을 감당하다).
　-說: (열)기쁘다, 기꺼이/(설) 말씀.
亂如麻(난여마): (마음이) 삼대처럼 어지럽다.
光陰(광음): 시간, 세월.
等閑喪(등한상): 등한히(일없이, 생각없이, 헛되이) 보내다(허비하다).
踵前賢(종전현): 앞선 현인을 따르다. 踵: 뒤쫓다, 잇다.
敩先聖(효선성): 앞선 성인을 본받다. 敩: 가르치다, 깨우치다, 본받다.
盡假(진가): 모두 다(남김없이) 의지하다.
聞思修(문사수): 삼혜(문혜, 사혜, 수혜)를 말함.
要精專(요정전): 정밀하고 전일하게 하여야 한다.
　-要: 마땅히 ~해야 한다. 당위를 나타냄.

| 해석3 |

佛·眞·經·十二部에 縱橫·指示·菩提·路어늘
1 2 3 4   5   8   6   7

부처님의 참다운 경전 십이부에 종횡무진으로 깨달음의 길을 지시하였거늘

不習·不聽·不依行하면 問·君·何日·心·開悟리오
 1   2   3   5 4   6   7   8

익히지 않고 듣지 않고 의지하여 수행하지 않으면 그대에게 묻노니, 어느 날에 마음을 깨치리오?

速·須·究·似·頭·燃하야 莫·待·明年·與·後年이어다
1 2 3 6 4 5   11 10 7   8   9

신속하게 모름지기 참구하기를 머리에 붙은 불같이(불 끄듯이) 하여 내년과 후년을 기다리지 말라.

一息·不·來·卽·後世니 誰人·保得·此身·堅이리오
 1   3 4 2 5   6   9   7   8

한 차례 숨이 오지 않으면 바로 내생이니 누가 이 몸의 견고함을 보장할 수 있으리오?

不·蠶·衣·不·田·食하니 織女·耕夫·汗·血·力이로다
2 1 3 5 4 6   7   8   9 10 11

누에치지 않고 옷 입으며 밭갈지 않고 먹으니, 베짜는 아낙네와 밭가는 농부의 땀과 피의 힘이로다.

(爲)·成·道業·施·將·來어늘 道業·未·成·爭·消得이리오
(이유) 2 1   3 4 5   6   8 7 9 10

도업을 이루기 위해서(이루라고) 시줏물을 가져오거늘 도업을 이루지 못하면 어찌 녹여낼 수 있으리오?

哀哀·父·哀哀·母여　嚥·苦·吐·甘·大·辛苦하며
1　2　3　4　　6　5　8　7　9　10

애닲도다, 아버지여! 애닲도다, 어머니여! 쓴 것 삼키고 단 것 뱉어내며 크게 고생하셨으며

就·濕·回·乾·養育·成은　要·襲·門風·繼·先祖어늘
2　1　4　3　5　6　　11　8　7　10　9

젖은 자리에 나아가고 마른자리로 돌려서 양육하여 키운 것은 가문을 세습하고 선조를 잇기를 바라서였는데

一旦·辭·親·求·剃落하니　八十·九十·無·依托이로다
1　3　2　5　4　　6　7　9　8

하루아침에 어버이를 떠나서 삭발하기를 구하니 팔십 구십이라도 의탁할 곳 없도다.

【어휘해설】

經十二部(경십이부): 부처님이 설하신 십이부의 경전일체.
　　-십이부경은 부처님의 일대 교설을 형식이나 내용에 따라 열두 가지로 나눈 것.
問君(문군): 그대에게 묻노라.
速須究(속수구): 재빨리 모름지기 참구해야 한다.
似頭燃(사두연): 머리에 붙은 불처럼. 즉 머리에 붙은 불 끄듯이 신속하게 해야 함을 말함.
一息不來(일식불래): 한 번의 숨이 오지 않으면. 즉 한 번 들숨을 마시지 못하면.
保得(보득): 보존(보장, 보증)할 수 있다.
　　-得: ~할 수 있다(可). 得은 일반적으로 동사 앞에 쓰여 가능을 표시하는 조동사가

되는데, 여기처럼 동사의 뒤에 위치하기도 한다. 아래의 '消得'에서도 得이 동사 뒤에 위치함.

不蠶衣(부잠의) 不田食(부전식): 누에치지 않고 옷 입으며, 밭갈지 않고 밥 먹는다.

　　승려들은 농사짓지 않고 신도들이 시주하는 물품을 받아먹기 때문에 이렇게 표현함.

爲成道業(위성도업): 도업을 성취하기 위하여.

　　-爲: ~하기 위하여(이유).

施將來(시장래): 시줏물을 가져 오다.

爭消得(쟁소득): 어찌 (시줏물을) 녹일 수 있겠는가?

　　-爭: 어찌(반어의 뜻). 消: 소비하다, 녹이다, 쓰다. 得: ~할 수 있다.

哀哀(애애): 슬프고 슬프도다.

嚥苦吐甘(연고토감): 쓴 것을 삼키고 단 것을 뱉다. 즉 어미는 쓴 것을 자신이 먹고, 단 것을 뱉어 아이에게 준다는 말.

大辛苦(대신고): 큰 어려움과 고통.

就濕回乾(취습회간): (어미는) 젖은 자리에 나아가고, (아이는) 마른 곳에 돌려 둔다.

要襲門風繼先祖(요습문풍계선조): 가문을 세습하고 선조를 잇기를 바라다.

　　-要: 요구하다.

求剃落(구체락): 삭발하기를 구하다.

　　-剃落: 깎을 체, 떨어뜨릴 락. (머리카락을) 깎아서 떨어뜨리다. 즉 삭발을 뜻함.

| 해석4 |

若·不·超·凡·越·聖·流인댄　(向)·此·因循·全·大·錯이로다
1　7　3　2　5　4　6　　　(에)　8　9　10　11　12

만약 범부를 뛰어넘고 성현을 초월하는 부류가 아닐진댄 여기에서 그럭저럭 보내면서 온전히 크게 어긋날 것이다.

福田衣·降龍鉢로　**受·用·一生·求·解脫**이어늘
　　1　　　2　　　　　　4　5　3　7　6

복전의와 항룡발로 일생 동안 받아쓰며 해탈을 구하거늘(구해야 하거늘)

若·因·小利·繫·心懷하면　**彼岸·涅槃·爭·得達**이리오
1　3　2　4　　4　　　　6　　7　8　9

만약 작은 이익으로 인하여 마음속 생각을 묶으면 피안의 열반에 어찌 도달할 수 있으리오.

善男子·汝·須·知하라　**遭逢·難得·似·今時**어늘
　1　　2　3　4　　　　7　　8　6　5

선남자야! 너는 반드시 알아라. 지금의 때와 같은 경우를 만나기 어렵거늘

旣·遇·出家·披·縷褐하니　**猶如·浮木·値·盲龜**로다
1　3　2　5　4　　　　　6　　7　9　8

이미 출가를 만나 누더기 옷을 걸쳤으니 마치 뜬 나무가 눈먼 거북이를 만난 것과 같도다.

大丈夫·須·猛·利하야　**緊·束·身心·莫·容易**하라
　1　　2　3　4　　　　6　7　5　9　8

대장부는(라면) 반드시 맹렬하고 예리하여 몸과 마음을 단단하게 단속해서 용이하게 하지 말라.

儻·(能)·行·願·力·相·扶하면　**決定·龍華·親·授記**하리라
1　2　3　4　5　6　　　　7　　8　9　10

만약 능히 수행과 서원이 힘써 서로 돕는다면(→ 도울 수 있다면) 결정코 용화회상에서 친히 수기를 받으리라.

【어휘해설】

超凡越聖(초범월성): 범부를 초월하고 성현을 뛰어넘다.

因循(인순): 그럭저럭 시간을 보내다, 빈둥거리며 세월을 보내다.

福田衣(복전의): 복밭이 되는 옷. 袈裟(가사).

降龍鉢(항룡발): 용을 항복시킨 발우.

爭得達(쟁득달): 어찌 도달할 수 있으리오?
  -爭: 어찌(반어의 뜻). 得: ~할 수 있다(可).

須知(수지): 마땅히(반드시) 알아야 한다.

披縷褐(피누갈): 누더기 옷을 걸치다(입다).

猶如(유여): 마치 ~과 같다.

浮木値盲龜(부목치맹구): 떠내려가는 나무가 눈먼 거북을 만나다. '盲龜遇木(맹구우목)'이라고도 함.

緊束身心(긴속신심): 몸과 마음을 단단히 단속하다.

龍華(용화): 용화회상은 정토의 다른 이름.

【보충설명】

福田衣: 가사袈裟는 위없는 큰 복밭의 옷이니, 짓는 자와 받는 자에게 모두 무량한 복이 생기기 때문이다. 또는 저 밭두둑의 경계를 본떠서 가사 조각을 재단했기 때문에 전의田衣라 한다. 性聰

降龍鉢: 가섭 삼형제는 처음에 화룡을 섬겼는데, 부처님이 그들을 제도하려고 화룡의 굴에 갔다. 화룡이 부처님을 보고는 성을 내어 먼저 독을 품은 불길을 뿜었다. 부처님도 삼매의 불길을 놓으니, 독룡이 그 열기에 괴로워하다가 몸을 숨길 곳이 없자 부처님 발우 안의 물속으로 들어갔다. 부처님께서 그를 위해 설법하시고 가섭 삼형제를 득도

시켰기 때문에 이를 항룡발이라 한다. ㉾

浮木値盲龜: 수미산 아래 향수해香水海 속에 한 마리의 눈먼 거북이 있는데, 그 수명은 무량겁이고 백 년마다 한 번씩 물 밖으로 나온다. 또 구멍 하나가 뚫린 나무토막이 있어서 파도에 표류하는데, 만약 서로 마주치면 거북이 그것에 의지하여 쉬고, 마주치지 못하면 물속으로 가라앉는다. 중생도 이와 같으니, 오취五趣의 고해에 빠져서 표류하다가 사람의 몸을 얻기는 어려움이 이보다 더하다. 설사 사람의 몸을 얻었더라도 출가하기가 쉽겠는가? ㉾

龍華: 용화는 나무 이름인데, 그 꽃 모양이 용과 같기 때문에 그렇게 이름하였다.『미륵하생경』에서는 "자씨가 시두말성翅頭末城 안의 대바라문인 묘범妙梵의 집에 태어날 것이며, 출가하는 날 곧바로 정각을 이룰 것이다. 신장이 60길이고 8만4천 가지 상호相好를 갖추고 나무 아래에 앉아서 세 차례 설법하리니, 석가께서 남기신 법을 잘 받드는 자 중에 부처님의 명호를 한 번 일컬은 자까지도 모두 제도할 것이다."라고 하였다. ㉾

독송용

^{사 가 출 가 하 소 이}
捨家出家何所以오 ^{계 수 공 왕 구 출 리} 稽首空王求出離로다

^{삼 사 칠 증 정 초 기}
三師七證定初機하고 ^{체 발 염 의 발 홍 서} 剃髮染衣發弘誓어다

^{거 탐 진 제 비 린}
去貪嗔除鄙悋하고 ^{십 이 시 중 상 근 신} 十二時中常謹愼하라

^{연 마 진 성 약 허 공}
鍊磨眞性若虛空하면 ^{자 연 전 퇴 마 군 진} 自然戰退魔軍陣하리라

^{근 학 습 심 사 장}
勤學習尋師匠하야 ^{열 여 동 인 감 의 장} 說與同人堪倚仗이언정

^{막 교 심 지 난 여 마}
莫敎心地亂如麻하야 ^{백 세 광 음 등 한 상} 百歲光陰等閑喪이어다

^{종 전 현 효 선 성}
踵前賢斅先聖하야 ^{진 가 문 사 수 득 증} 盡假聞思修得證이니

^{행 주 좌 와 요 정 전}
行住坐臥要精專하야 ^{념 념 무 차 시 상 응} 念念無差始相應이니라

^{불 진 경 십 이 부}
佛眞經十二部에 ^{종 횡 지 시 보 리 로} 縱橫指示菩提路어늘

^{불 습 불 청 불 의 행}
不習不聽不依行하면 ^{문 군 하 일 심 개 오} 問君何日心開悟리오

^{속 수 구 사 두 연}
速須究似頭燃하야 ^{막 대 명 년 여 후 년} 莫待明年與後年이어다

_{일 식 불 래 즉 후 세}
一息不來卽後世니
_{수 인 보 득 차 신 견}
誰人保得此身堅이리오

_{부 잠 의 부 전 식}
不蠶衣不田食하니
_{직 녀 경 부 한 혈 력}
織女耕夫汗血力이로다

_{위 성 도 업 시 장 래}
爲成道業施將來어늘
_{도 업 미 성 쟁 소 득}
道業未成爭消得이리오

_{애 애 부 애 애 모}
哀哀父哀哀母여
_{연 고 토 감 대 신 고}
嚥苦吐甘大辛苦하며

_{취 습 회 간 양 육 성}
就濕回乾養育成은
_{요 습 문 풍 계 선 조}
要襲門風繼先祖어늘

_{일 단 사 친 구 체 락}
一旦辭親求剃落하니
_{팔 십 구 십 무 의 탁}
八十九十無依托이로다

_{약 불 초 범 월 성 류}
若不超凡越聖流인댄
_{향 차 인 순 전 대 착}
向此因循全大錯이로다

_{복 전 의 항 룡 발}
福田衣降龍鉢로
_{수 용 일 생 구 해 탈}
受用一生求解脫이어늘

_{약 인 소 리 계 심 회}
若因小利繫心懷하면
_{피 안 열 반 쟁 득 달}
彼岸涅槃爭得達이리오

_{선 남 자 여 수 지}
善男子汝須知하라
_{조 봉 난 득 사 금 시}
遭逢難得似今時어늘

_{기 우 출 가 피 누 갈}
旣遇出家披縷褐하니
_{유 여 부 목 치 맹 구}
猶如浮木値盲龜로다

_{대 장 부 수 맹 리}
大丈夫須猛利하야
_{긴 속 신 심 막 용 이}
緊束身心莫容易하라

_{당 능 행 원 력 상 부}
儻能行願力相扶하면
_{결 정 용 화 친 수 기}
決定龍華親授記하리라

탄허 역

　집을 버리고 出家함이 무슨 所以인고. 空王께 稽首하여 出離를 求함이라 三師와 七證으로 初機를 定하여 剃髮染衣하매 弘誓를 發할지어다. 貪嗔을 버리고 鄙悋을 除하여 十二時中에 늘 謹愼할지니 眞性을 鍊磨함을 虛空과 같이 하면 自然히 魔軍陣을 戰退하리라. 學習을 부지런히 하고 師匠을 찾아서 同人에게 說해 주어 能히 倚仗할지언정 心地로 하여금 散亂케 함을 麻와 같이 하여 百歲光陰을 等閑히 잃지 말지어다. 前賢을 좇고 先聖을 본받음이 모두 聞·思·修를 假하여 證함을 얻나니 行住坐臥에 종요로이 精專하여 念念에 差가 없어야 비로소 相應하나니라. 佛의 眞經 十二部여. 縱橫으로 菩提의 길을 指示하였거늘 익히지 않고 듣지 않고 依止해 行하지 않으면 묻노니 그대가 어느 날에 心이 開悟하리오. 速히 모름지기 硏究함을 머리의 불붙은 듯이 하여 明年과 다못 後年을 기다리지 말지니 一息이 오지 않으면 곧 後世라 어떤 사람이 此身의 堅固함을 保存해 얻으리오. 길쌈하지 않고 옷입고 農事짓지 않고 밥먹음이여. 織女와 耕夫의 汗血力이라 道業을 成키 爲하여 布施해 가져 왔거늘 道業을 未成하매 어찌 녹여 얻으리오. 哀哀한 父와 哀哀한 母여. 苦를 嚥하고 甘을 吐하여 너무 辛苦한지라 濕에 就하고 乾에 回하여 養育해 成함은 종요로이 門風을 잇고 先祖를 繼承하려 함이어늘 一朝

에 어버이를 하직하고 剃落을 求하니 八十九十에 依托이 없는지라 만일 凡夫에 뛰고 聖流에 越하지 못할진대 여기에 向해 因循함이 全혀 크게 그릇됨이로다. 福田衣와 降龍鉢은 一生을 受用해 解脫을 求함이어늘 만일 小利를 因하여 心懷에 繫하면 彼岸涅槃에 어찌 達함을 얻으리오. 善男子여 너는 모름지기 알라. 遭逢이 今時와 같음을 얻기 어렵거늘 이미 出家함을 만나 縷褐을 입었으니 마치 浮木이 盲龜를 만남과 같도다. 大丈夫는 모름지기 猛利히 하여 身心을 緊束해 容易하게 말지니 만일 能히 行願力으로 相扶하면 決定코 龍華에 親히 授記하리라.

8. 圭峰密禪師座右銘

규봉종밀 선사의 좌우명

<small>인 기 가 판 사</small>
寅起可辦事요
<small>인시/일어날/가할/힘쓸/일</small>

<small>생 어 종 과 우</small>
省語終寡尤니라
<small>줄일/말/마칠/적을/허물</small>

<small>신 안 근 계 정</small>
身安勤戒定하고
<small>몸/편안할/부지런할/계율/선정</small>

<small>사 간 소 교 유</small>
事簡疎交遊니라
<small>일/간단할/성글/사귈/놀</small>

<small>타 비 부 족 판</small>
他非不足辦이요
<small>타인/잘못/아니/족할/힘쓸</small>

<small>기 과 당 자 수</small>
己過當自修니라
<small>자기/허물/마땅할/스스로/닦을</small>

<small>백 세 기 유 한</small>
百歲旣有限이라
<small>백/해/이미/있을/한계</small>

<small>세 사 하 시 휴</small>
世事何時休리오
<small>세상/일/어느/때/쉴</small>

<small>낙 발 타 승 수</small>
落髮墮僧數인댄
<small>떨어질/머리털/떨어질/중/숫자</small>

<small>응 수 모 상 류</small>
應須侔上流어늘
<small>응당/모름지기/가지런할/윗/부류</small>

<small>호 위 축 세 변</small>
胡爲逐世變하야
<small>어찌/할/쫓을/세상/변할</small>

<small>지 려 상 효 부</small>
志慮尙囂浮리오
<small>뜻/생각/오히려/떠들썩할/들뜰</small>

<small>사 은 중 산 악</small>
四恩重山岳이어늘
<small>넉/은혜/무거울/뫼/큰산</small>

<small>치 수 미 능 수</small>
錙銖未能酬하고
<small>저울눈/무게단위/아닐/능할/갚을</small>

^{치 치 거 대 하}
蚩蚩居大厦하야
어리석을/〃/머물/큰/큰집

^{급 급 장 언 구}
汲汲將焉求오
분주할/〃/장차/의문사/구할

^{사 생 재 호 흡}
死生在呼吸이요
죽을/날/있을/내쉴/들이킬

^{기 멸 약 부 구}
起滅若浮漚라
일어날/없어질/같을/뜰/거품

^{무 령 방 복 하}
無令方服下에
없을/하여금/모/옷/아래

^{번 작 아 비 유}
飜作阿鼻由어다
뒤집을/지을/아비(지옥)/말미암을

| 저자 |

규봉종밀圭峰宗密(780~841): 중국불교 화엄종의 제5대 조사이고, 하택종의 제7대 조사이다. 28세에 과거시험을 보러 가다가 도원선사의 법석에 참어하게 되어 '화엄법계관문'을 듣고 감동하여 그 자리에서 출가하였다. 청량징관의 뒤를 이어 『화엄경』을 연구하고 선과 교의 일치를 주장했다. 저서에 『선원제전집도서』 등 다수가 있다.

| 요지 |

출가 수행자로서 지켜야 할 마음가짐과 자세를 스스로 경계하였다.

| 해석 1 |

寅·起·可·辨·事요　省·語·終·寡·尤니라
　1　2　5　4　3　　　7　6　8　10　9

인시寅時(새벽 3~5시)에는 일어나야 일에 힘쓸 수 있고, 말을 아껴야 끝내 허물이 적다.

身·安·勤·戒·定하고　事·簡·疎·交遊니라
　1　2　3　4　　　　6　7　9　8

몸을 편안히 하여 계와 정을 부지런히 닦고, 일을 간략히 하여 교류를 드물게 하라.

他·非·不足·辨이요　己·過·當·自·修니라
　1　2　4　3　　　　5　6　7　8　9

다른 이의 허물은 판단할 것이 못 되고, 자신의 과오는 마땅히 스스로 고쳐야 한다.

【어휘해설】

省語(생어): 말을 줄이다.
　-省: (생) 줄이다, 생략하다/(성) 살피다.
他非(타비), 己過(기과): 타인의 허물, 자기의 과실.
不足辨(부족판): 족히 판단할 것이 못 된다. 판단해서는 안 된다.

【보충설명】

寅起可辦事: 공자에게 삼계도三契圖가 있으니, "사람에게 일생의 계획은 어려서 배우지 않으면 늙어서 아는 바가 없고, 1년의 계획은 봄에 밭 갈지 않으면 가을에 추수할

것이 없고, 하루의 계획은 인시에 일어나지 않으면 하루에 힘쓸 바가 없다."라고 하였다. ㈜聰

| 해석2 |

百歲·既·有·限이라　世事·何時·休리오
1　　2　 4　3　　　　5　　6　　7

백년 세월도 이미 기한이 있는지라 세상일을 어느 때에 쉬리오?

落·髮·墮·僧數인댄　應·須·侔·上流어늘
2　1　4　　3　　　　5　6　8　　7

머리를 깎고 승려의 수(무리)에 들어왔으면 응당 모름지기 상류(상근기의 부류)와 짝해야 하거늘

胡爲·逐·世·變하야　志·慮·尚·囂·浮리오
1　2　4　2　3　　　　5　6　7　8　9

어찌하여 세상의 변화를 좇아 뜻과 생각을 오히려 시끄럽고 들뜨게 하리오?

【어휘해설】

何時休(하시휴): 어느 때에 쉬겠는가? 休: 그만두다. 마치다.

落髮(낙발): 머리카락을 자르다(떨어뜨리다).

墮僧數(타승수): 승려의 수효(무리)에 떨어지다(들어가다, 참여하다).

侔上流(모상류): 상류의 무리들과 짝하다. 侔: 어울리다, 짝하다, 교제하다.

胡爲(호위): 어찌 ~하겠는가? '~해서는 안 된다'는 반어적 표현.

-胡 대신 奚(해), 何(하), 曷(갈)이 오기도 한다.
囂浮(효부): 시끄럽고 들뜨다.

| 해석3 |

四恩·重·山岳이어늘　錙銖·未·(能)·酬하고
　1　 3　 2　　　　　　4　 6　　 　5

네 가지 은혜가 산악보다 무거운데 조금도 능히 갚지 못하고

蚩蚩·居·大廈하야　汲汲·將·焉·求오
　1　 3　 2　　　　　4　 5　 6　7

어리석게도 큰 집에 거처하며 조급하게 장차 무엇을 구하려는가?

死生·在·呼吸이요　起滅·若·浮漚라
　1　 3　 2　　　　　4　 6　 5

삶과 죽음이 호흡 사이에 있고, 일어났다 사라짐이 물거품과 같다.

(無令)·方服·下에　翻·作·阿鼻·由어다
(~하게 말라)　1　 2　　　3　6　 4　 5

가사 아래에서 도리어 아비지옥의 원인을 짓게 하지 말라.

【어휘해설】

四恩重山岳(사은중산악): 네 가지 은혜가 산악보다(만큼) 무겁다.
錙銖未能酬(치수미능수): 조금도 갚을(보답할) 수 없다.

-錙銖: 저울로 계량하는 작은 수량. 약간, 조금.

蚩蚩居大廈(치치거대하): 어리석게도 큰 집에 살면서

　　-大廈: 고래등 같은 기와집. 절 堂宇(당우)를 표현함.

汲汲將焉求(급급장언구): 조급하게 장차 무엇을 구하려는가?

　　-汲汲: 조급하게 구는 모양. 분주한 모양.

　　-焉: 무엇, 어찌, 의문사.

無令方服下(무령방복하): 네모난 옷 아래에서 ~하게 하지 말라.

　　-無令: ~하게 하지 말라. 令: ~로 하여금(使), ~하게 하다.

　　-方服: 네모난 옷. 가사 장삼의 반듯한 모양을 형용.

　　-下: 아래에서, 입고서.

翻作(번작): 도리어 ~을 짓다(하다).

【보충설명】

四恩: 사람이 세상에 나서 받는 네 가지 은혜. 곧 부모·국왕·중생·삼보의 은혜, 또는 부모·스승·국왕·시주의 은혜를 가리킨다.

錙銖: 명주실 8올이 1銖이며, 8銖가 1錙가 되고, 24銖가 1兩이 된다. 네 가지 은혜가 지극히 무거운데 조금도 갚지 못함을 말한 것이다. ㊀性聰

呼吸: 『사십이장경』에서 말하였다. "부처님께서 한 사문에게 '사람의 목숨이 어느 사이에 있는가?'라고 묻자, '호흡(들숨과 날숨) 사이입니다.'라고 대답하니, 부처님께서 '훌륭하구나! 그대는 도를 아는구나.'라고 하였다." ㊀性聰

阿鼻: 한역하면 '無間(무간: 틈이 없다)'이니 가장 아래에 있는 지옥인데, 그곳에서 받는 고통의 과보가 쉴 틈이 없기 때문이다. ㊀性聰

독송용

_{인 기 가 판 사}
寅起可辦事요
_{생 어 종 과 우}
省語終寡尤니라

_{신 안 근 계 정}
身安勤戒定하고
_{사 간 소 교 유}
事簡疎交遊니라

_{타 비 부 족 판}
他非不足辦이요
_{기 과 당 자 수}
己過當自修니라

_{백 세 기 유 한}
百歲旣有限이라
_{세 사 하 시 휴}
世事何時休리오

_{낙 발 타 승 수}
落髮墮僧數인댄
_{응 수 모 상 류}
應須侔上流어늘

_{호 위 축 세 변}
胡爲逐世變하야
_{지 려 상 효 부}
志慮尙嚻浮리오

_{사 은 중 산 악}
四恩重山岳이어늘
_{치 수 미 능 수}
錙銖未能酬하고

_{치 치 거 대 하}
蚩蚩居大廈하야
_{급 급 장 언 구}
汲汲將焉求오

_{사 생 재 호 흡}
死生在呼吸이요
_{기 멸 약 부 구}
起滅若浮漚라

_{무 령 방 복 하}
無令方服下에
_{번 작 아 비 유}
翻作阿鼻由어다

탄허 역

　寅時에 起하매 可히 事를 成辦하고 말을 덜매 마침내 허물이 적은지라 몸이 편안하매 戒定을 부지런히 하고 일이 簡略하매 交遊를 疎遠케 할지어다. 他의 非는 足히 辨別하지 말고 自己의 허물을 마땅히 스스로 닦을지니 百歲가 이미 限定이 있는지라 世事가 어느 때에 쉬랴. 落髮하여 僧數에 墮했을진대 應當 모름지기 上流를 짝하여야 할 것이어늘 어찌 世變을 좇아서 志慮가 오히려 囂浮한고. 四恩이 山岳보다 重하거늘 錙銖도 能히 갚지 못하고 蚩蚩히 大廈에 居해서 汲汲히 장차 무엇을 求하는고. 死生이 呼吸에 있고 起滅이 浮漚와 같나니 하여금 모난 道服 아래서 뒤쳐 阿鼻의 因由를 짓지 말지어다.

五. 書狀

서장書狀은 출가 수행자의 불법을 향한 진솔한 심정을 편지글로써 토로한 글이다.

9. 洞山良价和尙辭親書

동산양개 화상이 부모님께 하직하며 쓴 편지

伏聞諸佛이 出世에 皆托父母而受生하시고

滿類가 興生도 盡假天地之覆載라

故로 非父母而不生이요 無天地而不長이니

盡霑養育之恩하고 俱受覆載之德이니다

嗟夫라 一切含靈과 萬像形儀가 皆屬無常하야

未離生滅이라 稚則乳哺情重하고 養育恩深하니

若把賄賂供資라도 終難報答이요 若作血食侍養이라도

安得久長이릿가 故로 孝經에 云日用三牲之養이라도
猶爲不孝也라하시니 相牽沈沒하야 永入輪廻니이다
欲報罔極之恩인댄 未若出家功德이라 截生死之愛河하고
越煩惱之苦海하며 報千生之父母하고 答萬劫之慈親하며
三有四恩을 無不報矣라 故로 云一子가 出家에
九族이 生天이라하니 良价는 捨今生之身命토록
誓不還家하고 將永劫之根塵하야 頓明般若하노니
伏惟父母는 心聞喜捨하사 意莫攀緣하시고
學淨飯之國王하시며 效摩耶之聖后하소서 他時異日에

불회상상봉
佛會上相逢일새
부처/모일/윗/서로/만날

차일금시
此日今時에
이/날/이제/때

차상이별
且相離別이니다
또/서로/떠날/이별

양개
良价는
양개(인명)

비거오역어감지
非拒五逆於甘旨라
아닐/막을/다섯/거스를/조사/달/음식

개시부대인
蓋時不待人일새
대개/때/아니/기다릴/사람

고
故로
연고

운차신불향금생도
云此身不向今生度하면
이를/이몸/아니/향할/이제/날/건널

갱대하생도차신
更待何生度此身이리오하니
다시/기다릴/어느/날/건널/이몸

복기존회
伏冀尊懷는
엎드릴/바랄/높을/품을

막상기억
莫相記憶하소서
금지사/대명사/기억/생각할

송왈
頌曰
게송/가로

미료심원도수춘
未了心源度數春하니
아닐/깨칠/마음/근원/건널/수/봄

번차부세만준순
翻嗟浮世謾逡巡이로다
뒤집을/탄식/뜰/세상/함부로/쫓을/돌

기인득도공문리
幾人得道空門裡어늘
몇/사람/얻을/도/빌/문/속

독아엄류재세진
獨我淹留在世塵이로다
홀로/나/빠질/남을/있을/세상/티끌

근구척서사권애
謹具尺書辭眷愛하고
삼갈/갖출/자/글/떠날/권속/사랑

욕명대법보자친
欲明大法報慈親을
바랄/밝을/큰/법/갚을/자애/어버이

불수쇄루빈상억
不須灑淚頻相憶하고
아니/모름지기/뿌릴/눈물/자주/대명사/기억

비사당초무아신
比似當初無我身하소서
견줄/같을/마땅/처음/없을/나/몸

임하백운상작반
林下白雲常作伴하고
수풀/아래/흰/구름/항상/지을/짝

문전청장이위린
門前靑嶂以爲隣을
문/앞/푸를/산/써/될/이웃

^{면 우 세 상 명 겸 리}
免于世上名兼利하고
면할/조사/세상/윗/이름/겸할/이익

^{영 별 인 간 애 여 친}
永別人間愛與親을
길/떠날/사람/사이/사랑/더불/친할

^{조 의 직 교 언 하 효}
祖意直教言下曉요
조사/뜻/바로/하여금/말/아래/알

^{현 미 수 투 구 중 진}
玄微須透句中眞을
그윽할/작을/모름지기/뚫을/글/가운데/진실

^{합 문 친 척 요 상 견}
合門親戚要相見인댄
합할/문/친할/친척/요구/대명사/볼

^{직 대 당 래 정 과 인}
直待當來正果因하소서
다만/기다릴/마땅/올/바를/결과/원인

| 저자 |

동산양개洞山良价(807~869): 운암담성의 가르침을 받았고, 강을 건널 때 물 위에 비친 자신의 그림자를 보고 깨달음을 얻었다. 동산의 보리원에서 종풍을 크게 떨쳤으며, 오위五位 사상을 확립하였다. 그의 교학은 제자인 조산본적에 이르러 조동종으로 대성되었다. 저서로 『보경삼매가』, 『동산어록』 등이 있으며, 시호는 '오본선사悟本禪師'이다.

| 요지 |

양개가 편지글을 통해 자신이 출가한 참뜻을 어머님께 알리고, 효도를 다하지 못하고 출가하게 된 자신을 용서하고 이해해 주실 것을 호소하였다. 아울러 부모님도 정반국왕과 마야성후를 본받으시어 훗날 부처님의 회상에서 함께 만날 것을 기약하며, 깨침을 이룰 때까지 묵묵히 기다려 달라는 속내를 토로하였다.

| 해석1 |

伏·聞·諸佛이 出世에 皆·托·父母·(而)·受·生하시고
　1　2　3　　　4　　5　6　7　(순접)　9　8

엎드려 듣자오니(聞-뒷구절까지), 모든 부처님이 세상에 나올 때에 모두 부모를 의탁하여 생을 받으셨고(출생하셨고)

萬類가 興·生도 盡·假·天·地·(之)·覆·載라
　1　　　3　2　　4　9　5　6　(~의)　7　8

만물이 생명을 일으킬 때에도 모두 하늘과 땅의 덮어주고 실어줌을 의지한다고 했습니다(聞).

故로 非·父母·(而)·不·生이요 無·天地·(而)·不·長이니
1　　3　2　(~면)　5　4　　7　6　(~면)　9　8

그러므로 부모가 아니면 태어나지 못하고, 천지가 없으면 자라나지 못하니

盡·霑·養育·(之)·恩하고 俱·受·覆載·(之)·德이니다
1　2　2　(~의)　3　　　5　8　6　(~의)　7

모두가 양육의 은혜를 입었고, 모두가 덮어주고 실어줌의 은덕을 받았습니다.

【어휘해설】

伏聞(복문): 엎드려(삼가, 공손히) 듣자오니.
受生(수생): 생을 받다, 삶을 받다, 태어나다.
萬類(만류): 만 가지 부류, 온갖 중생, 만물.
興生(흥생): 생명을 일으키다.

霑(점): ~에 젖다, 물들다, 입다.
覆載(부재): 하늘은 덮어주고 땅은 실어준다는 뜻.『예기』에 "天之所覆 地之所載"라 하였다.

| 해석2 |

嗟夫라 一切·含靈과 萬像·形儀가
　1　　　2　　3　　4　　5
아아!(감탄사) 일체의 중생과 만 가지(온갖) 형상들이

皆·屬·無常하야 未·離·生滅이라
1　3　2　　　　6　5　4
모두 무상에 속하여 생멸을 떠나지 못합니다.

稚·則·乳哺·情·重하고 養育·恩·深하니
1　2　3　　4　5　　　6　　7　8
어려서는 젖을 먹여 준 정이 무겁고 양육의 은혜가 깊으니

若·把·賄賂·供·資라도 終·難·報答이요
1　3　2　　4　5　　　6　8　7
만약 재물을 가지고 받들어 돕더라도 끝내 보답하기 어렵고

若·作·血食·侍·養이라도 安·得·久長이릿가
1　3　2　　4　5　　　　6　8　7
만약 피(로 만든) 음식을 만들어 모시며 봉양하더라도 어찌 오래갈 수 있겠습니까?

故로 孝經에 (云)·日·用·三牲·(之)·養이라도 猶·爲·不孝·(也)라하시니
1   2   (뒷구절) 3 6 4 (~의) 5   7   8   (종결)

그러므로 『효경』에 이르기를, "날마다 세 가지 희생물의 봉양을 쓰더라도 오히려 불효가 된다."라고 하였으니(云)

相·牽·沈沒하야 永·入·輪廻니이다
1 2 3   4 6 5

서로 끌어당겨 침몰해서 영원히 윤회 속으로 들어갈 뿐입니다.

【어휘해설】

嗟夫(차부): 아아!
 -嗟: 탄식하다, 감탄하다. 夫: 문장 끝에 쓰여 감탄, 탄식을 나타내는 종결사.
含靈(함령): 靈性(영성)을 함유한 것, 즉 중생. 다른 말로 含識(함식), 含生(함생),
 有情(유정)이라고도 함.
乳哺情重(유포정중): 젖을 먹여준 정이 무겁다.
養育恩深(양육은심): 양육의 은혜가 깊다.
把(파): 잡다, 가지고, ~로.
血食侍養(혈식시양): 좋은 음식으로 모시고 봉양하다.
安得(안득)~: 어찌 ~할 수 있으리오? '~할 수 없다'는 반어적 표현.
 -得: 가능(~할 수 있다)을 나타냄.
三牲(삼생): 세 가지 희생물로 소, 양, 돼지를 말함.

【보충설명】

血食: 혈식은 원래 제례 용어로, 희생 제물을 바쳐 제사를 지내는 것을 말한다. 이것이 전하여 집안에서 희생 제물을 기르듯이 고이 기른 짐승을 잡아 부모님께 공양 올려 정성껏 봉양함을 이른다.

| 해석3 |

欲·報·罔極·(之)·恩인댄 未·若·出家·功德이라
 4 3   1   (~한) 2   8 7 5   6

망극한 은혜를 보답하고자 할진댄 출가하는 공덕 같은(만한) 것이 없습니다.

截·生死·(之)·愛河하고 越·煩惱·(之)·苦海하며
 3 1 (~의) 2   6 4   (~의) 5

생사의 애하를 끊고 번뇌의 고해를 뛰어넘으며

報·千生·(之)·父母하고 答·萬劫·(之)·慈親하며
 3 1 (~의) 2   6 4   (~의) 5

천생의 부모에게 보답하고 만겁의 자애로운 육친에게 보답하며

三有·四恩을 無·不·報·(矣)라
  1   2   5 4 3 (종결)

삼유의 네 가지 은혜를 갚지 않음이 없을 것입니다.

故로 (云)·一子가 出家에 九族이 生·天이라하니
 1 (뒷구절) 2   3   4   6 5

그러므로 이르기를, "한 아들이 출가함에 구족이 천상에 태어난다."라고 했으니(云)

良价는 捨·今生·(之)·身命토록 誓·不·還·家하고
　1　　4　 2　 (~의)　 3　　　5　8　7　6

양개는 금생의 몸과 목숨을 버리도록 맹세코 집에 돌아가지 않고

將·永劫·(之)·根·塵하야 頓·明·般若하노니
4　 1　 (~의) 2　3　　　5　7　6

영겁의 육근과 육진을 가지고 단박에 반야를 밝히려 하니

【어휘해설】

罔極之恩(망극지은): 끝이 없는 은혜.
　　-罔: 굴레, 그물(網), 없다(亡).
未若(미약)~: ~과 같지 않다, ~만 못하다, ~만한 게 없다.
生死之愛河(생사지애하): 삶과 죽음의(에 대한) 애착의 강물.
煩惱之苦海(번뇌지고해): 번뇌의(로 가득 찬) 고통의 바다.
三有四恩(삼유사은): 삼유(삼계)의 네 가지 은혜. 삼계는 욕계·색계·무색계, 사은은
　　국왕·부모·중생·삼보(또는 국왕·부모·스승·시주자)의 은혜.
九族生天(구족생천): 구족이 천상에 태어난다. 구족은 위로 高祖(고조)로부터 아래로
　　玄孫(현손)까지를 일컬음.
誓(서): 맹세코. ~을 서원(서약)하다.
根塵(근진): 육근과 육진
頓明(돈명): 몰록(단박에, 곧, 바로) 밝히다.

| 해석4 |

伏·惟·父母는 心·聞·喜·捨하사 意·莫·攀·緣하시고
  1   2   3   4   5   6   7   8 11 10 9

엎드려 생각하건대, 부모님께서는 마음으로 들으시고 기꺼이 버리시어 뜻에(생각에) 인연을 붙들지 마시고

學·淨飯(之)國王하시며 效·摩耶(之)聖后하소서
  3   1   (~의) 2   6   4   (~의) 5

정반국왕을 배우시며(본받으시며) 마야성후를 본받으소서.

他時·異日에 佛·會上·相逢일새
   1   2   3   4   5

훗날 다른 때에 부처님의 회상에서 서로 만날 것이기에

此日·今時에 且·相·離別이니다
   1   2   3 4 5

오늘 지금은 잠시 서로 이별할 뿐입니다.

良价는 非·拒·五逆·(於)·甘旨라
   1   5 4 3   (~에) 2

양개는 맛있는 음식에(으로 봉양하지 못하는) 오역죄를 거부하는 것이 아니라, (즉 오역죄를 감수하고서도, 오역죄를 범하면서까지 굳이 출가하는 이유는 → 다음 문장으로 이어짐)

蓋·時·不·待·人일새
1　2　5　4　3

대개 시간(세월)이 사람을 기다려 주지 않기 때문입니다. (즉 시간이 없기 때문에 오역죄를 감수하고서 굳이 출가하겠다는 의미)

故로 (云)·此身·不·(向)·今生·度하면 更·待·何生·度·此身이리오하니
1　(뒷구절)　2　5　(~에)　3　4　6　8　7　10　9

그러므로 이르기를, "이 몸을 금생에 제도하지 못하면 다시 어느 생을 기다려 이 몸을 제도하리오?"라고 하였으니(云)

伏·冀·尊·懷는 莫·相·記憶하소서
1　2　3　4　7　5　6

엎드려 바라옵건대, 부모님의 마음에는 저를 기억하지 마소서.

頌·曰
1　2

게송으로 아룁니다.

【어휘해설】

伏惟(복유): 엎드려(공손히) 생각건대(바라건대).

心聞喜捨(심문희사): 마음으로 듣고 기꺼이(즐겨) 버리다.

意莫攀緣(의막반연): 뜻에 인연을 얽매이지(집착하지) 말라.

他時異日(타시이일): 다른 때 다른 날에, 훗날에.

且相離別(차상이별): 잠깐 서로 이별하다.

時不待人(시부대인): 시간은 사람을 기다리지 않는다, 세월은 기다려 주지 않는다.

此身不向今生度(차신불향금생도): 이 몸을 금생에 제도하지 못하면.
  -向: ~에(於).

伏冀(복기): 엎드려 바라다.

尊懷(존회): 부모(존장)의 마음(생각).

莫相記憶(막상기억): 저를(相) 기억하지 마십시오.
  -相 : 동사의 목적어를 가리킴. 이 문장에서는 '나'를 지칭.

| 해석5 |

未·了·心·源·度·數·春하니
 4 3 1 2 7 5 6

마음 근원 깨치지 못하고 몇 해를 지났으니

翻·嗟·浮·世·謾·逡巡이로다
 5 6 1 2 3 4

들뜬 세상에 부질없이 머뭇거린 것을 돌이켜 탄식합니다.

幾人·得·道·空門·裏어늘
 1   5 4 2   3

많은 사람들이 공문(불교) 안에서 도를 얻었거늘

獨·我·淹·留·(在)·世塵이로다
 1 2 4 5 (~에) 3

홀로 나만이 티끌세상에 묻혀 남았습니다.

謹·具·尺書·辭·眷·愛하고
　1　3　2　　6　4　5

삼가 짧은 글을 갖추어 권속의 사랑을 하직하고

欲·明·大法·報·慈親을
　5　2　　1　　4　　3

큰 법을 밝혀 자애로운 육친께 보답하려 합니다.

不須·灑·淚·頻·相·憶하고
　6　　2　1　3　4　5

눈물 뿌려 자주 저를(相) 생각할 필요가 없고

比似·當初·無·我身하소서
　4　　1　　3　　2

애초부터 이 몸은 없던 것처럼 여기소서.

林下·白雲·常·作·伴하고
　1　　2　　3　5　4

숲속 흰 구름이 늘 벗이 되고

門·前·靑·嶂·(以)·爲·隣을
　1　2　3　4　(~써)　6　5

문 앞의 푸른 산으로써 이웃을 삼으니

免·(于)·世上·名·兼·利하고
　5　(~에서)　1　　2　3　4

세상의 명예와 이익에서 벗어나고

永·別·人間·愛·與·親을
5 6   1   2 3 4

인간세상의 애욕과 친한 이를 길이 이별합니다.

祖·意·直·(教)·言下·曉요
1 2 3 (하여금) 4   5

조사들의 뜻은 곧바로 (나로) 하여금 말끝(즉석)에서 깨우치게 하고

玄微·須·透·句中眞을
 1   2 4   3

그윽하고 미묘한 뜻은 반드시 구절 속의 진리에서 꿰뚫을 것입니다.

合門·親戚·要·相·見인댄
 1   2   5 3 4

온 집안의 친척들이 저를(相) 보고자 한다면

直·待·當來·正果因하소서
1 4   2   3

다만 미래의 바른 인과를 기다리소서.

【어휘해설】

度數春(도수춘): 여러 봄(여러 해)을 보내다(지나다).

飜嗟(번차): 돌이켜 보고 탄식하다.

浮世(부세): 들뜬(허망한) 세상.

謾逡巡(만준순): 게을리(謾) 어영부영(그럭저럭) 지내다.

幾人(기인): 얼마나 많은 사람들이.

空門裏(공문리): 공문(불문) 속에서.

　　-空門: 불교를 말함. 불교는 空 사상으로써 깨달음의 근본을 삼기 때문에 이렇게 말함. 佛門(불문)과 같다.

淹留在世塵(엄류재세진): 티끌세상에 빠져 머물다.

　　-在: ~에(於).

謹具(근구): 삼가 ~을 갖추다.

尺書(척서): 대나무 조각의 편지글.

不須(불수): 바라지 않다, 구하지 않다, ~할 필요가 없다.

灑淚(쇄루): 눈물을 뿌리다(흘리다).

頻相憶(빈상억): 자주 저를(相) 생각하다.

　　-相: 동사의 목적어를 가리킴. 이 문장에서는 '나'를 지칭.

比似(비사): ~과 같다, ~처럼 여기다.

靑嶂以爲隣(청장이위린): 푸른 산으로써 이웃을 삼다.

　　-以爲: ~로써 ~를 삼다(여기다).

免于(면우): ~을 면하다, ~에서 벗어나다.

祖意直敎(조의직교): 조사의 뜻은 바로 ~로 하여금 ~하게 하다.

言下(언하): 말 아래, 말이 떨어지자마자, 곧바로, 그 자리에서.

玄微(현미): 그윽하고 미묘한 (이치).

句中眞(구중진): 선가에서 三句(삼구)를 말하는데, 제1구에서 깨달으면 부처와 조사가 되고, 제2구에서 깨달으면 人天(인천)의 스승이 되며, 제3구에서 깨달으면 자신도 구제할 수 없다고 하였다. 제1구 소식은 印空(인공: 허공에 도장 찍는 것-흔적이 없음)이고, 제2구 소식은 印水(인수: 물에 도장 찍는 것-흔적이 곧 사라짐)이고, 제3구 소식은 印泥(인니: 진흙에 도장 찍는 것-흔적이 남음)에 비유된다.

合門(합문): 온 집안, 문중.

要相見(요상견): 저를(相) 보고자 한다면.

直待(직대): 다만(오직) 기다리다.

【보충설명】

尺書: 옛날에는 대쪽으로 만드는 편지 조각의 길이를 단지 8치나 1척으로 재단했기 때문에 '척서'라 하였다. 性聰

독송용

^{복문제불} ^{출세} ^{개탁부모이수생} ^{만류} ^{흥생} ^{진가}
伏聞諸佛이 出世에 皆托父母而受生하시고 萬類가 興生도 盡假

^{천지지부재} ^고 ^{비부모이불생} ^{무천지이부장} ^{진점}
天地之覆載라 故로 非父母而不生이요 無天地而不長이니 盡霑

^{양육지은} ^{구수부재지덕} ^{차부} ^{일체함령} ^{만상형}
養育之恩하고 俱受覆載之德이니다 嗟夫라 一切含靈과 萬像形

^의 ^{개속무상} ^{미리생멸} ^{치즉유포정중} ^{양육은심}
儀가 皆屬無常하야 未離生滅이라 稚則乳哺情重하고 養育恩深

^{하니} ^{약파회뢰공자} ^{종난보답} ^{약작혈식시양} ^{안득}
하니 若把賄賂供資라도 終難報答이요 若作血食侍養이라도 安得

^{구장} ^고 ^{효경} ^{운일용삼생지양} ^{유위불효야}
久長이릿가 故로 孝經에 云日用三牲之養이라도 猶爲不孝也라하시니

^{상견침몰} ^{영입윤회} ^{욕보망극지은} ^{미약출가공덕}
相牽沈沒하야 永入輪廻니이다 欲報罔極之恩인댄 未若出家功德이라

^{절생사지애하} ^{월번뇌지고해} ^{보천생지부모} ^답
截生死之愛河하고 越煩惱之苦海하며 報千生之父母하고 答

^{만겁지자친} ^{삼유사은} ^{무불보의} ^고 ^{운일자} ^{출가}
滿劫之慈親하며 三有四恩을 無不報矣라 故로 云一子가 出家에

^{구족} ^{생천} ^{양개} ^{사금생지신명} ^{서불환가} ^장
九族이 生天이라하니 良价는 捨今生之身命토록 誓不還家하고 將

^{영겁지근진} ^{돈명반야} ^{복유부모} ^{심문희사} ^{의막}
永劫之根塵하야 頓明般若하노니 伏惟父母는 心聞喜捨하사 意莫

攀_{반연}緣하시고 學淨飯之國王_{학정반지국왕}하시며 效摩耶之聖后_{효마야지성후}하소서 他時異日_{타시이일}에
佛會上相逢_{불회상상봉}일새 此日今時_{차일금시}에 且相離別_{차상이별}이니다 良价_{양개}는 非拒五逆_{비거오역}
於甘旨_{어감지}라 蓋時不待人_{개시부대인}일새 故_고로 云此身不向今生度_{운차신불향금생도}하면 更待何_{갱대하}
生度此身_{생도차신}이리오하니 伏冀尊懷_{복기존회}는 莫相記憶_{막상기억}하소서 頌曰_{송왈}

未了心源度數春_{미료심원도수춘}하니 翻嗟浮世謾逡巡_{번차부세만준순}이로다

幾人得道空門裏_{기인득도공문리}어늘 獨我淹留在世塵_{독아엄류재세진}이로다

謹具尺書辭眷愛_{근구척서사권애}하고 欲明大法報慈親_{욕명대법보자친}을

不須灑淚頻相憶_{불수쇄루빈상억}하고 比似當初無我身_{비사당초무아신}하소서

林下白雲常作伴_{임하백운상작반}하고 門前靑嶂以爲隣_{문전청장이위린}을

免于世上名兼利_{면우세상명겸리}하고 永別人間愛與親_{영별인간애여친}을

祖意直敎言下曉_{조의직교언하효}요 玄微須透句中眞_{현미수투구중진}을

合門親戚要相見_{합문친척요상견}인댄 直待當來正果因_{직대당래정과인}하소서

탄허 역

업드려 듣사오니 諸佛이 出世하매 다 父母를 依托해 受生하시고 萬類가 興生하매 다 天地의 覆載를 假借하는지라 故로 父母가 아니면 나지 못하고 天地가 없으면 長하지 못하나니 모두 養育한 恩을 입고 함께 覆載의 德을 받았나이다. 슬프다 一切 含灵과 萬像의 形儀가 다 無常에 屬하여 生滅을 여의지 못하는지라 어려서는 乳哺의 情이 重하고 養育의 恩이 깊으니 만일 賄賂를 가져 供資하더라도 마침내 報答하기 어렵고 만일 血食의 侍養을 짓더라도 어찌 久長함을 얻으리잇가. 故로 孝經에 이르되 날로 三牲의 養을 쓰더라도 오히려 不孝가 된다 하시니 서로 끌어 沈沒하여 永히 輪廻에 入하는지라 罔極한 恩을 갚고자 할진대 出家의 功德이 生死의 愛河를 끊고 煩惱의 苦海를 건너며 千生의 父母를 갚고 萬劫의 慈親을 報答하여 三有와 四恩을 갚지 않음이 없는 것만 같지 못하나이다. 故로 이르되 一子가 出家하매 九族이 生天한다 하시니 良介는 今生의 身命을 버리도록 盟誓코 還家하지 않고 永劫의 根塵을 가져서 몰록 般若를 밝히리니 업드려 생각건대 父母께서는 마음에 듣고 喜捨하사 뜻에 攀緣하지 마시고 淨飯의 國王을 배우시며 摩耶의 聖后를 본받으소서. 他時異日에 佛會上에서 相逢할새 此日今時에 우선 서로 離別하겠나이다. 良介는 五逆을 甘旨에 拒逆함이 아니라 대개 時가 人을 기다리지 않는 때문이니이다. 故로 이르되 此身을 今生을 向해 제도하지 않으면 다시 어느 生을 기다려 此身을 제도하리오 하니 업드려 바라건대 尊懷는 서로 記憶하지 마소서. 頌해 이르되

　　心源을 了達하지 못하고 數春을 지나니 뒤쳐 浮世가 부질없이 逡巡함을 슬퍼하는지라 몇 사람이 空門裏에 得道했거늘 홀로 나는 淹留해 世塵에 있도다. 삼가 尺書를 具하여 眷愛를 하직하고 大法을 밝혀 慈親을 報答하고자 하노니 모름지기 눈물을 흘려 자주 서로 생각하지 말고 當初에 나의 몸이 없는 것과 같음에 比하소서. 林下에 白雲으로 늘 짝을 짓고 門前에 靑嶂으로 써 이웃을 삼는지라 世上에 名과 兼해 利를 免하고 永히 人間의 愛와 다못 親을 離別하여지이다. 祖意는 바로 하여금 言下에 깨우치고 玄微는 모름지기 句中의 眞을 뚫는지라 合門의 親戚이 서로 봄을 要할진대 바로 當來의 正果因을 기다리소서.

10. 後書

뒤에 보낸 편지

良价는 自離甘旨로 策杖南遊하야 星霜이 已換於十秋하고

岐路가 俄隔於萬里라 伏惟慈母는 收心慕道하시고

攝意歸空하사 休懷離別之情하시고 莫作倚門之望하소서

家中家事는 但且隨緣이라 轉有轉多하야 日增煩惱니이다

阿兄은 勤行孝順하야 須求氷裏之魚하고 少弟는 竭力奉承하야

亦泣霜中之笋이라 夫人居世上하야 修己行孝하야 以合天心하고

僧在空門하야 慕道參禪하야 而報慈德이니 今則千山萬水에

^{묘 격 이 도} ^{일 지 팔 항} ^{요 서 촌 회} ^{송 왈}
杳隔二途라 一紙八行에 聊書寸懷하노이다 頌曰
아득할/떨어질/두/길 한/종이/여덟/줄 애오라지/쓸/마디/품을 게송/가로

^{불 구 명 리 불 구 유} ^{원 요 공 문 사 속 도}
不求名利不求儒하고 願樂空門捨俗途를
아니/구할/이름/이익/아니/구할/선비 바랄/좋아할/빌/문/버릴/세속/길

^{번 뇌 진 시 수 화 멸} ^{은 정 단 처 애 하 고}
煩惱盡時愁火滅이요 恩情斷處愛河枯를
괴로울/번뇌/다할/때/근심/불/소멸할 은혜/뜻/끊을/곳/사랑/강/마를

^{육 근 공 혜 향 풍 인} ^{일 념 자 생 혜 력 부}
六根空慧香風引이요 一念才生慧力扶를
여섯/뿌리/빌/지혜/향기/바람/끌 한/생각/겨우/날/지혜/힘/도울

^{위 보 북 당 휴 창 망} ^{비 여 사 자 비 여 무}
爲報北堂休悵望하시고 比如死子比如無하소서
위할/아뢸/북녘/집/그칠/슬플/바랄 견줄/같을/죽을/아들/견줄/같을/없을

| 저자 |

동산양개: 166쪽 참조.

| 요지 |

양개스님이 어머님을 떠나온 지 10년이 흘러 다시 보낸 편지로, 출가에 대한 자신의 굳은 결의를 나타냈다.

| 해석1 |

良价는 自·離·甘旨로 策杖·南·遊하야
　1　　　4　3　2　　　5　6 7

양개는 맛있는 음식(으로 봉양하는 일)을 떠나면서부터 지팡이를 짚고 남쪽으로 유랑하여

星霜이 已·換·(於)·十秋하고 岐路가 俄·隔·(於)·萬里라
　1　　　2 4　(~에)　3　　5　　6 8　(~에)　7

세월이 이미 열 차례나 바뀌었고, 갈림길이 어느새 만 리나 떨어졌습니다.

伏惟·慈母는 收·心·慕·道하시고 攝·意·歸·空하사
　1　2　　　4 3 6 5　　　8 7 10 9

엎드려 바라옵건대, 자애로운 어머님께서는 마음을 가다듬어 도를 사모하시고, 뜻을 거두시어 공문에 귀의하셔서

休·懷·離別·(之)·情하시고 莫·作·倚·門·(之)·望하소서
4 3　1　(~의) 2　　　9 8 6 5　(~는) 7

이별의 정을 품지 마시고 문에 기대는 바람은 짓지 마소서.

家中·家事는 但·且·隨·緣이라
　1　2　　　3 4 6 5

집안의 일은 다만 우선 인연을 따르는지라

轉有·轉多하야 日·增·煩惱니이다
　1　　2　　　3 5　4

있으면 있을수록 더욱 많아져서 날로 번뇌를 더할 뿐입니다.

【어휘해설】

自離甘旨(자리감지): 맛있는 음식(을 봉양하는 일)을 떠남으로부터.
- 甘旨: 맛있는 음식, 달콤한 맛.

策杖(책장): 지팡이를 짚다.

星霜已換於十秋(성상이환어십추): 세월이 이미 십년이나 바뀌었다.
- 星霜: 세월. 秋: 가을, 나이, 때, 시기, 한 해를 말함. 十秋: 십년
- 앞 편지에서 '度數春(여러 해를 지나다)'과 통함.

俄隔(아격): 아득히(벌써, 갑자기) 멀어지다.

伏惟(복유): 엎드려 바라옵건대, 공손히 생각하건대.

歸空(귀공): 공문(불문)에 돌아가다(귀의하다).

休懷(휴회): 품지 마십시오.
- 休: 그치다, ~하지 말라(莫).

倚門之望(의문지망): 문에 기대는 바람. 문에 기대어서 자식이 돌아오기를 바라는 어미의 간절한 마음을 이름.

轉有轉多(전유전다): 있으면 있을수록 더욱 많다.
- 轉A轉B: A하면 할수록 더욱 B하다. 轉 대신에 '越'이나 '愈'를 써도 마찬가지다. 越A越B. 愈A愈B.

| 해석2 |

阿兄은 勤·行·孝順하야 須·求·氷·裏·(之)·魚하고
　1　　2　3　　　　5　9　6　7　(~의)　8

형님은 부지런히 효순을 행하여 반드시 얼음 속의 고기를 구할 것이고

少弟는 竭·力·奉承하야 亦·泣·霜·中·(之)·笋이라
　1　　 3　4　 4 　　 5　9　6　7　(~의)　8

아우는 힘을 다해 봉양하여 또한 서리 속의 죽순을 (구하고자) 울 것입니다.

夫·人·居·世上하야 修·己·行·孝하야 (以)·合·天心하고
1　2　4　 3　　　 6　5　8　7　　(~로써) 10　9

대저 사람은 세상에 살면서 자신을 수양하고 효도를 행함으로써 하늘의 마음에 합치되고

僧·在·空門하야 慕·道·參·禪하야 (而)·報·慈德이니
1　3　 2　　　 5　4　7　6　　(순접) 9　 8

승려는 공문(불문)에 있으면서 도를 사모하고 선을 참구하여서 자애로운 덕에 보답하니

今·(則)·千山·萬水에 杳·隔·二途라
1　(~은)　2　　3　　4　6　5

지금은 일천 산과 일만의 물줄기에 아득히 두 길이 막혀 있는지라

一紙·八行에 聊·書·寸懷하노이다
　1　　 2　　3　5　 4

한 장의 종이 여덟 줄에 아쉬운 대로 마음속 소회를 적어 봅니다.

【어휘해설】

阿兄(옥형): 우리 형님.
　-阿: 성이나 이름 앞에 붙여 친근감을 나타냄. 이때는 '옥'으로 발음.
氷裏之魚(빙리지어): 얼음 속의 고기. 부모에게 효도하려고 얼음 속에서 고기를 구했다
　　는 옛 고사.

竭力(갈력): 힘을 다하다. 竭은 盡(진)과 통함.

奉承(봉승): 받들어 모시다.

霜中之笋(상중지순): 서리 속의 죽순. 부모에게 드릴 서리 속의 죽순을 구하고자 울었다는 옛 고사.

修己行孝(수기행효): 자신을 닦고 효도를 행하다.

以合天心(이합천심): ~함으로써 하늘의 마음에 합치하다.

空門(공문): 佛門(불문)을 말함.

杳隔(묘격): 아득히 떨어져 있다(멀다).

二途(이도): 세간과 출세간의 두 가지 길.

一紙八行(일지팔항): 한 장의 종이에 여덟 줄의 게송.

聊書寸懷(요서촌회): 애오라지 속마음을 써 본다.

　　-聊: 애오라지, 마음에 부족하나마 그대로, 아쉬우나마.

【보충설명】

氷裏之魚: 『유원類苑』에서는 "왕상王祥은 성품이 지극히 효성스러웠으나 계모 주씨가 자애롭지 못하여 자주 그를 헐뜯었으니, 그 때문에 부친으로부터 사랑을 잃었다. 주씨가 병이 들어 산 물고기를 먹고 싶어 하였으나 때는 한겨울이라 꽁꽁 얼어 있었기에 물고기를 구할 수가 없었다. 왕상이 얼음에 누워 물고기를 구하니, 얼음이 홀연히 저절로 열리더니 두 마리의 잉어가 뛰쳐나왔다."라고 하였다. 性聰

泣霜中之笋: 맹종孟宗은 성품이 지극히 효성스러웠다. 어머니가 죽순을 즐겨 먹었으나 겨울이라 죽순이 없었다. 맹종이 대나무 숲에 들어가 슬피 우니, 죽순이 그를 위해 생겨났다. 性聰

| 해석3 |

頌·曰
　　1　2

게송으로 아룁니다.

不·求·名利·不·求·儒하고
　3　2　　1　　6　5　　4

명리를 구하지 않고 선비(되기)를 구하지 않고

願樂·空門·捨·俗途를
　2　　　1　　4　　3

공문(불문)을 좋아하여 세속길을 버렸습니다.

煩惱·盡·時·愁·火·滅이요
　1　　2　3　4　5　6

번뇌가 다할 때에 근심의 불이 소멸되고

恩情·斷·處·愛河·枯를
　1　　2　3　　4　　5

은혜의 정이 끊어진 곳에 애욕의 물이 마를 것입니다.

六根·空慧·香風·引이요
　1　　2　　　3　　4

육근의 공혜는 향기로운 바람이 인도하고

一念·才·生·慧力·扶를
　　1　 2　 3　　4　　5

한 생각 겨우 생겨나면(나자마자) 지혜의 힘이 붙잡을 것입니다.

(爲)·報·北堂·休·悵·望하시고
(위할)　2　 1　　5　 3　 4

어머님(北堂)을 위하여(께) 아뢰노니 슬픈 바람을 그치시고

比如·死子·比如·無하소서
　1　　 2　　 3　　4

마치 죽은 자식처럼 마치 없는 듯이 여기소서.

【어휘해설】

六根空慧(육근공혜): 육근의 공혜. 육근으로 공의 이치를 관하는 지혜.
一念才生(일념자생): 한 생각 겨우 생겨나다, 한 생각 나자마자.
　　-才: (자) 겨우, ~하자마자/(재) 재주.
爲報北堂(위보북당): 어머님(北堂)께 보고합니다(아룁니다).
休悵望(휴창망): 슬피 바라봄(슬퍼하여 아득히 바라보는 마음)을 그치소서.
比如(비여)~: 비유하자면(마치) ~와 같다.

독송용

良价_는 自離甘旨_로 策杖南遊_{하야} 星霜_이 已換於十秋_{하고} 崎路_가
俄隔於萬里_라 伏惟慈母_는 收心慕道_{하시고} 攝意歸空_{하사} 休懷離
別之情_{하시고} 莫作倚門之望_{하소서} 家中家事_는 但且隨緣_{이라} 轉有
轉多_{하야} 日增煩惱_{니이다} 阿兄_은 勤行孝順_{하야} 須求氷裡之魚_{하고}
少弟_는 竭力奉承_{하야} 亦泣霜中之笋_{이라} 夫人居世上_{하고} 修己行
孝_{하야} 以合天心_{하고} 僧在空門_{하야} 慕道參禪_{하야} 而報慈德_{이니} 今
則千山萬水_에 杳隔二途_라 一紙八行_에 聊書寸懷_{하노이다} 頌曰

不求名利不求儒_{하고}　　願樂空門捨俗途_를

煩惱盡時愁火滅_{이요}　　恩情斷處愛河枯_를

六根空慧香風引_{이요}　　一念才生慧力扶_를

爲報北堂休悵望_{하시고}　　比如死子比如無_{하소서}

탄허 역

　良介는 甘旨를 여읨으로부터 策杖하고 南遊하여 星霜이 이미 十秋가 바뀌고 岐路가 문득 萬里에 隔한지라 업드려 생각건대 慈母는 마음을 거두어 道를 사모하며 뜻을 攝해 空에 돌리사 離別의 情을 생각하지 마시고 倚門의 望을 짓지 마소서. 家中의 家事는 다만 또 緣을 따라 할지니 轉轉히 있을수록 轉轉히 많아서 날로 煩惱를 더하나이다. 阿兄은 孝順을 勤行하여 모름지기 氷裡의 魚를 求하고 少弟는 힘을 다해 奉承하여 또한 霜中의 笋을 號泣하는지라 대저 사람이 世上에 居하매 몸을 닦고 孝를 行하여 써 天心에 合하고 僧이 空門에 있으매 道를 사모하고 禪을 參究하여 慈德을 갚나니 今엔 千山萬水에 杳然히 二途가 隔할새 一紙八行에 애오라지 寸懷를 쓰노이다. 頌해 이르되

　名利를 求하지 않으며 儒도 求하지 않고 願컨대 空門에 俗途를 버리기 즐겨하노이다. 煩惱가 다할 때에 愁火가 滅하고 恩情이 斷한 곳에 愛河가 마르도다. 六根의 空慧는 香風이 引導하고 一念이 겨우 나매 慧力이 扶持하는지라 爲하여 北堂에 아뢰옵나니 悵望하지 마시고 比컨대 死子와 같이 여기며 比컨대 없는 것과 같이 여기소서.

11. 娘廻答
어머니의 답서

_{오 여 여} _{숙 유 인 연} _{시 결 모 자} _{취 애 정 주}
吾與汝로 **夙有因緣**하야 **始結母子**에 **取愛情注**라
나/더불/너 　일찍/있을/인할/인연 　비로소/맺을/어미/아들 　취할/사랑/감정/쏟을

_{자 종 회 잉} _{도 신 불 천} _{원 생 남 자}
自從懷孕으로 **禱神佛天**하야 **願生男子**러니
부터/쫓을/품을/잉태할 　기도/신/부처/하늘 　원할/날/사내/아들

_{포 태 월 만} _{명 약 현 사} _{득 수 원 심} _{여 주 보 석}
胞胎月滿에 **命若懸絲**하나 **得遂願心**하야는 **如珠寶惜**하야
태/아이밸/달/찰 　목숨/같을/매달릴/실 　얻을/이룰/원할/마음 　같을/구슬/보배/아낄

_{분 예} _{불 혐 어 취 오} _{유 포} _{불 권 어 신 근}
糞穢를 **不嫌於臭惡**하며 **乳哺**를 **不倦於辛勤**하며
똥/더러울 　아니/싫을/조사/냄새/악취 　젖/먹일 　아니/게으를/조사/매울/부지런할

_{초 자 성 인} _{송 령 습 학} _{혹 잠 유 시 불 귀}
稍自成人하야는 **送令習學**호대 **或暫逾時不歸**하면
차츰/부터/이룰/사람 　보낼/하여금/익힐/배울 　혹/잠시/넘을/때/아니/돌아갈

_{변 작 의 문 지 망} _{내 서} _{견 요 출 가}
便作倚門之望이러니 **來書**에 **堅要出家**하니
문득/지을/의지할/문/조사/바랄 　올/글 　굳을/요구할/날/집

_{부 무 모 로} _{형 박 제 한} _{오 하 의 뢰}
父亡母老하고 **兄薄弟寒**이라 **吾何依賴**리오
아비/없을/어미/늙을 　형/각박할/아우/찰 　나/무엇/의지할/의뢰할

_{자유포모지의} _{낭무사자지심}
子有抛母之意나 **娘無捨子之心**이라
자식/있을/버릴/어미/조사/뜻　어미/없을/버릴/아들/조사/마음

_{일자여왕타방} _{일석} _{상쇄비루} _{고재고재}
一自汝往他方으로 **日夕**에 **常灑悲淚**하니 **苦哉苦哉**로다
한/부터/너/갈/다를/장소　날/저녁　항상/뿌릴/슬플/눈물　괴로울/종결사/괴로울/종결사

_{기서불환향} _{즉득종여지}
旣誓不還鄕일새 **卽得從汝志**하노라
이미/맹서/아니/돌아갈/고향　곧/얻을/따를/너/뜻

_{아불기여여왕상와빙} _{정란각목}
我不期汝如王祥臥氷과 **丁蘭刻木**이요
나/아니/기약할/너/같을/왕상(인명)/누울/얼음　정란(인명)/깎을/나무

_{단망여여목련존자} _{도아해탈침륜} _{상등불과}
但望汝如目連尊者하야 **度我解脫沈淪**하고 **上登佛果**하노라
다만/바랄/너/같을/목련(인명)/존귀할/사람　건널/나/풀/벗어날/잠길/빠질　윗/오를/부처/결과

_{여기미연} _{유건} _{유재} _{절수체실}
如其未然인댄 **幽愆**이 **有在**하리니 **切須體悉**하라
만약/그/아니/그럴　그윽할/허물　있을/있을　간절할/모름지기/체득할/알

| 저자 |

양개스님의 어머니: 자세한 인적 사항은 알려져 있지 않다.

| 요지 |

양개스님의 어머니가 아들에게 보낸 답장으로, 이미 출가한 아들이 불도를 이루도록 격려해주는 마음을 애절하게 나타내었다.

| 해석1 |

吾·(與)·汝로 夙·有·因緣하야 始·結·母子에 取·愛情·注라
1　(~와)　2　3　5　4　　6　8　7　　10　9　11

나는 너와 숙세부터 인연이 있어서 비로소 어미와 아들로 맺어짐에 애정을 취하여 쏟아부었다.

(自)·從·懷孕으로 禱·神·佛·天하야 願·生·男子러니
(~부터)　2　1　　6　3　4　5　　9　8　7

잉태하면서부터 신과 부처님과 하늘에 기도하며 아들 낳기를 발원하였더니

胞胎·月·滿에 命·若·懸·絲하나
1　2　3　　4　7　6　5

임신한 몸이 달이 참에 목숨이 실에 매달린 듯(위험)하였으나

得遂·願·心하야는 如·珠寶·惜하야
3　1　2　　4　5　6

바라던 마음을 이루고 나서는 마치 구슬 보배처럼 아껴서

糞穢를 不·嫌·(於)·臭惡하며 乳哺를 不·倦·(於)·辛勤하며
　1　　4　3　(~에서)　2　　　5　　8　7　(~에서)　6

똥오줌 나는 악취를 싫어하지 않았으며, 젖 먹이는 수고로움을 게을리하지 않았으며

稍·自·成人하야는 送·令·習學호대
1　3　2　　　　4　6　5

차츰 성인이 되면서부터 (밖으로) 보내어 익히고 배우게 하였는데

或·暫·逾·時·不·歸하면 便·作·倚·門·(之)·望이러니
1　2　4　3　6　5　　7　11　9　8　(~는)　10

간혹 잠시라도 때를 지나 돌아오지 않으면 곧 문에 기대는 바람을 지었더니

【어휘해설】

夙有因緣(숙유인연): 일찍이(숙세에) 인연이 있다.

始結母子(시결모자): 비로소 母子로 맺어지다.

取愛情注(취애정주): 애정을 가지고 쏟아붓다.

自從(자종)~: ~로부터는.

懷孕(회잉): 잉태를 하다, 임신하다.

禱神佛天(도신불천): 신과 부처님과 하늘에 기도하다.

胞胎月滿(포태월만): 잉태하고서 달이 차서는, 즉 해산할 달이 됨.

命若懸絲(명약현사): 목숨이 실에 달린 듯 (위험)하다.

得遂願心(득수원심): 바라던 마음을 이룰 수 있게 되다.

如珠寶惜(여주보석): 마치 보석처럼 아끼다.

不嫌於臭惡(불혐어취오): 악취에서 싫어하지 않다.

不倦於辛勤(불권어신근): 고생과 수고로움에서 게을리하지 않다.

稍自成人(초자성인): 차츰 성인이 되면서부터. 自: ~부터.

送令習學(송령습학): (학당에) 보내어서 익히고 배우게 하다.

倚門之望(의문지망): 문에 기대는 바람. 즉 자식이 돌아오기를 바라는 어머니의 간절한 마음을 말함.

| 해석2 |

來·書에 堅·要·出家하니 父·亡·母·老하고
 1   2   3 5 4   6 7 8 9

보내온 편지에 굳게 출가를 요구하였으니(결심하였으니), 아버지는 돌아가셨고 어미는 늙었고

兄·薄·弟·寒라 吾·何·依賴리오
 1 2   3 4   5 6   7

형은 각박하고 아우는 싸늘한지라, 내가 누구를 의지하리오?

子·有·抛·母·(之)·意나 娘·無·捨·子·(之)·心이라
 1 5   3 2 (~는) 4   6 10 8 7 (~는) 9

아들은 어미를 포기할 뜻이 있으나 어미는 아들을 버릴 마음이 없다.

一·(自)·汝·往·他方으로 日夕에 常·灑·悲·淚하니 苦(哉)·苦(哉)로다
 1 (~부터) 2 4 3   5   6 9 7 8   10 (종결사) 11 (종결사)

한번 네가 다른 곳으로 가고부터 아침저녁으로 항상 슬픈 눈물을 뿌렸으니, 괴롭고도 괴롭도다!

旣·誓·不·還·鄕일새 卽·得從·汝·志하노라
　1　 5　4　3　 2　　 6　 9　 7　8

이미 고향으로 돌아오지 않는다고 맹세하였기에 곧 너의 뜻을 따라야 하노라.

我·不·期·汝·如·王祥·臥·氷과 丁蘭·刻·木이요
1　11　10　2　9　 3　 5　4　　 6　 8　7

나는 네가 왕상이 얼음 위에 누운 것이나 정란이 나무를 새긴 것과 같이하기를 기대하지 않고

但·望·汝·如·目連尊者하야 度·我·解脫·沈淪하고 上·登·佛果하노라
1　12　2　4　　3　　　　 6　5　 8　　7　　9　11　10

단지 네가 목련존자같이 나를 제도하여 (고해에) 빠져 잠긴 데에서 해탈시켜 주고, 위로는 불과에 오르기를 바랄 뿐이다.

如其·未·然인댄 幽·愆이 有在하리니 切·須·體·悉하라
1　　3　2　　 4　5　　6　　 7　8　9　10

만일 그렇지 못할진댄 깊은 허물이 있을 것이니, 간절히 반드시 체득하여 알아라.

【어휘해설】

吾何依賴(오하의뢰): 내가 누구를 의지하리오?
子有抛母之意(자유포모지의): 아들은 어미를 버릴 뜻이 있으나.
娘無捨子之心(낭무사자지심): 어미는 아들을 버릴 마음이 없다.
一自汝往(일자여왕): 한번 너가 ~로 가고부터는 곧.
　　-自: ~부터.　一: 한번 ~하자마자 곧. 일단.
卽得從(즉득종)~: 곧 ~을 따라야 한다. 得: 마땅히 ~해야 한다.

王祥臥水(왕상와빙): 왕상이 얼음에 누워 잉어를 구한 고사 -188쪽 참조.
丁蘭刻木(정란각목): 정란이 나무를 새긴 고사-보충설명 참조.
解脫沈淪(해탈침륜): (윤회에, 고해에) 빠진 것을 건져 주다.
如其未然(여기미연): 만약 그렇지 못하다면. 如其: 만약(若).
切須體悉(절수체실): 간절히 모름지기 체달하여 알아라.

【보충설명】

丁蘭刻木: 『유원類苑』에서 말하였다. "난蘭은 하내河內 사람이다. 젊어서 부모님을 여의고 봉양하지 못하자 이에 부모님 모습과 흡사하게 나무를 조각하여 살아 계실 때처럼 섬기며 아침저녁으로 안부를 살폈다. 훗날 이웃사람 장숙張叔의 처가 난의 처에게 무엇을 빌리려 하였는데, 난의 처가 목인에게 무릎을 꿇고 절을 하니, 목인이 기꺼워하지 않는지라 빌려주지 않았다. 장숙이 술김에 와서 목인을 꾸짖고 욕하며 지팡이로 그 머리를 두드렸다. 난이 돌아와서 목인의 안색이 기쁘지 않음을 보고는 처에게 묻자 처가 소상하게 일러 주었더니 곧 격분하여 칼로 장숙을 살해하였다. 관리가 난을 체포하자 난이 목인에게 하직 인사를 하니, 목인이 난을 보고는 그를 위해 눈물을 흘렸다. 그의 지극한 효심이 신명에 통했음을 현에서 가상히 여겨 공당公堂에 그 형상을 그려 놓았다." 性聰

目連尊者: 목련존자는 그의 죽은 어머니가 지옥에 태어나서 음식을 먹지 못하는 것을 보고는 이를 부처님께 아뢰니, 부처님께서 말씀하셨다. "7월 15일에 온갖 음식과 다섯 가지 과일을 그릇에 담아 시방의 부처님과 보살님께 공양 올린 후에 드시게 하라." 목련존자가 가르침대로 하니, 어머니가 음식을 먹고는 하늘에 태어나게 되었다. 性聰

독송용

吾與汝로 夙有因緣하야 始結母子에 取愛情注라 自從懷孕으로
禱神佛天하야 願生男子러니 胞胎月滿에 命若懸絲하나 得遂
願心하야는 如珠寶惜하야 糞穢를 不嫌於臭惡하며 乳哺를 不倦於
辛勤하며 稍自成人하야는 送令習學호대 或暫逾時不歸하면 便作
倚門之望이러니 來書에 堅要出家하니 父亡母老하고 兄薄弟寒이라
吾何依賴리오 子有抛母之意나 娘無捨子之心이라 一自汝往他
方으로 日夕에 常灑悲淚하니 苦哉苦哉로다 旣誓不還鄕일새 卽得
從汝志하노라 我不期汝如王祥臥氷과 丁蘭刻木이요 但望汝如目
連尊者하야 度我解脫沈淪하고 上登佛果하노라 如其未然인댄 幽
愆이 有在하리니 切須體悉하라

탄허 역

　내가 너로 더불어 夙世에 因緣이 있어서 비로소 母子를 結하매 取愛의 情이 傾注한지라 懷孕함으로부터 神·佛·天에 祈禱하여 男子를 낳기 願했더니 胞胎의 月이 滿하매 命이 懸絲와 같은지라 願心을 이루게 되어서는 珠와 같이 寶惜하여 糞穢를 臭惡에 嫌疑하지 않고 乳哺를 辛勤에 게으르지 않으며 점점 스스로 成人하여는 보내 하여금 習學케 하되 或 暫時 때가 넘어 돌아오지 않으면 문득 倚門의 望을 짓더니 來書에 굳게 出家를 要하니 父는 亡하고 母는 늙고 兄은 薄하고 弟는 寒한지라 내가 무엇을 依賴하리오. 子息은 어미를 버릴 뜻이 있으나 어미는 子息을 버릴 마음이 없는지라 한번 네가 他方에 감으로부터 日夕에 늘 悲淚를 흘리니 괴롭고 괴롭도다. 이미 盟誓코 還鄕하지 않을진대 곧 너의 뜻을 좇게 되려니와 나는 네가 王祥의 臥氷과 丁蘭의 刻木과 같이 함을 期約하지 않고 다만 네가 目蓮尊者와 같이 하여 나를 제도해 沈淪을 解脫해서 佛果에 上登케 함을 바라노라. 만일 그렇지 못할진대 깊은 허물이 存在함이 있으리니 간절히 모름지기 体達해 알지어다.

六. 記文

기문記文은 사찰의 건축물을 신축 또는 증축하거나 불상·불탑·불화를 조성하면서 그 전말을 기록한 글이다.

12. 南岳法輪寺省行堂記

남악 법륜사 성행당의 기문

超然居士 趙令衿 撰

초연거사 조령긍이 짓다

嘗謂諸苦之中에 病苦爲深이요 作福之中에 省病이 爲最라하노라

是故로 古人은 以有病으로 爲善知識하고 曉人은 以看病으로

爲福田하나니 所以로 叢林은 爲老病之設이니라

今叢林聚衆이 凡有病이면 使歸省行堂은

不唯修省改行하야 以退病이라 亦欲人散夜靜하고

孤燈獨照之際에 究索大事니 豈徒然哉리오

旣命知堂하야 以司藥餌하고 又戒常住하야 以足供須하니

此가 先佛之規制어늘 近世不然하야 堂名延壽라하니

鄙俚不經이로다 病者도 不自省咎하고 補躬乖方하며

湯藥을 妄投하야 返成沈痼라 至有酷疾하야도 不參堂하야

以務疎逸者는 大失建堂命名之意也니라

知堂도 名存實廢하야 或同路人하고 常住는 急於日用하고

殊不存撫하나니 又復失優婆의 待老病之意也로다

由是로 病人이 呻吟痛楚하야 日益增極하나니

過在彼此라 非如來咎니라 縱有親故問病이라도

率皆鄕曲故舊라 心旣不普하야 事忽有差로다

今法輪病所가 奐然一新하니 蓋有本分人은 是事를

色色成辦이라 無可論者어니와 惟有病人은 宜如何哉오

省躬念罪는 世之有識者가 皆能達此어니와 衲僧分上에는

直截機緣으로 當於頭痛額熱之時하야 薦取掉動底하며

於聲寃叫苦之際에 領略徹困心하야 密密究思호대

是誰受病고 人旣不見이라 病從何來오하야 人病을 雙亡커든

復是何物고할지니 直饒見得分明이라도 正好爲他將息이니라

| 저자 |

초연거사超然居士 **조령긍**趙令衿: 송태조의 5대손으로 자字는 표지表之이며 원오극근의 법을 이었다. 박학다문하였고 관직에 있으면서 진회秦檜와 충돌을 일으켜 장차 죽게 되었는데, 후에 사면되었다. 장상영張商英 거사와 함께 당시 거사불교를 이끌었다.

| 요지 |

고통 중에서는 병고가 가장 심하고, 복 짓는 공덕 중에서는 간병이 으뜸이다. 병자가 생기면 성행당으로 보내어 자신의 몸과 마음을 살펴 병을 물리치고 일대사를 해결하게 하였으니, 성행당을 건립한 의의와 목적을 밝혔다.

| 해석1 |

嘗·(謂)·諸·苦·(之)·中에 病苦·爲·深이요
1　(뒷구절)　2　3　(~의)　4　　5　　7　6

일찍이 말하기를, "모든 괴로움 중에 병으로 인한 고통이 심한 것이 되고

作·福·(之)·中에 省·病이 爲·最라하노라
2　1　(~하는)　3　5　4　7　6

복을 짓는 것 중에 병자를 보살피는 것이 최고가 된다."라 하였다(謂).

是故로 古人은 (以)·有·病으로 (爲)·善知識하고
1　　2　（~로써）　4　3　（삼다）　　5

그러므로 옛사람들은 병이 있는 것으로 선지식을 삼았고

曉人은 (以)·看病으로 (爲)·福田하나니
　1　　(~로써)　2　　　(삼다)　3

깨친 사람은 간병하는 것으로 복전을 삼았으니

所以로 叢林은 (爲)·老病·(之)·設이니라
　1　　2　　(위할)　3　(~한)　4

그러므로 총림은 늙고 병든 자를 위한 시설이다.

今·叢林·聚·衆이 凡·有·病이면 (使)·歸·省行堂은
1　2　　3　4　 5　6　7　　(하여금) 9　　8

지금 총림에 모인 대중이 무릇 병든 자가 있으면 (그로) 하여금 성행당으로 돌아가게 한 것은

不·唯·修·省·改·行하야 (以)·退·病이라
8　1　2　3　4　5　　　(~로써) 7　6

오직 닦고 살피고 고치고 행함으로써 병을 물리치게 할 뿐만 아니라

亦·(欲)·人·散·夜·靜하고 孤·燈·獨·照·(之)·際에
1　(뒷구절) 2　3　4　5　　6　7　8　9　(~는) 10

또한 사람들이 흩어지고 밤이 고요해지고 외로운 등불이 홀로 비추는 때에

究·索·大事니 豈·徒然·(哉)리오
2　3　1　　4　5　(종결사)

일대사를 궁구하여 찾아보게 하려는(欲) 것이니, 어찌 헛되리오!

【어휘해설】

省行堂(성행당): 간병소의 이름으로 '살펴서 수행하는 당우'라는 뜻.
不唯(불유)~亦(역)~: 오직 ~할 뿐만 아니라 또한 ~하다. 唯 대신에 惟, 但, 徒, 獨이 오기도 한다.
修省改行(수성개행): 닦고 살피고 고치고 행하다.
究索(구색): 궁구하여 살피다.
徒然(도연): 헛되다, 소용없다, 공연히, 쓸데없이.

【보충설명】

大事: 일대사一大事의 줄인 말.『법화경』에서는 불지견佛知見으로 일대사를 삼고,『열반경』에서는 불성佛性으로 일대사를 삼고,『유마경』에서는 부사의不思議로 일대사를 삼고,『화엄경』에서는 법계法界로 일대사를 삼고, 선종에서는 일착자一着子로 일대사를 삼으니, 이름은 차이가 있으나 그 이치는 하나이다. (性聰)

| 해석2 |

旣·命·知堂하야 (以)·司·藥·餌하고
 1   3   2   (~로써) 6 4 5

이미 지당에게 명령하여 탕약과 음식을 맡게 하였고

又·戒·常住하야 (以)·足·供須하니
 1 3   2   (~로써) 5   4

또 상주물을 갖춤으로써 필요한 것들을 충족하게 하였으니

此가 **先·佛·(之)·規制**어늘 **近世·不·然**하야
　1　　2　3　(~의)　4　　　5　　7　6

이것이 옛 부처님의(이 제정하신) 법규이거늘, 근세에는 그렇지 못하여

堂·名·延壽라하니 **鄙·俚·不·經**이로다
　1　3　2　　　　　4　5　7　6

당우를 '연수延壽(수명을 연장함)'라 이름하니, 비루하고 속되어 법답지 못하다.

病者도 **不·自·省·咎**하고 **補·躬·乖·方**하며
　1　　　5　2　4　3　　　7　6　9　8

병자도 스스로 허물을 살피지 않고, 몸을 보강함에 처방을 어기며

湯藥을 **妄·投**하야 **返·成·沈痼**라
　1　　　2　3　　　　4　6　5

탕약을 함부로 투여하여 도리어 고질병을 이루고 있다.

至·有·酷·疾하야도 **不·參·堂**하야 **(以)·務·疎·逸·者**는
1　4　2　3　　　　　7　6　5　　　(~써)　10　8　9　11

심지어 혹독한 질병이 있어도 성행당에 들어가지 않고서 게으르고 편안한 것에 힘쓰는 자는

大·失·建·堂·命·名·(之)·意·(也)니라
　6　7　2　1　4　3　(~한)　5　(종결사)

당우를 세우고 이름을 붙인(명령한) 뜻을 크게 잃은 것이다.

【어휘해설】

司藥餌(사약이): 탕약과 음식을 담당한다.
戒常住(계상주): 상주물을 갖추다.
足供須(족공수): 필요한 물품을 충족하다.
延壽(연수): 수명을 늘리다.
鄙俚不經(비리불경): 비루하고 속되어서 법답지(經) 못하다.
補躬(보궁): 몸을 보양하는 것.
乖方(괴방): 처방을 어그러뜨리다.
妄投(망투): 망령되이(멋대로) 투여하다.
返成沈痼(반성침고): 도리어 깊은 고질병을 이루다.
至有酷疾(지유혹질): 심지어 혹독한 질병이 있다. 혹독한 질병이 있음에 이르다.

| 해석3 |

知堂도 名·存·實·廢하야 或·同·路·人하고
　1　　2 3 4 5　　 6 9 7 8

'지당' 이란 것도 이름만 있을 뿐 실체는 없어져서 혹은 (병자를) 길가는 사람과 동일시하고

常住는 急·(於)·日用하고 殊·不·存·撫하나니
　1　　3　(~에)　2　　　 4 7 5 6

상주대중은 일상생활에 급급하고, (병자를) 전혀(殊) 살피거나 어루만지지 못하니

又復·失·優婆의 待·老·病·(之)·意·(也)로다
　1 7　2　　　　5 3 4　(~한)　6　(종결사)

또다시 우바니사타가 늙고 병든 이를 대한(간호한) 뜻을 잃은 것이다.

由是로 病人이 呻吟·痛楚하야 日·益·增·極하나니
　1　　　2　　3　　4　　　5　6　8　7

이 때문에 병든 사람이 신음하고 고통스러워하며 날로 더욱 극심함을 더해 가니

過·在·彼此라 非·如來·咎니라
1　3　2　　　6　4　　5

잘못이 피차(병자와 간병인)에 있는지라, 여래의 허물이 아니다.

縱·有·親故·問病이라도 率皆·鄉曲·故舊라
1　3　2　　4　　　　5　　6　　7

설령 친구가 있어서 문병 오더라도(→ 문병 오는 친구가 있더라도) 모두 다 고향의 옛 친구들이라

心·既·不·普하야 事·忽·有·差로다
1　2　4　3　　　5　6　8　7

마음이 이미 넓지 못하여 일마다 문득 어긋남이 있다.

今·法輪·病·所가 奐然·一·新하니
1　2　　3　4　　5　　6　7

이제 법륜사의 간병 처소가 크게 한 번 새로워졌으니

蓋·有·本分·人은 是·事를 色色·成辦이라 無·可論·者어니와
1　3　2　　4　　5　6　　7　　8　　　11　9　　10

대개 본분이 있는 사람은 이 일을 여러모로(갖가지로) 확실히 갖추었는지라 논할 것이 없거니와

惟·有·病·人은 宜·如何·(哉)오
1　3　2　4　　5　6　(종결사)

오직 병이 있는 사람은 마땅히 어떻게 해야 되는가?

【어휘해설】

名存實廢(명존실폐): 이름만 남아 있고, 실체는 없다.
同路人(동노인): (마치) 길 가는 사람처럼 여기다.
急於日用(급어일용): 일상생활에 급급하다.
殊不存撫(수부존무): 자못 문안하거나 어루만지지 못한다, 전혀 살피지 못한다.
呻吟痛楚(신음통초): (끙끙대며) 신음하고, 아주 고통스러워함.
日益增極(일익증극): 날마다 더욱 극심함을 더하다.
親故(친고): 親舊(친구)와 같은 말.
率皆(솔개): 대개(率), 모두(皆), 대부분.
鄕曲(향곡): 시골구석, 고향.
故舊(고구): 오래된 옛 친구.
事忽有差(사홀유차): 일(처리 하는 것)이 문득 어긋남이 있다.
奐然一新(환연일신): 밝게(환하게) 한 번 새로워졌다.
色色成辦(색색성판): 이것저것 (모두 다) 확실히 갖추어짐. 成은 동사 앞에 쓰여서 부사어로 '확실히, 정확히' 정도로 해석한다.
宜如何哉(의여하재): 마땅히 어떻게 해야 하는가?

| 해석4 |

省·躬·念·罪는 世·(之)·有·識·者가 皆·(能)·達·此어니와
　2　1　4　3　　5　(~의)　7　6　8　9　　11　10

214 緇門

자기 몸을 돌아보고 허물을 생각함은 세간의 식견 있는 자들이 모두 능히 이에 통달하였거니와(이에 통달할 수 있거니와)

衲僧·分上에는 **直·截·機緣**으로
　　1　　2　　　　3　4　5

납승(승려)의 입장에서는 곧바로 끊는 기연으로

當·(於)·頭·痛·額·熱·(之)·時하야 **薦取·掉動·底**하며
　6　(~에)　1　2　3　4　(~하는)　5　　9　　　7　　8

머리가 아프고 이마에 열이 나는 때를 당하여(→ 머리가 아프고 이마에 열이 나는 때에) 요동치는 것을 알아차리며

(於)·聲·寃·叫·苦·(之)·際에 **領略·徹困·心**하야 **密密·究·思**호대
(~에)　2　1　4　3　(~는)　5　　9　　6　7　8　　10　　11　12

원통함을 소리치고 고통을 부르짖는 때에 철저히 고달픈 마음을 알아차려 면밀히 궁구하고 생각하기를,

是·誰·受·病고 **人·旣·不·見**이라 **病·從·何·來**오하야
　1　2　4　3　　5　6　8　7　　　9　11　10　12

'이것은 누가 병고를 받는 것인가? 사람은 이미 보이지 않는지라, 병은 어디로부터 오는가?'라고 하여

人·病을 **雙·亡**커든 **復·是·何·物**고할지니
　1　2　　3　4　　　5　6　7　8

사람과 병을 함께 없앴거든 '다시 이 무슨 물건인가?'라고 할지니

直饒·見得·分明이라도 (正好)·(爲)·他·將·息이니라
　1　　 2　　　3　　　　 (정히~해야) (위하여) 4　5　6

설령 안 것이 분명하더라도 정히(꼭) 저(병)를 위해서 장차 쉬어야 한다.

【어휘해설】

省躬念罪(성궁념죄): 자신(몸)을 살피고 죄(허물)를 생각하다.
衲僧分上(납승분상): 납승(수행자)의 분상(입장, 처지)에서.
直截機緣(직절기연): 곧장 끊어버리는 기틀의 인연.
當於~之時(당어~지시): ~하는 때를 당하여, ~하는 때가 되어서는.
薦取掉動底(천취도동저): 요동치며 움직이는 것(底)을 알아차림(薦取).
聲寃叫苦(성원규고): 원통함을 소리내고 괴로움을 부르짖다. 즉 고통스러워 소리를 질러댐을 형용함.
領略徹困心(영략철곤심): 철저히 힘든 마음을 알아차림(領略).
密密究思(밀밀구사): 자세히 궁구하며 생각하다.
是誰受病(시수수병): 이것은 누가 병고를 받는가?
人病雙亡(인병쌍망): (주관인) 사람과 (객관인) 병을 둘 다 잊음.
復是何物(부시하물): 다시 이 무슨 물건인가?
直饒見得分明(직요견득분명); 설사 안 것(見得)이 분명하더라도(분명히 알았더라도).
　　-直饒: 설사 ~하더라도.
正好爲他將息(정호위타장식): 정히(꼭) 저(병)를 위해서는 장차 쉬어야 한다. 즉 이치상으로는 알았어도 색신의 병은 완치된 게 아니니, 쉬면서 보양해야 한다.

독송용

_{상위제고지중} _{병고위심} _{작복지중} _{성병 위최}
嘗謂諸苦之中에 病苦爲深이요 作福之中에 省病이 爲最라하노라

_{시고} _{고인} _{이유병} _{위선지식} _{효인} _{이간병} _위
是故로 古人은 以有病으로 爲善知識하고 曉人은 以看病으로 爲

_{복전} _{소이} _{총림} _{위노병지설} _{금총림취중} _{범유}
福田하나니 所以로 叢林은 爲老病之設이니라 今叢林聚衆이 凡有

_병 _{사귀성행당} _{불유수성개행} _{이퇴병} _{역욕인산야}
病이면 使歸省行堂은 不唯修省改行하야 以退病이라 亦欲人散夜

_정 _{고등독조지제} _{구색대사} _{기도연재} _{기명지당}
靜하고 孤燈獨照之際에 究索大事니 豈徒然哉리오 旣命知堂하야

_{이사약이} _{우계상주} _{이족공수} _차 _{선불지규제}
以司藥餌하고 又戒常住하야 以足供須하니 此가 先佛之規制어늘

_{근세불연} _{당명연수} _{비리불경} _{병자} _{부자성구}
近世不然하야 堂名延壽라하니 鄙俚不經이로다 病者도 不自省咎하고

_{보궁괴방} _{탕약} _{망투} _{반성침고} _{지유혹질} _{불참}
補躬乖方하며 湯藥을 妄投하야 返成沈痼라 至有酷疾하야도 不參

_당 _{이무소일자} _{대실건당명명지의야} _{지당} _{명존실}
堂하야 以務疎逸者는 大失建堂命名之意也니라 知堂도 名存實

_폐 _{혹동노인} _{상주} _{급어일용} _{수부존무} _{우부}
廢하야 或同路人하고 常住는 急於日用하고 殊不存撫하나니 又復

_{실우파} _{대노병지의야} _{유시} _{병인} _{신음통초} _{일익}
失優婆의 待老病之意也로다 由是로 病人이 呻吟痛楚하야 日益

增極하나니 過在彼此라 非如來咎니라 縱有親故問病이라도 率皆鄕曲故舊라 心旣不普하야 事忽有差로다 今法輪病所가 奐然一新하니 蓋有本分人은 是事를 色色成辦이라 無可論者어니와 惟有病人은 宜如何哉오 省躬念罪는 世之有識者가 皆能達此어니와 衲僧分上에는 直截機緣으로 當於頭痛額熱之時하야 薦取掉動底하며 於聲寃叫苦之際에 領略徹困心하야 密密究思호대 是誰受病고 人旣不見이라 病從何來오하야 人病을 雙亡커든 復是何物고할지니 直饒見得分明이라도 正好爲他將息이니라

탄허 역

　일찍이 말하건대 諸苦의 中에 病苦가 깊음이 되고 作福의 中에 省病이 으뜸이 되나니라. 이런 故로 古人은 有病으로써 善知識을 삼고 曉人은 看病으로써 福田을 삼나니 所以로 叢林은 老病을 爲해 施設함이니라. 이제 叢林聚衆이 무릇 病이 있으면 하여금 省行堂으로 돌아가게 함은 오직 修省하고 改行하여 써 病을 退却케 할 뿐 아니라 또한 人이 흩어지고 밤이 고요하여 孤燈이 獨照하는 즈음에 大事를 究索케 하고자 함이니 어찌 한갓 그러함이랴. 이미 知堂을 命하여 써 藥餌를 맡게 하고 또 常住를 戒하여 써 供須를 足하게 함은 이 先佛의 規制어늘 近世엔 그렇지 않아서 堂을 延壽라 名하니 鄙俚해 法답지 않도다. 病者는 스스로 허물을 살피지 않아서 몸을 補함이 方法을 乖하고 湯藥을 妄投하여 도리어 沈痼를 이루며 酷疾이 있음에 至하더라도 堂에 參하지 않고 써 疎逸만 힘쓰는 이는 크게 建堂命名한 意를 잃음이니라. 知堂은 名만 있고 實은 없어서 或 路人과 같이 여기며 常住를 日用에만 急히 하고 자못 存撫하지 않나니 또 다시 優婆의 老病을 看待하는 뜻을 잃었도다. 이로 말미암아 病人이 呻吟하고 痛楚하여 날로 增極함을 더하나니 過失이 彼此에 있는지라 如來의 허물이 아니니라. 비록 親故의 問病함이 있을지라도 大率 다 鄕曲의 故舊라 心이 이미 너르지 않아서 事가 문득 差錯이 있도다. 이제 法輪의 病所가 奐然히 一新하니 대개 本分이 있는 사람은 是事를 色色이 成辦한지라 可히 論할 것이 없거니와 오직 病이 있는 사람은 마땅히 어찌하랴. 몸을 反省하고 罪를 생각함은 世上에 知識이 있는 者가 다 能히 此를 達하려니와 衲僧分上엔 直截한 機緣으로 頭痛·額熱의 時에 當하여 掉動하는 것을 薦取하며 聲冤·叫苦의 際에 徹困한 마음을 領略하여 密密히 硏究해 생각하되 이 누가 病을 받았는고. 人을 이미 보지 못할진대 病이 어디로 좇아왔는고. 人과 病을 雙으로 잊으매 다시 이 무슨 物件인고 할지니 바로 넉넉히 見得함을 分明히 할지라도 正히 좋이 他를 爲해 장차 쉴지니라.

七. 序文

서문序文은 한문 문체의 하나로, 시문이나 책의 머리에 그 저술의 요지를 적은 문장을 이른다. 여기서는 수행자에게 귀감이 될 만한 글을 소개하였다.

13. 覺範洪禪師送僧乞食序

각범덕홍 선사가 걸식하러 가는 승려를 보내며 쓴 서문

曹溪六祖는 初以居士服으로 至黃梅하야 夜舂에 以石墜腰하고
조계(지명)/여섯/조상 처음/써/거할/선비/옷 이를/황매(지명) 밤/방아 써/돌/떨어질/허리

牛頭는 衆이 乏糧커늘 融이 乞於丹陽하야 自負米斛八斗하고
우두(지명) 무리 모자랄/양식 법융(인명) 구걸/조사/단양(지명) 스스로/질/쌀/열말/여덟/말

行八十里하야 朝去暮歸를 率以爲常하고 隆化惠滿은 所至에
갈/여덟/열/마을 아침/갈/저물/돌아올 대개/써/될/항상 융화혜만(인명) 바/이를

破柴制履하고 百丈涅槃은 開田說義하니 墜腰石이
깨트릴/땔나무/만들/신 백장열반(인명) 열/밭/말할/이치 매달/허리/돌

尙留東山하고 破柴斧는 猶存鄴鎭하며 江陵之西에
여전히/남을/동녘/뫼 깨트릴/땔나무/도끼 아직/있을/업진(지명) 강릉(지명)/조사/서녘

有負米莊하고 車輪之下에 有大義石하니
있을/질/쌀/농장 거륜(지명)/조사/아래 있을/큰/옳을/돌

衲子每以爲遊觀이라 不可誣也니라
누더기/아들/매양/써/삼을/놀/볼 아니/가할/속일/종결사

世遠道喪에 而妄庸寒乞之徒가 入我法中하니

其識이 尙不足以匡欲이라 其可荷大法也아

方疊花制韈하야 以副絲絇하니 其可夜舂乎아

纖羅剪袍하야 以宜小袖하니 其可破柴乎아

升九仞之峻에 僕夫汗血이라도 不肯出輿어니 其可負米乎아

方大書其門云當寺에 今止掛搭이라하니 其肯開田說義乎아

余嘗痛心撫膺而嘆者也니라 屢因弘法致禍하야

卒爲廢人이라가 方幸生還하야 逃遁山谷호니

而衲子猶以其嘗親事雲庵이라하야 故來相從하니

余畜之無義요 拒之不可라하야 卽閉關堅臥러니
나/기를/대명사/없을/옳을 막을/대명사/아니/가할 곧/닫을/빗장/굳을/누울

有扣其門而言者가 曰
있을/두드릴/그/문/말이을/말할/사람 가로

雲庵의 法施는 如智覺하고 愛衆은 如雪峰이어늘
운암(인명)/법/보시 같을/지각(인명) 사랑/무리 같을/설봉(인명)

出其門者가 今皆不然하야 道未尊而欲人之貴己하고
날/그/문/사람 이제/모두/아니/그럴 도/아닐/높을/말이을/바랄/사람/조사/귀할/자기

名不曜而畏人之挨己하며 下視禪者호대 如百世之寃하며
이름/아니/빛날/말이을/두려울/사람/조사/밀칠/자기 아래/볼/참선/사람 같을/백/세상/조사/원수

諂事權貴를 如累劫之親이어늘 師皆笑蹈此汚而去하니
아첨/섬길/권세/귀할 같을/여러/겁/조사/친할 스승/다/웃을/밟을/이/더러울/말이을/갈

庶幾雲庵爪牙矣라하야늘 余於是에 蹶然而起曰然則無食에
거의/몇/운암/손톱/어금니/종결사 나/조사/이 넘어질/그럴/말이을/일어날/가로/그럴/곧/없을/먹을

奈何오 曰當從淨檀行乞이니 亦如來大師之遺則也라
어찌/〃 가로/마땅/쫓을/맑을/단월/갈/구걸 또한/여래/큰/스승/조사/남길/법칙/종결사

老人이 肯出則庶使叢林으로 知雲庵典型이 尙存이라하야
늙을/사람 즐길/날/곧/거의/하여금/모일/수풀 알/운암(인명)/법/모형 오히려/있을

13. 覺範洪禪師送僧乞食序 225

余가 嘉其言하야 因序古德事하야 以慰其意하노니
나 아름다울/그/말씀 인할/서술할/옛/덕/일 써/위로할/그/뜻

當有賞音者耳니라
마땅할/있을/감상할/소리/사람/종결사

| 저자 |

각범덕홍覺範德洪(1071~1128): 중국 송대의 임제종 스님. 처음에는 이름이 '혜홍慧洪'이었다가 후에 '덕홍'으로 고쳤다. 서주 팽씨의 자손으로서 진정극문 화상의 법을 이었다. 청량사에 머물다가 미친 승려의 무고에 연루되어 죄를 뒤집어썼는데, 장승상이 국정을 맡자 다시 복권되었다. 후에 장승상이 자리에서 물러나자 다시 남해의 섬으로 귀양가게 되었으며, 3년 만에 사면을 받았다. 선지禪旨가 깊었고, 시를 잘 쓰는 문장가였다.

| 요지 |

6조혜능, 5조홍인, 우두법융, 융화혜만, 백장열반 등 역대 고승들의 근검절약 정신과 피나는 정진, 수행력을 본보기로 제시하여 후학이 본받기를 권장하였다.

| 해석1 |

曹溪·六祖는 初·(以)·居士服으로 至·黃梅하야 夜·春에 (以)·
  1   2   3 (로써)   4   6   5   7   8   (로써)

石·墜·腰하고
 9 11 10

조계산 육조는 처음에 거사의 옷차림으로 황매산에 이르러 밤중에 방아를 찧을 적에 돌을 허리에 매달았고

牛頭는 衆이 乏·粮커늘 融이 乞·(於)·丹陽하야 自·負·米·斛八斗하고
 1   2   4 3   5   7 (~에서) 6   8 11 9 10

우두산에는(우두법융은) 대중이 양식이 떨어지면 법융이 단양에서 구걸하여 스스로 쌀 18말을 짊어지고

行·八十里하야 朝·去·暮·歸를 率·(以爲)·常하고
 2   1   3 4 5 6   7 (여기다) 8

80리를 가서 아침에 갔다가 저물녘에 돌아오기를 대략(거의) 일상사로 여겼고

隆化惠滿은 所·至에 破·柴·制·履하고
  1   3 2   5 4 7 6

융화사 혜만은 이르는 곳마다 장작을 패고 짚신을 삼았고

百丈涅槃은 開·田·說·義하니
  1   3 2 5 4

백장산 열반은 (대중이) 밭을 개간하면 (불법의) 대의를 설해 주었으니

墜·腰·石이 尙·留·東山하고
 2 1 3   4 6 5

허리에 매달았던 돌이 아직도 동산에 남아 있고

破·柴·斧는 猶·存·鄴鎭하며
 2 1 3   4 6 5

장작을 패던 도끼는 여전히 업진에 있으며

江陵·(之)·西에 有·負·米·莊하고 車輪·(之)·下에 有·大義石하니
 1 (~의) 2   6 4 3 5   7 (~의)   8 10 9

강릉의 서쪽에 쌀을 짊어졌던 촌락이 있고, 거륜산 아래에 대의석이 남아 있으니

衲子·每·(以爲)·遊·觀이라 不可·誣·(也)니라
 1   2 (여기다) 3 4   6 5 (종결)

납자들이 매번 만행할 때의 볼거리로 여기는지라, 속일 수가 없다.

【어휘해설】

曹溪六祖(조계육조): 조계는 육조스님이 활동하던 산이름이고, 육조는 달마대사 이래
    중국 선종의 제6조인 혜능선사를 말함.
至黃梅(지황매): 황매산의 5조 홍인선사에게 이르다.
以石墜腰(이석추요): 돌로써 허리에 매달다.
牛頭(우두), 融(융): 우두산 법융선사.
朝去暮歸(조거모귀): 아침에 나가서 저물녘에 돌아오다.
率以爲常(솔이위상): 대개(일반적으로, 대부분) (구결로써) 일상으로 삼다.
隆化惠滿(융화혜만): 융화사隆化寺의 혜만선사.
所至(소지): 이르는 처소.
破柴制履(파시제리): 장작을 패고 짚신을 삼다.
開田說義(개전설의): (스님들이) 밭을 개간하면 (그들에게 불법의) 대의를 설하다.
尙留東山(상류동산): (허리에 매달았던 돌이) 아직도 동산에 남아 있다.

破柴斧(파시부): 장작을 패던 도끼.

以爲遊觀(이위유관): 순례할 때 볼거리로(관광으로) 삼다.

　　-以爲: ~로써 ~를 삼다, ~를 ~로 여기다.

【보충설명】

百丈涅槃: 백장산 열반법정涅槃法正 화상은 항상 『열반경』을 독송하였기에 당시에 열반화상이라 불려졌다. 하루는 대중들에게 "너희들이 나와 함께 밭을 개간하면 내가 너희들에게 대의를 말해 주겠다."라고 하였다. 性聰

| 해석2 |

世·遠·道·喪에 (而)·妄·庸·寒·乞·(之)·徒가 入·我·法·中하니
　1 　2 　3 　4 　(연결사) 5 　6 　7 　8 　(~는) 9 　13 10 11 12

세대가 멀어지고 불도를 상실해 감에 (이후로, 마침내) 망령되고 용렬하며 곤궁하여 빌어먹는 무리가 우리 불법 속으로 들어오니

其·識이 尙·不足·(以)·匡·欲이라 (其)可荷·大法·(也)아
　1 　2 　3 　6 　(로써) 5 　4 　(반문) 8 　7 　(종결)

그들의 식견이(식견으로써, 식견을 가지고) 오히려 욕심을 바로잡기에도 부족하거늘, 큰 법을 짊어질 수 있겠는가?

方·疊·花·制·韤하야 (以)·副·絲絇하니 (其)·可·夜·舂·(乎)아
1　3　2　5　4　　(로써)　7　6　　(반문)　10　8　9　(종결)

바야흐로 꽃(무늬 장식)을 포개어(겹겹이 수놓아) 버선을 만들어서 (그것으로써) 버선코 장식을 도우니, 밤중에 방아를 찧을 수 있겠는가?

纖·羅·剪·袍하야 (以)·宜·小·袖하니 (其)·可·破·柴·(乎)아
1　2　4　3　　(로써)　7　5　6　　(반문)　9　8　(종결)

가는 비단으로 옷깃을 잘라 짧은 소매에 맞추니, 장작을 팰 수 있겠는가?

升·九·仞·(之)·峻에 僕夫·汗血이라도 不肯·出·輿어니 (其)·
4　1　2　(~의)　3　　5　6　　9　8　7　　(반문)

可負·米·(乎)아
11　10　(종결)

아홉 길의 험준한 곳을 오르는데 노복들이 피땀을 흘려도 가마에서 내리려 하지 않으니, 쌀을 짊어질 수 있겠는가?

方·大·書·其門·(云)·當寺에 今·止·掛搭이라하니
1　3　4　2　(뒷구절)　5　　6　8　7

바야흐로 그 문에 크게 써 놓기를, "이 절에 지금부터 방부 들이는 것을 중지합니다."라고 하니(云)

(其)·肯·開·田·說·義·(乎)아 余·嘗·痛·心·撫·膺·(而)·嘆·
(반문)　1　3　2　5　4　(종결)　6　7　9　8　11　10　(순접)　12

者·(也)니라
13　(종결)

즐겨(기꺼이) 밭을 개간하며 (불법의) 대의를 말하겠는가? 내가 일찍이 마음이 아파 가슴을 두드리며 한탄하던 바이다.

【어휘해설】

世遠道喪(세원도상): 세월이 오래 지나면서 불도가 소멸되다.

妄庸寒乞(망용한걸): 망령되고 용렬하며 곤궁하여 빌어먹다.

疊花制韈(첩화제말): 꽃(무늬 장식)을 포개어(겹겹이 수를 놓아) 버선을 만들다.

以副絲絢(이부사구): (그것으로써) 버선코 장식을 돕다.

　　-絲絢: 버선(신발) 위에 끈을 맬 수 있도록 되어 있는 장식.

以宜小袖(이의소수): 짧은 소매에 맞추다(를 편하게 하다).

九仞之峻(구인지준): 아홉 길의 험준한 산.

僕夫汗血(복부한혈): 종들은 피땀을 흘린다.

不肯出輿(불긍출여): 즐겨 가마 밖으로 나오려 하지 않다.

　　-不肯: 즐겨(굳이, 기꺼이) ~하려 하지 않다.

掛搭(괘탑): 걸 괘/걸 탑. 선종에서 새로 사원에 들어온 승려가 의발, 석장 등을 승당의 벽에 걸어두는 것을 괘탑이라 하는데, 그 절에서 대중과 함께 지냄을 이르는 말이다.

撫膺而嘆(무응이탄): 가슴을 쓸어내리며(어루만지며) 탄식하다.

| 해석3 |

屢·因·弘·法·致·禍하야　卒·爲·廢人이라가
1　4　3　2　6　5　　　7　9　8

누차 불법을 넓힘을 인하여(넓히려다가) 화를 초래하여 마침내 폐인이 되었다가

方·幸·生還하야　逃·遁·山谷호니
1　2　3　　　5　6　4

비로소 다행히 살아 돌아와 산골짜기로 도망쳐 은둔하였더니

(而)·衲子·猶·(以)·其·嘗·親·事·雲庵이라하야 故·來·(相)·從하니
(연결사)　1　2　(이유)　3　4　6　7　5　　　　8　9　(대명사)　10

이후에 납자들이 오히려 (내가) 일찍이 운암선사를 친히 섬겼다는 이유로(以) 일부러 찾아와서 나를(相) 따르니

余·畜·(之)·無·義요 拒·(之)·不可라하야 卽·閉·關·堅·臥러니
1　2　(대명사)　4　3　　5　(대명사)　6　　　7　9　8　10　11

내가 그들을(之) 돌봐주는 것도 정의롭지 못하고, 그들을(之) 거절하는 것도 옳지 않으므로 곧 빗장을 걸고 굳게 누웠더니

有·扣·其門·(而)·言·者가 (曰)
5　2　1　(순접)　3　4　(뒷문장)

그 문을 두드리며 말하는 자가 있었다.

雲庵의 法施는 如·智覺하고 愛·衆은 如·雪峰이어늘
　1　　2　　4　3　　　6　5　　8　7

"운암의 법보시는 지각선사와 같고, 대중을 사랑하기는 설봉선사와 같거늘

出·其門·者가 今·皆·不·然하야
2　1　3　4　5　7　6

그 문하에서 나온 자들이 지금은 모두 그렇지 않아서

道·未·尊·(而)·欲·人·(之)·貴·己하고
1　3　2　(역접)　7　4　(~이)　6　5

도는 높지 않으면서도 사람들이 자신을 귀하게 여겨 주길 바라고

名·不·曜·(而)·畏·人·(之)·挨·己하며
　1　3　2　(역접)　7　4　(~이)　6　5

명성은 빛나지 않으면서도 사람들이 자신을 밀쳐낼까 두려워하며

下視·禪者호대 (如)·百世·(之)·寃하며
　2　1　　　(같이)　3　(~의)　4

참선하는 자들을 내려보기를(멸시하기를) 마치 백세의 원수같이 하며

諂·事·權·貴를 (如)·累劫·(之)·親이어늘
3　4　2　1　(같이)　5　(~의)　6

권세와 부귀가 있는 자를 아첨하여 섬기기를 마치 누겁의 어버이같이 하거늘

師·皆·笑·蹈·此·汚·(而)·去하니 庶幾·雲庵·爪牙·(矣)라하야늘
1　2　3　6　4　5　(순접)　7　　8　　9　　10　(종결)

선사께서는 모두 비웃으며 이러한 더러움을 밟고서 가셨으니, 아마도(거의) 운암의 으뜸제자일 것입니다."라고 하거늘(曰)

【어휘해설】

屢因弘法致禍(누인홍법치화): 여러 차례 불법을 홍포함을 인하여(홍포하다가) 화를 초래하다.

方幸生還(방행생환): 비로소(겨우) 다행히 살아 돌아오다.

故來相從(고래상종): 일부러 와서 나를 따른다.
　-故: 일부러, 고의로, 짐짓. 相: 동사의 목적어로, 여기서는 '나'를 지칭.

有扣其門而言者(유구기문이언자): 그 문을 두드리며 말하는 자가 있다(→ 어떤 이가 그 문을 두드리며 말하였다).

欲人之貴己(욕인지귀기): 타인이 자기를 귀하게 여기기를 바라다.
畏人之挨己(외인지애기): 타인이 자기를 밀어낼까 두려워하다.
下視禪者(하시선자): 참선하는 자를 업신여기다(아래로 보다, 멸시하다).
諂事權貴(첨사권귀): 권세와 부귀(한 자)를 아첨하여 모신다.
庶幾雲庵爪牙(서기운암조아): 아마도 운암의 으뜸제자일 것이다.
　-庶幾: 아마도, 어쩌면, ~이기를 바라는 희망(庶幾之望)이 내포되어 있음.
　爪牙: 발톱과 어금니. 앞잡이. 매우 쓸모 있는 사람이나 물건을 비유하여 이름.

| 해석4 |

余·(於)·是에 蹶然·(而)·起·曰
　1　(~에)　2　3　(연결사)　4　5

내가 이에 벌떡 일어나서 말하였다.

然則·無·食에 奈何오
　1　　3　2　　4

"그렇지만 음식이 없는 것을 어찌하겠는가?"

(曰)·當·從·淨·檀·行·乞이니 亦·如來·大師·(之)·遺·則·(也)라
(뒷문장) 1　4　2　3　6　5　　7　8　　9　(~의)　10　11　(종결)

그가 말하기를, "응당 청정한 단월을 좇아 걸식을 해야 하니, 또한 여래 대도사께서 남기신 법도입니다.

老人이 肯出·則·庶·(使)·叢林으로 知·雲庵·典型이 尙·存이라하야늘
　1　　2　3　4　(하여금)　5　　10　6　7　8　9

노스님께서 기꺼이 (문빗장을 열고) 나오신다면 거의(아마도) 총림으로 하여금 운암의

법도가 아직도 남아 있음을 알게 할 것입니다."라 하거늘(曰)

余가 嘉·其言하야 因·序·古德·事하야 (以)·慰·其意하노니
　1　　3　 2　　　　4　 7　 5　　6　　(로써)　9　　8

내가 그 말을 가상히 여겨 인하여(그 인연으로) 옛 스님의 일을 써서 그 뜻을 위로하니

當·有·賞·音·者·(耳)니라
　1　5　3　2　4　(종결)

훗날 이 말을 알아듣는 자가 있을 것이다.

【어휘해설】

蹶然(궐연): 벌떡(갑자기 일어나는 모습).

肯出(긍출): 즐겨(흔쾌히) 나오다.

嘉其言(가기언): 그 말을 가상히(어여삐) 여기다.

因序古德事(인서고덕사): 인하여(그러한 인연으로) 고덕의 일을 쓰다.

賞音者(상음자): 소리를 감상하는 자. 말을 이해하는 자.

독송용

曹溪六祖는 初以居士服으로 至黃梅하야 夜舂에 以石墜腰하고

牛頭는 衆이 乏糧커늘 融이 乞於丹陽하야 自負米斛八斗하고 行

八十里하야 朝去暮歸를 率以爲常하고 隆化惠滿은 所至에 破柴

制履하고 百丈涅槃은 開田說義하니 墜腰石이 尙留東山하고 破

柴斧는 猶存鄴鎭하며 江陵之西에 有負米莊하고 車輪之下에 有

大義石하니 衲子每以爲遊觀이라 不可誣也니라 世遠道喪에

而妄庸寒乞之徒가 入我法中하니 其識이 尙不足以匡欲이라

其可荷大法也아 方疊花制韈하야 以副絲絇하니 其可夜舂乎아

纖羅剪袍하야 以宜小袖하니 其可破柴乎아 升九仞之峻에

僕夫汗血이라도 不肯出輿어니 其可負米乎아 方大書其門云當寺에

今止掛搭이라하니 其肯開田說義乎아 余嘗痛心撫膺而嘆者也니라

屢因弘法致禍하야 卒爲廢人이라가 方幸生還하야 逃遁山谷호니

而衲子猶以其嘗親事雲庵이라하야 故來相從하니 余畜之無義요

拒之不可라하야 卽閉關堅臥러니 有扣其門而言者가 曰 雲庵의

法施는 如智覺하고 愛衆은 如雪峰이어늘 出其門者가 今皆不然하야

道未尊而欲人之貴己하고 名不曜而畏人之挨己하며 下視禪者호대

如百世之冤하며 諂事權貴를 如累劫之親이어늘 師皆笑蹈此汚

而去하니 庶幾雲庵爪牙矣라하야늘 余於是에 蹶然而起曰然則

無食에 奈何오 曰當從淨檀行乞이니 亦如來大師之遺則也라

老人이 肯出則庶使叢林으로 知雲庵典型이 尙存이라하야늘 余가

嘉其言하야 因序古德事하야 以慰其意하노니 當有賞音者耳니라

탄 허 역

    曹溪六祖는 처음 居士服으로써 黃梅에 가서 夜春에 石으로써 허리에 달며 牛頭는 衆이 食糧이 없거늘 融이 丹陽에 乞하여 스스로 米一斛八斗를 지고 八十里를 行하여 아침에 갔다가 저물어서 돌아옴을 大率 써 常例를 삼으며 隆化惠滿은 가는 바에 장작을 패고 신을 삼으며 百丈涅槃은 田을 열어 義를 說하시니 墜腰石은 아직도 東山에 留하고 破柴斧는 오히려 鄴鎭에 있고 江陵의 西에 負米莊이 있고 車輪의 下에 大義石이 있으니 衲子가 매양 써 遊觀하는지라 可히 속이지 못함이니라. 世가 멀고 道가 喪하매 妄庸寒乞의 徒가 我法中에 入하니 그 識見이 오히려 足히 써 欲心도 바로잡지 못하거니 그 可히 大法을 荷擔하리오. 바야흐로 花를 疊해 버선을 만들어서 써 絲絢를 도우니 그 可히 夜春하랴. 纖羅로 剪袍하여 써 小袖를 마땅케 하니 그 可히 破柴하랴. 九仞의 峻嶺에 오르매 僕夫가 汗血할지라도 즐거이 輿外에 出하지 않거니 그 可히 負米하랴. 바야흐로 그 門에 大書해 이르되 當寺에 이제 掛搭을 中止한다 하니 그 즐거이 開田說義하랴. 내가 일찍이 마음에 哀痛하여 가슴을 어루만지며 嘆息하는 것이로다. 자주 弘法하다가 致禍함을 因해서 마침내 廢人이 되었다가 바야흐로 다행히 生還하여 山谷에 逃遁했더니 衲子가 오히려 써 그 일찍이 雲庵을 親事했다 하여 그러므로 와서 相從하거늘 내가 養蓄함도 義가 없고 拒絕함도 不可하다 하여 곧 閉關하고 굳게 누웠더니 그 門을 두드리며 말하는 者가 있어 이르되 雲庵의 法施는 智覺과 같고 愛衆은 雪峰과 같으시더니 그 門에서 出한 者가 이제 다 그렇지 않아서 道가 높지 않되 사람이 自己를 貴히 여기게 하고자 하고 名이 드러나지 않되 사람이 自己를 밀칠까 두려워하며 禪者를 下視함을 百世의 冤과 같이 하고 權貴를 諂事함을 累劫의 親과 같이 하거늘 師는 다 이 汚名 蹈襲함을 웃고 버리니 거의 雲庵의 爪牙라 하거늘 내가 이에 蹶然히 起해 이르되 그렇다면 먹을 것이 없는데 어찌할꼬. 이르되 마땅히 淨檀을 좇아 行乞할지니 또한 如來大師의 遺則이라 老人이 즐겨 出한즉 거의 叢林으로 하여금 雲庵의 典型이 아직 있음을 알게 한다 하거늘 내가 그 말을 嘉尙히 여겨서 因해 古德의 일을 序하여 써 그 뜻을 慰勞하노니 마땅히 賞音하는 者가 있으리라.

八. 願文

원문願文은 수행자로서의 서원과 신심을 부처님 전에 굳게 맹세하는 글이다.

14. 怡山然禪師發願文

이산연 선사의 발원문

歸命十方調御師와 演揚淸淨微妙法과 三乘四果解脫僧하노니
귀명시방조어사 / 연양청정미묘법 / 삼승사과해탈승
귀의할/목숨/열/방소/고를/제어/스승 펼/날릴/청정///작을/묘할/법 석/탈/넉/과실/풀/벗어날/중

願賜慈悲哀攝受하소서 但某甲이 自違眞性으로 枉入迷流하야
원사자비애섭수 / 단모갑 / 자위진성 / 왕입미류
바랄/줄/자애/슬플///거둘/받을 다만/아무// 부터/거스를/참/성품 굽을/들/미혹할/흐를

隨生死以飄沈하고 逐色聲而貪染하야 十纏十使로
수생사이표침 / 축색성이탐염 / 십전십사
따를/날/죽을/써/표류할/잠길 좇을/색/소리/말이을/탐낼/물들 열/얽을/열/부릴

積成有漏之因하고 六根六塵으로 妄作無邊之罪하야
적성유루지인 / 육근육진 / 망작무변지죄
쌓을/이룰/있을/샐/조사/인할 여섯/뿌리/여섯/티끌 망령될/지을/없을/가/조사/죄

迷淪苦海하고 深溺邪途하야 着我耽人하며 擧枉措直하난
미륜고해 / 심닉사도 / 착아탐인 / 거왕조직
미혹/빠질/괴로울/바다 깊을/빠질/삿될/길 집착/나/탐착/사람 들/그릇될/둘/곧을

累生業障과 一切愆尤를 仰三寶以慈悲하며 瀝一心而懺悔하노니
누생업장 / 일체건우 / 앙삼보이자비 / 역일심이참회
여러/날/업/장애 한/모두/허물// 우러를/석/보배/써/자비/슬플 스밀/한/마음/말이을/뉘우칠//

所願은 能仁拯拔하시며 善友提携하사 出煩惱之深源하야
소원 / 능인증발 / 선우제휴 / 출번뇌지심원
바/바랄 능할/어질/건질/뽑을 착할/벗/끌/이끌 날/괴로울/번뇌/조사/깊을/근원

到菩提之彼岸하며 此世에 福基命位가 各願昌隆하고

來生에 智種靈苗가 同希增秀하며 生逢中國하고 長遇明師하며

正信出家하야 童眞入道하며 六根이 通利하고 三業이 純和하며

不染世緣하고 常修梵行하며 執持禁戒하야 塵葉不侵하며

嚴護威儀하고 蜎飛無損하며 不逢八難하고 不缺四緣하며

般若智以現前하고 菩提心而不退하며 修習正法하야

了悟大乘하며 開六度之行門하고 越三祇之劫海하며

建法幢於處處하고 破疑網於重重하며 降伏衆魔하고 紹隆三寶하며

承事十方諸佛하사와 無有疲勞하고 修學一切法門하사와

悉皆通達하며 廣作福慧하야 普利塵沙하며 得六種之神通하고
다/모두/통할/통달　넓을/지을/복/지혜　넓을/이익/티끌/모래　얻을/여섯/종류/조사/귀신/통할

圓一生之佛果然後에 不捨法界하야 徧入塵勞호대
원만/한/날/조사/부처/열매/그럴/뒤　아니/버릴/법/경계　두루/들/티끌/수고

等觀音之慈心하고 行普賢之願海하며 他方此界에 逐類隨形하야
같을/관음/조사/자비/마음　행할/보현/조사/바랄/바다　다를/방소/이/경계　쫓을/무리/따를/모양

應現色身하사 演揚妙法하며 泥犁苦趣와 餓鬼道中에
응할/나타날/색/몸　펼/드날릴/미묘할/법　니리(지옥)/괴로울/갈래　굶을/귀신/길/가운데

或放大光明하며 或現諸神變커든 其有見我相하고
혹/놓을/큰/빛/밝을　혹/나타날/모두/귀신/변할　그/있을/볼/나/모양

乃至聞我名이 皆發菩提心하야 永出輪廻苦하며
이에/이를/들을/나/이름　모두/일으킬/보리/마음　길/날/바퀴/돌/괴로울

火鑊氷河之地가 變作香林하고 飮銅食鐵之徒가 化生淨土하며
불/가마솥/얼음/강/조사/땅　변할/지을/향기/수풀　마실/구리/먹을/쇠/조사/무리　변화/날/청정/흙

披毛戴角과 負債含怨이 盡罷辛酸하고 咸霑利樂하며
걸칠/털/받들/뿔　짊어질/빚질/머금을/원한　다할/마칠/매울/신맛　모두/젖을/이익/즐거울

疾疫世而現爲藥草하야 救療沈痾하고 飢饉時而化作稻粱하야
병/역병/세상/말이을/나타날/될/약/풀　구할/고칠/깊을/앓을　굶을/주릴/때/말이을/변화/될/벼/기장

濟諸貧餒하며 但有利益을 無不興崇하며 次期累世寃親과
제제빈뇌 / 단유이익 / 무불흥숭 / 차기누세원친
건널/모두/가난/주릴 · 다만/있을/이익/더할 · 없을/아니/일으킬/높을 · 버금/기약/여러/세상/원수/친할

現存眷屬이 出四生之汩沒하고 捨萬劫之愛纏하며 等與含生으로
현존권속 / 출사생지골몰 / 사만겁지애전 / 등여함생
나타날/있을/친족/무리 · 날/넉/날/조사/빠질/〃 · 버릴/만/겁/조사/애착/묶을 · 같을/더불/품을/날

齊成佛道호대 虛空은 有盡이어니와 我願은 無窮하야 情與無情이
제성불도 / 허공 / 유진 / 아원 / 무궁 / 정여무정
가지런할/이룰/부처/도 · 빌/〃 · 있을/다할 · 나/바랄 · 없을/다할 · 뜻/더불어/없을/뜻

同圓種智하야지이다
동원종지
같을/원만할/씨앗/지혜

| 저자 |

이산연(怡山然, ?~?): 이산교연怡山皎然. 당나라 말기 승려로, 설봉의존(822~908)의 법제자로 알려져 있다. 중국 복건성 복주 사람으로 장생산에 거주하여 '장생교연長生皎然'으로도 불려졌다.

| 요지 |

시방삼세의 불법승 삼보님께 신심과 원력과 서원을 굳게 다짐한 발원문이다.

| 해석 1 |

歸·命·十方·調御師와 **演揚·淸淨·微妙法**과 **三乘·四果·解**
　10 9   1   　2　　　　4　　　3　　　5　　　　6　　7

脫僧하노니
　8

시방의 조어사와 청정함을 펼친 미묘한 법과 삼승사과의 해탈승께 목숨 바쳐 귀의하노니

願·賜·慈悲·哀·攝受하소서
　1　3　2　　4　5

바라옵건대 자비를 드리우사 애민히 거두어 주소서.

但·某甲이 **自·違·眞性**으로 **枉·入·迷·流**하야
　1　2　　　5　4　3　　　　8　9　6　7

다만 제가 참된 성품을 어김으로부터 미혹한 흐름에 잘못 들어가

隨·生死·(以)·飄沈하고 **逐·色聲·(而)·貪·染**하야
　2　1　(순접)　3　　　　5　4　(순접)　6　7

생사를 따라서 오르내리고, 색과 소리를 좇아 탐내고 물들어

十纏·十使로 **積成·有漏·(之)·因**하고
　1　　2　　　5　　3　(~의)　4

십전과 십사로 유루의 원인을 쌓아 이루고

六根·六塵으로 **妄作·無邊·(之)·罪**하야
　1　　2　　　5　　3　(~한)　4

육근과 육진으로 끝없는 죄를 망령되이 지어서

迷·淪·苦海하고　深·溺·邪途하야
　2　3　1　　　　5　6　4

고통의 바다에 미혹하게 잠기고 삿된 길에 깊이 빠져서

着·我·耽·人하며　擧·枉·措·直하난
2　1　4　3　　　6　5　8　7

나를 집착하고 남을 탐착하며 잘못된 것을 들추어내고 곧은 것을 내버려둔

累生·業障과　一切·愆尤를
　1　　2　　　3　　4

여러 생의 업장과 일체의 허물을

仰·三寶·(以)·慈悲하며　瀝·一心·(而)·懺悔하노니
2　　1　　(순접)　3　　　5　　4　　(순접)　6

삼보를 우러러 자비로우며(자비를 바라오며) 한마음을 적셔서 참회하노니

【어휘해설】

歸命(귀명): 목숨 바쳐 귀의하다.

十方(시방): 원래의 한자음은 '십방'이지만, 예로부터 '시방'으로 부드럽게 발음해 옴. 예컨대 道場(도장 → 도량), 菩提(보제 → 보리), 般若(반약 → 반야), 四聖諦(사성체 → 사성제)도 마찬가지이다.

調御師(조어사): 부처님의 열 가지 명호 중 하나. 부처님은 대자大慈, 대비大悲, 대지大智로써 중생을 잘 가르쳐 인도하는 사람이라는 뜻.

演揚(연양): 널리 드날려 펴다.

三乘四果(삼승사과): 불교의 단계와 수행의 네 가지 결과.

-三乘: 성문, 연각, 보살. 四果: 수다원과, 사다함과, 아나함과, 아라한과.

哀攝受(애섭수): 애민히 여기시어 거두어 주소서.

某甲(모갑): 불특정인이나 자신을 가리키는 대명사. 여기서는 자신을 지칭.

自違眞性(자위진성): 참된 성품을 어김으로부터. 自: ~부터.

枉入迷流(왕입미류): 미혹한 (윤회의) 흐름에 잘못 들어가다.

飄沈(표침): 표류하고 빠지다. 오르내리다.

逐色聲(축색성): 색과 소리를 따르다. 즉 육진경계를 좇음.

十纏十使(십전십사): 열 가지 번뇌. 온갖 번뇌를 총칭함.

迷淪苦海(미륜고해): 고통의 바다에 미혹하여 빠지다.

深溺邪途(심닉사도): 삿된 길에 깊이 빠지다.

擧枉措直(거왕조직): 잘못은 들추어내고 바른 것은 내버려두다. 잘못된 자를 등용해서
　　　　쓰고 바른 자를 내버리다.

一切愆尤(일체건우): 일체의 허물.

【보충설명】

擧枉措直: 『논어』에서는 "곧은 사람을 등용해 쓰고 굽은 사람을 버린다."라고 하였는데, 여기서는 반대이다. 枉은 굽은 것이고 直은 펴진 것이니, 다른 이의 굽은 것은 들추고 다른 이의 반듯함은 방치한다는 것이다. 性聰

『논어』「위정」편에 다음과 같이 나온다. "애공이 '어떻게 하면 백성들이 복종합니까?'라고 묻자, 공자가 '곧은 사람을 등용해 쓰고 모든 굽은 사람을 버려두면 백성들이 복종하며, 굽은 사람을 등용해 쓰고 모든 곧은 사람을 버려두면 백성들이 복종하지 않습니다.(擧直錯諸枉, 則民服; 擧枉錯諸直, 則民不服.)'라고 하였다."

해석2

所願은 能仁·拯拔하시며 善友·提携하사
　１　　 ２　 ３　　　 ４　５

바라는 바는 부처님께서 건져 주시며 선우가 이끌어 주어

出·煩惱·(之)·深·源하야 到·菩提·(之)·彼岸하며
４　１　(~의)　２　３　　７　５　(~의)　６

번뇌의 깊은 근원을 벗어나 깨달음의 저 언덕에 도달하며

此世에 福·基·命·位가 各·願·昌隆하고
 １　 ２ ３ ４ ５　６ ８ ７

이 세상에 복의 기반과 수명의 자리가 각기 창성하기를 원하고

來生에 智·種·靈·苗가 同·希·增·秀하며
 １　 ２ ３ ４ ５　６ ９ ７ ８

오는 세상에 지혜의 종자와 신령스러운 싹이 함께 더욱 수려해지기를 바라며

生·逢·中國하고 長·遇·明師하며
１ ３　 ２　　 ４ ６　 ５

태어날 때는 중국을 만나고 자라서는 밝은 스승을 만나며

正信·出家하야 童眞·入·道하며
 １　 ２　　 ３　 ５ ４

바른 신심으로 출가하여 동진으로 불도에 들어가며

【어휘해설】

能仁拯拔(능인증발): 부처님(能仁)께서 건져서 구제하다.
善友提携(선우제휴): 훌륭한 도반이 잡아 이끌어 주다.
菩提之彼岸(보리지피안): 보리(깨달음)의 피안.
同希增秀(동희증수): 증진되어 빼어나기를 함께 바라다.
童眞入道(동진입도): 동진출가로 불도에 입문하다.

| 해석3 |

六根이 通·利하고 三業이 純·和하며
  1   2 3   4   5 6

육근이 통철하고 예리하며 삼업이 순수하고 온화하며

不·染·世·緣하고 常·修·梵行하며
4 3 1 2   5 7 6

세상의 인연에 물들지 않고 항상 범행을 닦으며

執·持·禁戒하야 塵·葉·不·侵하며
2 3 1   4 5 7 6

계율을 잡아(굳게) 지켜서 티끌이나 낙엽도 침범하지 않으며

嚴·護·威儀하고 蜎飛·無·損하며
2 3 1   4   6 5

위의를 엄숙하게 지키고 날아다니는 곤충도 해치지 않으며

不·逢·八難하고 不·缺·四緣하며
　3　2　1　　6　5　4

팔난을 만나지 않고 사연을 빠트리지 않으며

般若智·(以)·現前하고 菩提心·(而)·不退하며
　1　(로써)　2　　3　(에서)　4

반야지혜로써(가) 현전하고 보리심에서(이) 물러나지 않으며

修·習·正法하야 了悟·大乘하며
2　3　1　　5　4

정법을 닦아 익혀서 대승을 깨달으며

開·六度·(之)·行門하고 越·三祇·(之)·劫海하며
3　1　(~의)　2　　6　4　(~의)　5

육바라밀의 수행문을 열고 삼아승지의 겁해를 뛰어넘으며

建·法幢·(於)·處處하고 破·疑網·(於)·重重하며
3　2　(~에)　1　　6　5　(~에)　4

곳곳에 불법의 깃대를 세우고 거듭거듭 쌓인 데에서 의심의 그물을 찢으며

降伏·衆·魔하고 紹隆·三寶하며
3　1　2　　5　4

여러 마군들을 항복받고 삼보를 이어 융성케 하며

【어휘해설】

通利(통리): 통철하고 예리하다.
純和(순화): 순수하고 온화하다.
常修梵行(상수범행): 항상 범행(청정한 지계행)을 닦다.
執持禁戒(집지금계): 계율을 잡아 지키다, 엄격히 지키다.
塵葉不侵(진엽불침): 티끌과 낙엽도 침범하지 않는다.
蜎飛無損(연비무손): 날고 기는 곤충도 해치지 않는다.
開六度之行門(개육도지행문): 육바라밀의 수행문을 열다.
越三祇之劫海(월삼지지겁해): 삼아승지 겁해를 뛰어넘다. 祇는 '기'로도 읽는다.
紹隆三寶(소륭삼보): 삼보를 이어서 융성시키다.

【보충설명】

塵葉不侵: 영가선사는 "무정물 중에는 티끌이나 낙엽도 침범하지 않고, 유정물 중에는 작은 벌레라도 해치지 않으니, 그윽한 산골의 물도 그 맑음에 비견되기 부족하고, 흩날리는 흰 눈도 그 흰 색깔에 견줄 수가 없다."라고 하였는데, '티끌을 침범하지 않는다'는 것은 땅을 파지 않음을 말하며, '낙엽도 침범하지 않는다'는 것은 생명을 파괴하지 않음을 말한다. 『십송률』에서 "바닥을 그어 글자를 쓸 때, 한 번 그으면 그 죄가 가볍고, 두 번 그으면 그 죄가 무겁다."라고 하였으니, 생명을 파괴시키는 것임을 알 수 있다. 性聰

八難: 『성유식론』에서는 "보살이 네 가지 법륜을 설하여 (부처님을 만나지 못하는) 팔난을 꺾었다. 첫 번째는 중국에 태어나는 법륜으로 오난五難을 꺾을 수 있는데, (오난이란) 삼악도(지옥·아귀·축생)와 북구로주와 장수천을 말한다. 두 번째는 바른 서원을 닦는 법륜으로, 세간의 지혜·말재주·총명을 꺾는다. 세 번째는 착한 인연을 심는 법륜으로, 소경과 귀머거리 및 벙어리를 꺾는다. 네 번째는 선지식을 가까이하는 법륜으로, 부처님의 생존시기를 피해서 태어나는 것을 꺾는다."라고 하였는데, 팔난을 꺾어 극복하고자 한다면 마땅히 네 가지 법륜을 익혀야 한다. ㉱

四緣: 첫째, 선지식을 친근히 하는 것이고, 둘째, 바른 법을 직접 듣는 것이며, 셋째, 그 뜻을 사유하는 것이고, 넷째, 말씀대로 수행하는 것이다. ㉱

童眞: 『석명釋名』에서는 "아이가 15살이면 童이라 한다."라고 하였는데, 童이란 獨(고독, 외로움)이다. 7살부터 15살까지를 모두 童이라 일컬었으니, 太和가 아직 흩어지지 않아 색에 물들지 않았기 때문에 동진이라고 이름한 것이다. ㉱

| 해석4 |

承事·十方·諸佛하사와 無有·疲勞하고
　3　　1　　2　　　　　5　　4

시방의 모든 부처님을 받들어 섬기사 피로함이 없고

修學·一切·法門하사와 悉皆·通達하며
　3　　1　　2　　　　　4　　5

일체의 법문을 닦고 배워서 모두 통달하며

廣·作·福慧하야 普·利·塵沙하며
2　3　 1　　　　5　6　 4

복과 지혜를 널리 지어 티끌 모래(같이 수많은 중생)를 두루 이롭게 하며

得·六種·(之)·神通하고 圓·一生·(之)·佛果·然後에
3　 1　 (~의) 2　　　 6　 4　 (~의) 5　 7

여섯 가지 신통을 얻고 일생의 불과를 원만하게 이룬 연후에

不·捨·法界하야 徧·入·塵勞호대
　3　2　1　　　5　6　4

법계를 버리지 않고서 번뇌세계로 두루 들어가되

等·觀音·(之)·慈心하고 行·普賢·(之)·願海하며
　3　1　(~의)　2　　　6　4　(~의)　5

관음보살의 자비심과 같고 보현보살의 바다 같은 서원을 행하며

他方·此界에 逐·類·隨·形하야
　1　　2　　4　3　6　5

다른 세계와 이 세계에 무리를 따르고 형상을 따라

應·現·色身하사 演揚·妙法하며
　2　3　1　　　5　4

색신으로 응하여 나타나 미묘한 법을 펼치며

泥犁·苦趣와 餓鬼道·中에
　1　2　　　3　　4

지옥의 고통세계와 아귀세계 안에서도

或·放·大光明하며 或·現·諸·神變커든
　1　3　2　　　　4　7　5　6

혹은 대광명을 일으키거나 혹은 여러 신통변화를 나타내면

其有·見·我相하고 乃至·聞·我名이
　6　2　1　　　　3　5　4

내 모습을 보거나 나아가 내 이름을 듣는 이들이 있으면(→ 내 모습을 보거나 내 이름

을 듣는 이들까지도)

皆·發·菩提心하야 **永·出·輪廻苦**하며
　1　3　　2　　　　4　6　　5

모두 보리심을 일으켜 영원히 윤회의 고통에서 벗어나며

【어휘해설】

普利塵沙(보리진사): 티끌같이 많은 중생을 널리 이롭게 하다.
徧入塵勞(변입진로): 번뇌세계로 널리 들어가다.
　-塵勞: 번뇌의 다른 이름. 마음을 더럽히고 피로하게 하는 세속적인 노고. 번뇌로 가득한 중생세계를 말함.
應現色身(응현색신): (무리들에 맞춰서) 색신으로 응하여 나타나다.
演揚妙法(연양묘법): 미묘한 법을 펴서 드날린다.
泥犂苦趣(니리고취): 지옥의 고통받는 세계.
現諸神變(현제신변): 여러 신통변화를 나타내다.

【보충설명】

泥犂: 한역하면 '있지 않다'이니, 즐거움이 없다는 것이다. 혹은 '타락'이라고도 하며 혹은 '없음'이라고도 하는데, 더 이상 용서받을 곳이 없다는 말이다. ㊟性聰

| 해석5 |

火鑊·氷河·(之)·地가 變·作·香林하고
　1　　2　　(~의)　3　　4　6　5

불 가마솥과 빙하의 땅이 변하여 향기로운 숲이 되고

飮·銅·食·鐵·(之)·徒가 化·生·淨土하며
　2　1　4　3　(~의)　5　　6　8　7

구리를 마시고 쇠를 먹는 무리들이 변하여 정토에 태어나며

披·毛·戴·角과 負·債·含·怨이
2　1　4　3　　6　5　8　7

털이 났거나 뿔이 난 것과 빚을 지거나 원한을 품은 이들이

盡·罷·辛酸하고 咸·霑·利樂하며
2　3　　1　　　5　6　　4

쓰라린 고통을 모두 없애고 이로운 즐거움을 다 적시며(받으며)

疾疫·世·(而)·現爲·藥草하야 救·療·沈·痾하고
　1　　2　(~에는)　4　　3　　7　8　5　6

질병 도는 세상에는 약초로 나타나서 깊은 병고를 구제하여 치료하고

飢饉·時·(而)·化作·稻粱하야 濟·諸·貧·餒하며
　1　　2　(~에는)　4　　3　　8　5　6　7

기근이 들 때에는 곡식으로 변하여 모든 빈곤과 배고픔을 구제하며

14. 怡山然禪師發願文　257

但·有·利益을 無不·興·崇하며
 1   3   2   6 4 5

다만 이익이 있는 것을(→ 다만 이익이 있는 것이라면) 일으켜 숭상하지 않음이 없으며

次·(期)·累世·冤·親과 現存·眷屬이
 1 (뒷구절) 2   3 4   5   6

다음으로 기약하기를(뒷구절까지 이어짐), 누대의 원수와 친한 이와 현존하는 권속들이

出·四生·(之)·汨沒하고 捨·萬劫·(之)·愛纏하며
3 1 (~의) 2   6   4   (~의) 5

사생(태·난·습·화)의 침몰에서 벗어나고 만겁의 애욕을 버리며

等·與·含生으로 齊·成·佛道호대
 1 3   2   4 6 5

동등하게 중생들과 더불어 나란히 불도를 이루되(→ 이루기를 기약하되. 期가 여기까지 걸림.)

虛空은 有·盡이어니와 我·願은 無·窮하야
 1   3 2   4 5   7 6

허공은 끝이 있거니와 나의 서원은 끝이 없어서

情·與·無情이 同·圓·種智하야지이다
 1 2   3   4 6 5

유정물과 무정물이 함께 일체종지를 원만히 <u>하야지이다</u>(이루어지이다).

【어휘해설】

火鑊氷河(화확빙하): 끓는 가마솥(화탕지옥)과 얼음 강물(빙하지옥).

飮銅食鐵(음동식철): 구리를 마시고 쇠를 먹는 (지옥의 고통).

披毛戴角(피모대각): 털이 났거나 뿔을 지닌 짐승.

負債含怨(부채함원): 빚을 지고 원한을 품다.

盡罷辛酸(진파신산): 쓰린 고통을 모두 없애다.

咸霑利樂(함점이락): 이로운 즐거움을 다 받다(누리다).

救療沉痾(구료침아): 깊은 병에 빠진 것을 구제하여 치료하다.

化作稻粱(화작도량): 벼와 기장(조, 곡식)으로 변화하다.

濟諸貧餒(제제빈뇌): 모든 가난하고 배고픈 이를 구제하다.

無不興崇(무불흥숭): 일으켜 숭상하지 않음이 없다.

等與含生(등여함생): 중생과 더불어 같이.

同圓種智(동원종지): 일체종지를 함께 원만히 이루다.
- 種智: 一切種智라고도 함. 부처님이 지니신 지혜로, 일체세계의 모든 현상을 아는 지혜이다.

【보충설명】

濟諸貧餒: 부처님께서 예전에 제석천일 때 흉년을 만났는데, 질병이 만연했으나 치료할 방도가 없어서 길에는 주검이 널려 있었다. 제석천이 슬픔으로 근심하며 구제할 방법을 생각하다가 곧 그 형상을 바꾸어 커다란 이무기의 몸이 되더니 계곡에서 죽고는 허공에 널리 알렸다. 들은 이들이 감격하여 서로 달려왔는데, (이무기의 살이) 베어 내도 다시 돋아나 굶주림과 질병이 해결되었다. 보살이 세상을 구제한 것으로는 이러한 예가 많다. 性聰

독송용

^{귀명시방조어사} ^{연양청정미묘법} ^{삼승사과해탈승}
歸命十方調御師와 演揚淸淨微妙法과 三乘四果解脫僧하노니

^{원사자비애섭수} ^{단모갑} ^{자위진성} ^{왕입미류} ^수
願賜慈悲哀攝受하소서 但某甲이 自違眞性으로 枉入迷流하야 隨

^{생사이표침} ^{축색성이탐염} ^{십전십사} ^{적성유루지인}
生死以飄沈하고 逐色聲而貪染하야 十纏十使로 積成有漏之因하고

^{육근육진} ^{망작무변지죄} ^{미륜고해} ^{심닉사도}
六根六塵으로 妄作無邊之罪하야 迷淪苦海하고 深溺邪途하야

^{착아탐인} ^{거왕조직} ^{누생업장} ^{일체건우} ^{앙삼보이}
着我耽人하며 擧枉措直하난 累生業障과 一切愆尤를 仰三寶以

^{자비} ^{역일심이참회} ^{소원} ^{능인증발} ^{선우제휴}
慈悲하며 瀝一心而懺悔하노니 所願은 能仁拯拔하시며 善友提携하사

^{출번뇌지심원} ^{도보리지피안} ^{차세} ^{복기명위} ^각
出煩惱之深源하야 到菩提之彼岸하며 此世에 福基命位가 各

^{원창륭} ^{내생} ^{지종영묘} ^{동희증수} ^{생봉중국} ^장
願昌隆하고 來生에 智種靈苗가 同希增秀하며 生逢中國하야 長

^{우명사} ^{정신출가} ^{동진입도} ^{육근} ^{통리} ^{삼업}
遇明師하며 正信出家하야 童眞入道하며 六根이 通利하고 三業이

^{순화} ^{불염세연} ^{상수범행} ^{집지금계} ^{진엽불침}
純和하며 不染世緣하고 常修梵行하며 執持禁戒하야 塵葉不侵하며

^{엄호위의} ^{연비무손} ^{불봉팔난} ^{불결사연} ^{반야지}
嚴護威儀하고 蜎飛無損하며 不逢八難하고 不缺四緣하며 般若智

이현전　　　　　보리심이불퇴　　　　　수습정법　　　　　요오대승　　　　　개
　　　以現前하고　菩提心而不退하며　修習正法하야　了悟大乘하며　開

　　　육도지행문　　　　월삼지지겁해　　　　건법당어처처　　　　파의망어
　　　六度之行門하고　越三祇之劫海하며　建法幢於處處하고　破疑網於

　　중중　　　　항복중마　　　　소륭삼보　　　　승사시방제불　　　　무유
　　重重하며　降伏衆魔하고　紹隆三寶하며　承事十方諸佛하사와　無有

　　피로　　　　수학일체법문　　　　실개통달　　　　광작복혜　　　　보리
　　疲勞하고　修學一切法門하사와　悉皆通達하며　廣作福慧하야　普利

　　진사　　　　득육종지신통　　　　원일생지불과연후　　　　불사법계
　　塵沙하며　得六種之神通하고　圓一生之佛果然後에　不捨法界하야

　　변입진로　　　　등관음지자심　　　　행보현지원해　　　　타방차계
　　徧入塵勞호대　等觀音之慈心하고　行普賢之願海하며　他方此界에

　　축류수형　　　　응현색신　　　　연양묘법　　　　니리고취　　　　아귀
　　逐類隨形하야　應現色身하사　演揚妙法하며　泥犁苦趣와　餓鬼

　　도중　　　　혹방대광명　　　　혹현제신변　　　　기유견아상　　　　내지
　　道中에　或放大光明하며　或現諸神變커든　其有見我相하고　乃至

　　문아명　　　　개발보리심　　　　영출윤회고　　　　화확빙하지지　　　　변작
　　聞我名이　皆發菩提心하야　永出輪廻苦하며　火鑊氷河之地가　變作

　　향림　　　　음동식철지도　　　　화생정토　　　　피모대각　　　　부채함원
　　香林하고　飮銅食鐵之徒가　化生淨土하며　披毛戴角과　負債含怨이

　　진파신산　　　　함점이락　　　　질역세이현위약초　　　　구료침아
　　盡罷辛酸하고　咸霑利樂하며　疾疫世而現爲藥草하야　救療沈疴하고

　　기근시이화작도량　　　　제제빈뇌　　　　단유이익　　　　무불흥숭
　　飢饉時而化作稻粱하야　濟諸貧餒하며　但有利益을　無不興崇하며

　　차기누세원친　　　　현존권속　　　　출사생지골몰　　　　사만겁지애
　　次期累世寃親과　現存眷屬이　出四生之汩沒하고　捨萬劫之愛

纏하며 等與含生으로 齊成佛道호대 虛空은 有盡이어니와 我願은
無窮하야 情與無情이 同圓種智하야지이다

탄허 역

　　十方의 調御師와 演揚淸淨한 微妙法과 三乘·四果의 解脫僧께 歸命하노니 願컨대 慈悲로 哀愍히 攝授함을 주소서. 다만 某甲이 眞性을 어김으로부터 그릇 迷流에 入하여 生死를 따라 써 飄沈하고 色聲을 좇아 貪染하며 十纏과 十使로 有漏의 因을 積成하고 六根과 六塵으로 無邊의 罪를 妄作하여 苦海에 迷淪하고 邪途에 深溺해서 我에 着하고 人을 耽하며 枉을 擧하고 直을 措한 累生의 業障과 一切愆尤를 三寶께 仰해 慈悲로써 하여 一心을 씻어 懺悔하노니 所願은 能仁이 拯拔하시며 善友가 提携하사 煩惱의 深源에 뛰어나서 菩提의 彼岸에 到하며 此世에 福基와 命位가 各各 願컨대 昌隆하고 來生에 智種과 靈苗가 함께 增秀함을 바라며 生하매 中國을 만나서 長하매 明師를 만나고 正信으로 出家하여 童眞으로 入道하며 六根이 通利하고 三業이 純和하여 世緣에 물들지 않고 늘 梵行을 닦으며 禁戒를 執持하여 塵·葉도 侵犯하지 않고 威儀를 嚴護하여 蜎·飛도 損傷하지 말며 八難을 만나지 않고 四緣을 缺하지 않으며 般若智가 써 現前하고 菩提心이 退하지 않으며 正法을 修習하여 大乘을 了悟하며 六度의 行門을 開하고 三祇의 劫海를 越하며 法幢을 處處에 세우고 疑網을 重重함에 破하며 衆魔를 降伏받고 三寶를 紹隆하며 十方諸佛을 承事하되 疲勞가 없고 一切法門을 修學하여 모두

通達하며 福慧를 廣作하여 널리 塵沙를 利롭게 하며 六種의 神通을 얻고 一生의 佛果를 圓成한 然後에 法界를 버리지 않고 塵勞에 徧入하되 觀音의 慈心과 같이 하고 普賢의 願海를 行하며 他方과 此界에 類를 좇고 形을 따라서 色身을 應現하여 妙法을 演揚하며 泥犁의 苦趣와 餓鬼道中에 或은 大光明을 놓고 혹은 모든 神變을 現하거든 그 나의 相을 봄과 乃至 나의 名을 들음이 있으매 다 菩提心을 發하여 永히 輪廻의 苦에 벗어나며 火鑊·氷河의 地가 變하여 香林이 되고 飮銅·食鐵의 徒가 化하여 淨土에 나며 披毛·戴角과 負債·含怨이 모두 辛酸을 罷하고 다 利樂을 받으며 疾疫世에 現해 藥草가 되어서 沈痾를 救療하고 飢饉時에 化해 稻粱이 되어서 모든 貧餒를 救濟하되 다만 利益이 있는 것을 興崇치 않음이 없으며 다음엔 累世의 冤親과 現在의 眷屬이 四生의 汨沒에서 뛰어나고 萬劫의 愛纏을 버려서 平等히 含生으로 더불어 모두 佛道 이루기를 期約함이니 虛空은 다함이 있거니와 我願은 無窮하여 情과 다못 無情이 같이 種智를 圓成하여지이다.

九. 禪文

선문禪文은 선법의 전래와 의발이 전해진 내력, 좌선하는 자세와 선정의 효과, 참선을 권장하는 등 주로 선禪과 관련된 글이다.

15. 長蘆慈覺賾禪師坐禪儀

장로산 자각종색 선사의 좌선의

學般若菩薩은 先當起大悲心하야 發弘誓願하며 精修三昧하야
배울/반야/보살 먼저/마땅/일으킬/큰/자비/마음 필/클/맹세/바랄 정미로울/닦을/삼매

誓度衆生이요 不爲一身하야 獨求解脫이니라 爾乃放捨諸緣하야
맹세/건널/무리/날 아니/위할/한/몸 홀로/구할/풀/벗어날 조사/이에/놓을/버릴/모두/인연

休息萬事하고 身心一如하야 動靜無間하며 量其飮食하야
쉴/〃/일만/일 몸/마음/한/같을 움직일/고요할/없을/사이 헤아릴/그/마실/먹을

不多不少하고 調其睡眠하야 不節不恣니라
아니/많을/아니/적을 고를/그/졸음/잘 아니/조절할/아니/방자할

欲坐禪時어든 於閑靜處에 厚敷坐物하고 寬繫衣帶하야
바랄/앉을/참선/때 조사/한가/고요/곳 두터울/펼/앉을/물건 넓을/묶을/옷/띠

令威儀로 齊整然後에 結跏趺坐호대 先以右足으로
하여금/위엄/거동 가지런할/〃/그럴/뒤 맺을/책상다리/〃/앉을 먼저/써/오른/발

安左䏶上하고 左足으로 安右䏶上하며 或半跏趺라도 亦可니
놓을/왼/넓적다리/위 왼/발 놓을/오른/넓적다리/위 혹/반/책상다리/〃 또한/가할

但以左足으로 壓右足而已니라
다만/써/왼/다리 누를/오른/발/종결사/〃

次以右手로 安左足上하고 左掌으로 安右掌上하며
다음/써/오를/손 놓을/왼쪽/발/위 왼쪽/손바닥 놓을/오른/손바닥/위

以兩手大拇指面으로 相拄하고 徐徐擧身前向하며
써/둘/손/큰/엄지/손가락/낯 서로/지탱 천천히/〃/들/몸/앞/향할

復左右搖振하고 乃正身端坐호대 不得左傾右側하고
다시/왼/오른/흔들/떨칠 이에/바를/몸/단정할/앉을 아니/얻을/왼/기울/오른/곁

前躬後仰하며 令腰脊頭項骨節로 相拄호대 狀如浮屠하며
앞/굽힐/뒤/우러를 하여금/허리/척추/머리/목/뼈/마디 서로/지탱 모양/같을/부도(탑)

又不得聳身太過하야 令人氣急不安하고 要令耳與肩對하며
또/아니/얻을/솟을/몸/클/지날 하여금/사람/기운/급할/아니/편안 필요/하여금/귀/더불/어깨/대할

鼻與臍對하고 舌拄上齶하야 脣齒相着하며 目須微開하야
코/더불/배꼽/대할 혀/버틸/윗/잇몸 입술/이/서로/붙을 눈/반드시/작을/열

免致昏睡니 若得禪定이면 其力이 最勝하리라 古有習定高僧이
면할/이를/어두울/잘 만약/얻을/참선/선정 그/힘 가장/이길 옛/있을/익힐/선정/높을/중

坐常開目하고 向에 法雲圓通禪師도 亦訶人閉目坐禪호대
앉을/항상/열/눈 지날 법운원통(인명)/참선/스승 또한/꾸짖을/사람/닫을/눈/앉을/참선

以爲黑山鬼窟이라하니 蓋有深旨라 達者는 知焉이니라

身相을 旣定하고 氣息을 旣調然後에 寬放臍腹하야 一切善惡을

都莫思量하며 念起卽覺이니 覺之卽失이라 久久忘緣하면

自成一片하리니 此는 坐禪之要術也니라 竊爲坐禪은

乃安樂法門이어늘 而人多致疾者는 蓋不善用心故也니라

若善得此意則自然四大輕安하고 精神이 爽利하며 正念이

分明하야 法味資神일새 寂然淸樂하리라 若已有發明者인댄

可謂如龍得水하고 似虎靠山이며 若未有發明者라도

亦乃因風吹火라 用力이 不多하리니 但辦肯心하라

必不相賺이니라　然而道高魔盛하야　逆順萬端이니
반드시/아니/대명사/속일　그럴/말이을/도/높을/마군/성할　거스를/따를/만/실마리

但能正念現前하면　一切不能留礙라
다만/능히/바를/생각/나타날/앞　한/모두/아니/능할/남을/걸릴

如楞嚴經과　天台止觀과　圭峰修證儀에　具明魔事하야
같을/능엄경　천태(인명)/지관(서명)　규봉(인명)/수증의(서명)　갖출/밝힐/마군/일

預備不虞者하니　不可不知也니라
미리/갖출/아니/헤아릴/사람　아니/가할/아니/알/종결사

若欲出定커든　徐徐動身하야　安詳而起하고　不得卒暴하며
만약/바랄/날/선정　천천히/〃/움직일/몸　편안/자세할/말이을/일어날　아니/얻을/마침내/사나울

出定之後에는　一切時中에　常依方便하야　護持定力호대
날/선정/조사/뒤　한/모두/때/가운데　항상/의지/방편/편의　지킬/지닐/선정/힘

如護嬰兒하면　即定力을　易成矣리라　夫禪定一門이　最爲急務니
같을/보호/어릴/아이　곧/선정/힘　쉬울/이룰/종결사　대저/좌선/선정/한/문　가장/될/급할/일

若不安禪靜慮하면　到遮裏하야　總須茫然이라　所以로　探珠에
만약/아니/편안/좌선/고요/생각　이를/이/속　모두/모름지기/아득할/그러할　바/써　찾을/구슬

宜靜浪이니　動水하면　取應難이니라　定水澄淸하면　心珠自現하리니
마땅/고요할/물결　움직일/물　취할/응당/어려울　선정/물/깨끗할/맑을　마음/구슬/스스로/나타날

故로 圓覺經에 云無礙淸淨慧가 皆依禪定生이라하며

法華經에 云在於閑處하야 修攝其心호대 安住不動을

如須彌山이라하시니 是知超凡越聖인댄 必假靜緣이요

坐脫立亡인댄 須憑定力이니라 一生取辦하야도 尙恐蹉跎온

況乃遷延이면 將何敵業이리오 故로 古人이 云若無定力이면

甘伏死門하야 掩目空歸에 宛然流浪하리라하니 幸諸禪友는

三復斯文하고 自利利他하야 同成正覺이어다

| 저자 |

자각종색 선사: 12쪽 참조.

| 요지 |

좌선할 때의 바른 자세와 마음가짐을 말하고, 선정에서 나올 때의 태도와 선정의 효과에 대하여 말했다.

| 해석1 |

學·般若·菩薩은 先·當·起·大悲心하야 發·弘·誓願하며
2   1   3   4   5 7   6   10 8   9

반야를 배우는 보살은 먼저 마땅히 큰 자비심을 일으켜서 큰 서원을 내며

精·修·三昧하야 誓·度·衆生이요
2   3   1   6   5   4

삼매를 정미롭게 닦아서 중생을 제도하기를 맹세해야 하고

不·爲·一身하야 獨·求·解脫이니라
6   2   1   3   5   4

한 몸만을 위하여 홀로 해탈을 구해서는 안 된다.

爾乃·放捨·諸緣하야 休息·萬事하고
1   3   2   5   4

이에 모든 인연을 놓아 버려서 온갖 일을 쉬고

身·心·一如하야 動·靜·無·間하며
1   2   3   4   5   7   6

몸과 마음이 한결같아 움직임과 고요함에 끊어짐이 없으며

量·其飮食하야 不多·不少하고
  2   1   3   4

그 음식을 가늠하여 많지도 않고 적지도 않게 하고

調·其睡眠하야 不節·不恣니라
  2   1   3   4

그 수면을 조절하여 부족하지도 않고 마음대로 하지도 않아야 한다.

欲·坐禪·時어든 (於)·閑·靜·處에 厚·敷·坐物하고 寬·繫·衣帶하야
  2   1   3   (~에) 4 5 6   8 9 7   11 12 10

좌선하고자 할 때는 한가하고 고요한 곳에 좌복을 두텁게 깔고 옷의 띠를 느슨하게 매어

(令)·威儀로 齊·整·然後에 結跏趺坐호대
(하여금) 1   2 3 4   5

위의로 하여금 가지런히 정돈되게 한 후에 결가부좌하되

先·(以)·右足으로 安·左䏶·上하고 左足으로 安·右䏶·上하며
 1 (로써) 2   5 3   4   6   9 7   8

먼저 오른발을 왼쪽 넓적다리 위에 올리고, 왼쪽 발을 오른쪽 넓적다리 위에 올려놓으며

或·半跏趺라도 亦·可니 但·(以)·左足으로 壓·右足·(而已)니라
 1   2   3 4   5 (로써) 6   8 7 (종결)

혹은 반가부좌도 또한 괜찮으니, 다만 왼발로 오른발을 눌러줄 뿐이다.

【어휘해설】

起大悲心(기대비심): 대자대비한 마음을 내다(일으키다).

爾乃(이내): 이에, 그리하여. 문장과 문장을 이을 때 쓰는 조사.

放捨(방사): 놓아 버리다.

不節不恣(부절부자): 부족하지도(절약하지도) 않고, 멋대로 하지도(방자하지도) 않는다.

閑靜處(한정처): 한가하고 고요한 곳, 즉 阿蘭若(아란야).

厚敷坐物(후부좌물): 좌물(방석)을 두껍게 펴다.

寬繫衣帶(관계의대): 옷의 띠를 느슨하게 묶다.

結跏趺坐(결가부좌): 가부좌(양쪽 다리를 서로 교차시켜 얹고서 앉는 것)를 맺다.

半跏趺(반가부): 반가부좌. 한쪽 다리만 들어 다른 쪽 다리 위에 얹고서 앉는 자세.

【보충설명】

不節不恣: 좌선할 때는 반드시 다섯 가지를 조절해야 하는데, 마음을 조절해서 가라앉지도 않고 들뜨지도 않게 할 것이며, 몸을 조절해서 느슨하지도 않고 급하지도 않게 할 것이며, 호흡을 조절해서 거칠지도 않고 (인위적으로) 원활하지도 않게 할 것이며, 수면을 조절해서 절제하지도 않고 마음대로 하지도 않게 할 것이며, 음식을 조절해서 굶주리지도 않고 배부르지도 않게 할 것이다. 여기서는 두 가지만 말하였다. 性聰

| 해석2 |

次·(以)·右手로 安·左足·上하고 左掌으로 安·右掌·上하며
1　(로써)　2　　5　3　　4　　6　　9　7　8

다음으로 오른손을 왼발 위에 올려놓고, 왼쪽 손바닥을 오른쪽 손바닥 위에 올려놓으며

(以)·兩手·大拇指·面으로 相·拄하고
(로써)　1　　2　　　3　　4　　5

양손의 엄지손가락 면으로 서로 버티게 하고

徐徐·擧·身·前·向하며 復·左右·搖振하고 乃·正·身·端·坐호대
　1　　3　2　4　5　　6　　7　　8　　　9　11　10　12　13

서서히 몸을 들어 앞을 향하며, 다시 좌우로 흔들고는 이에(나아가, 그 후에) 몸을 바로 하여 단정히 앉되

(不得)·左·傾·右·側하고 前·躬·後·仰하며
(뒷구절)　1　2　3　4　　　5　6　7　8

좌로 기울거나 우로 기울고, 앞으로 굽히고 뒤로 젖히지 말며(不得)

(令)·腰·脊·頭·項·骨節로 相·拄호대 狀·如·浮屠하며
(하여금) 1　2　3　4　5　　6　7　　8　9　10

허리와 등골뼈와 머리와 목 골절로 하여금 서로 버티게 하되 형상이 마치 부도(불탑)와 같이 하며

又·(不得)·聳·身·太過하야 (令)·人·氣·急·不安하고
1　(뒷구절)　3　2　4　　　(하여금)　5　6　7　8

또 몸을 솟구침에 너무 지나치게 해서 사람으로 하여금 (호흡의) 기운이 급하여 불안하게 해서는 안 되고(不得)

(要)·(令)·耳與肩·對하며 鼻與臍·對하고
(뒷구절)(하여금)　1　　2　　　3　　4

귀와 어깨가 수직이 되게 하며, 코와 배꼽이 수직이 되게 하고

舌·拄·上齶하야 脣·齒·相·着하며
1　3　2　　　4　5　6　7

혀는 윗잇몸을 떠받쳐서 입술과 이가 서로 붙게 하며

目·須·微·開하야 免·致·昏睡니
1　2　3　4　　7　6　5

눈은 반드시 가늘게 떠서 혼미하게 잠드는 것에 이르는 것을 면하도록(이르지 않도록) 해야 하니(要)

若·得·禪定이면 其力이 最·勝하리라
1　3　2　　　4　　5　6

만약 선정을 얻으면 그 힘이 가장 수승할 것이다.

【어휘해설】

兩手大拇指面(양수대무지면): 양손의 엄지손가락 면.

相拄(상주): 서로 떠받친다.

徐徐擧身前向(서서거신전향): 서서히 몸을 일으켜서 앞으로 향함.

左右搖振(좌우요진): 왼쪽, 오른쪽으로 몸을 흔들며 (중심을 잡다).

正身端坐(정신단좌): 몸을 바르게 하여 단정히 앉다.

左傾右側(좌경우측): 왼쪽으로 쏠리고 오른쪽으로 기운다.

前躬後仰(전궁후앙): 앞으로 숙이고 뒤로 젖히다.

狀如浮屠(상여부도): 모양이 부도(탑)처럼 (올곧고 반듯하여 부동한 자세).
　　-浮屠: 붓다(Buddha)를 音寫(음사)한 것. 불상이나 불탑, 승려를 부도라 부르기도 함.

聳身太過(용신태과): 몸을 위로 너무 지나치게 솟구치는 것.

人氣急不安(인기급불안): 사람의 기식(숨)을 급히 하여 불안함.
要令耳與肩對(요령이여견대): 귀와 어깨가 서로 마주하도록 해야 한다.
　　-要: 당위를 나타내어 '마땅히 ~해야 한다'로 해석함.
鼻與臍對(비여제대): 코와 배꼽이 마주하도록 하다.
舌拄上齶(설주상악): 혀는 윗잇몸을 떠받친다.
脣齒相着(순치상착): 입술과 이는 서로 붙인다.
目須微開(목수미개): 눈은 반드시 가늘게(약간) 뜬다.
免致昏睡(면치혼수): 혼침과 수면에 이르는 것을 면하다(피하다).

| 해석3 |

古·有·習·定·高僧이　坐·常·開·目하고
1　5　3　2　4　　　6　7　9　8

옛날에 선정을 익히던 고승이 있었는데, 좌선할 때는 항상 눈을 뜨고 했으며

向에　法雲圓通禪師도　亦·訶·人·閉·目·坐禪호대
1　　2　　　　　3　8　4　6　5　7

예전에 법운원통 선사도 역시 사람들이 눈을 감고 좌선하는 것을 꾸짖되

(以爲)·黑山·鬼窟이라하니　蓋·有·深·旨라
(여기다)　1　　2　　　　3　6　4　5

'흑산의 귀신소굴'이라 여겼으니, 대개 깊은 뜻이 있는지라

達者는　知·(焉)이니라
1　　　2　(종결)

통달한 자는 알 것이다.

【어휘해설】

坐常開目(좌상개목): 좌선할 때 항상 눈을 (반쯤) 뜬다.
以爲黑山鬼窟(이위흑산귀굴): 흑산의 귀신소굴로 여기다.
    -以爲: ~라고 여기다.
蓋有深旨(개유심지): 대개 깊은 뜻이 있다.
    -蓋: 대개, 아마도, 여기에, 발어사.

【보충설명】

黑山鬼窟: 『사행론』에서는 "눈을 감고 선정에 들어가면 그것을 귀신이나 도깨비의 마음이라 한다."라고 하였다. 대철위산과 소철위산 사이로 해와 달의 빛줄기가 도달하지 않는 곳이 흑산인데, 귀신의 무리들이 모두 모여 있다고 한다. 눈을 감으면 앉은자리에서 치달리는 마음이 생기므로 흑산의 귀신소굴과 같다고 한 것이다. (性聰)

| 해석4 |

身相을 既·定하고 氣息을 既·調·然後에 寬·放·臍·腹하야
  1   2 3   4   5 6   7   10 11 8 9

몸을 이미 안정시키고 호흡을 이미 조절한 후에 배꼽과 배를 느슨하게 풀어서

一切·善惡을 都·莫·思量하며
 1   2   3 5 4

일체의 선악을 모두 헤아리지 말며

念·起·卽·覺이니 覺·(之)·卽·失이라
1　2　3　4　　5　(대명사)　6　7

망념이 일어나면 알아차릴지니, 이것(망념)을 알아차리면 (망념이) 없어진다.

久久·忘·緣하면 自·成·一片하리니 此는 坐禪·(之)·要術·(也)니라
1　3　2　　　4　6　5　　　7　　8　(~의)　9　　(종결)

오래도록 하여 반연을 잊으면 저절로 한 조각을 이룰 것이니, 이것은 좌선의 요긴한 방도이다.

竊·爲·坐禪은 乃·安樂·法門이어늘
1　2　3　　4　5　6

가만히 생각하건대 좌선은 이에 안락한 법문이거늘

(而)·人·多·致·疾·者는 蓋·不善·用心·故·(也)니라
(역접)　1　4　3　2　5　　6　7　8　9　(종결)

사람이 질병에 걸리는 경우가 많은 것은(→ 질병에 걸리는 사람이 많은 것은) 대개 마음 쓰기를 잘하지 못했기 때문이다.

【어휘해설】

寬放臍腹(관방제복): 배꼽과 복부를 느슨하게 놓다(풀다).
都莫思量(도막사량): 모두(도무지) 생각하지 말라.
念起卽覺(염기즉각): 망념이 일어나면 즉시 (망념인 줄) 알아차려라.
覺之卽失(각지즉실): (망념인 줄) 알아차리면 곧 (망념이) 사라진다.
久久忘緣(구구망연): 오래도록 하면 인연(육근·육진경계)을 잊는다.
自成一片(자성일편): 저절로 한 조각(주관과 객관이 하나된 경지)을 이루다.
竊爲(절위): 가만히(곰곰이) 생각해 보다. '竊' 대신에 '切'이 오기도 하고, '爲' 대신

에 '謂' 또는 '以'가 오기도 한다.

安樂法門(안락법문): 안심법문. 육진경계를 잊은 편안하고 즐거운 법문.

蓋不善用心(개불선용심): 대개 용심(마음씀)을 잘하지 못한다.

| 해석5 |

若·善·得·此意·則·自然·四大·輕安하고 精神이 爽·利하며
1　3　4　2　　5　6　　7　8　　9　　　10　　11

만약 이 (좌선하는) 뜻을 잘 체득하면 자연히 사대가 가볍고 편안하며, 정신이 상쾌하고 예리해지며

正念이 分明하야 法味·資·神일새 寂然·淸樂하리라
1　　2　　　3　5　4　　　6　　7

바른 생각이 분명하여 법미가 정신을 도울 것이므로 고요히 맑고 즐거우리라.

若·已·有·發明·者인댄 (可謂)如·龍·得·水하고 似·虎·靠·山이며
1　2　3　4　5　　(뒷구절)　6　7　9　8　　10　11　13　12

만약 이미 깨달음(선정의 힘)이 있는 자라면 마치 용이 물을 얻은 듯하고, 범이 산을 의지한 듯하다고 할 수 있으며(可謂)

若·未·有·發明·者라도 亦·乃·因·風·吹·火라 用力이 不多하리니
1　3　2　4　5　　　5　6　8　7　10　9　　11　　12

만약 깨달음(선정의 힘)이 있지 아니한 자라도 또한 이에 바람으로 인하여(을 통해) 불을 피우는 격이라, 힘 씀이 많지 않으리니

但·辨·肯·心하라　必·不·(相)·賺이니라
1　4　2　3　　　5　7　(대명사)　6

다만 긍정적인 마음을 갖추기만 하라. 반드시 그대를 속이지 않을 것이다.

然·(而)·道·高·魔·盛하야　逆順·萬端이니
1　(역접)　2　3　4　5　　6　　7

그러나 도가 높아지면 마군이 치성하여 역경계와 순경계가 갖가지 단서이니(로 나타나니)

但·(能)·正念·現前하면　一切·不能·留·礙라
1　　2　　3　　　　4　　5　6

다만 능히 바른 생각이 현전하면 일체가 만류하거나 장애하지 못할 것이다.

如·楞嚴經과　天台·止觀과　圭峰·修證儀에
1　2　　　　3　　4　　　5　　6

예컨대『능엄경』과 천태의『마하지관』과 규봉의『수증의』에

具·明·魔事하야　預·備·不·虞·者하니　不可不·知·(也)니라
2　3　1　　　7　8　5　4　6　　　　10　　9　(종결)

마군의 일을 갖추어 밝혀서 근심하지 않은 자에게 미리 대비하도록 하였으니, 알지 않으면 안 된다.

【어휘해설】

四大輕安(사대경안): (이 몸의) 사대가 가볍고 편안하다.
精神爽利(정신상리): 정신은 상쾌하고 예리하다.
法味資神(법미자신): 법의 향미가 정신을 돕다.

寂然淸樂(적연청락): 고요히 맑고 즐겁다.
如龍得水(여룡득수): 마치 용이 물을 만난 것과 같다.
似虎靠山(사호고산): 마치 범이 산을 의지한 것과 같다.
因風吹火(인풍취화): 바람으로 인해(을 통해) 불을 일으키는 것. 선정력으로 점차 수행
　　　　에 힘이 덜어져 가는 상태.
用力不多(용력부다): 힘을 씀이 많지 않다. 저절로 쉽게 되어감.
但辦肯心(단판긍심): 다만 즐거운 마음(긍정적인 마음, 기꺼이 ~을 하려는 마음)을 갖
　　　　추기만 하라.
必不相賺(필불상잠): 반드시 그대를 속이지는 않을 것이다. 相: 목적어인 상대방을 가리킴.
道高魔盛(도고마성): 도가 높아질수록 마군도 성행한다.
逆順萬端(역순만단): 역경계와 순경계가 만 갈래(가지)이다, 갖가지로 펼쳐짐.
正念現前(정념현전): 바른 생각이 눈앞에 나타나다.
具明魔事(구명마사): 마군의 일을 갖추어(모두) 밝혔다.
預備不虞者(예비불우자): 근심하지(헤아리지) 않은 자에게 미리 대비시키다.
不可不知(불가부지): 알지 않으면 안 된다. 알아야 한다.

| 해석6 |

若·欲·出·定커든　徐徐·動·身하야
 1   4   3   2　　　 5　　 7 6

만일 선정에서 나오고자 한다면 서서히 몸을 움직여

安·詳·(而)·起하고　不得·卒暴하며
 1   2　(순접)　3　　　 5　　 4

편안하고 조심스레 일어나야 하고 갑작스럽게 해서는 안 되며

出·定·(之)·後에는　一切·時中에　常·依·方便하야　護持·定力호대
　2　1　(~의)　3　　　　4　5　　　　6　8　7　　　　9　　　　8

선정에서 나온 후에는 모든 때에 항상 방편을 의지하여 선정의 힘을 보호하여 지니되

如·護·嬰兒하면　卽·定力을　易·成·(矣)리라
　1　3　2　　　　4　5　　　　6　7　(종결)

마치 갓난아이 보호하듯 한다면 선정의 힘을 쉽게 이루리라.

夫·禪定·一門이　最·爲·急務니
　1　2　　3　　　4　6　5

무릇 '선정'이라는 이 하나의 문이 가장 급선무가 되니

若·不·安·禪·靜·慮하면　到·遮裏하야　總·須·茫然이라
　1　6　3　2　5　4　　　8　7　　　　9　10　11

만약 좌선을 편안히 하여 생각을 고요하게 하지 못하면 여기에 이르러 모두 틀림없이 망연자실하리라.

所以로　探·珠에　宜·靜·浪이니　動·水하면　取·應·難이니라
　1　　　3　2　　4　6　5　　　　8　7　　　　9　10　11

그러므로 구슬을 찾음에 반드시 물결을 고요하게 해야 하니, 물을 움직이면 (구슬을) 취함이 응당 어려울 것이다.

【어휘해설】

徐徐動身(서서동신): 천천히 몸을 움직이다.
安詳而起(안상이기): 편안하고 조심스럽게 일어나다.

卒暴(졸폭): 갑자기, 별안간.

護持定力(호지정력): 선정의 힘을 보호하고 유지하다.

如護嬰兒(여호영아): 갓난아이를 보호하듯 조심하다.

最爲急務(최위급무): 가장 급한 일이 된다, 급선무이다.

到遮裏(도자리): 이곳에 이르면. '遮' 대신 '這, 者, 玆'를 쓰기도 함. 백화문 구어체에서 '이쪽'이란 뜻으로 많이 쓰임. 遮의 원래 음은 '차'인데, 玆의 뜻으로 쓰일 경우 '자'로 읽기도 함.

總須茫然(총수망연): 모두 반드시 망연자실해진다.

取應難(취응난): 취하기가(찾기가) 응당 어려울 것이다.

| 해석7 |

定·水·澄·淸하면 心·珠·自·現하리니
1 2 3 4   5 6 7 8

선정의 물이 맑고 깨끗하면 마음의 구슬이 저절로 드러날 것이니

故로 圓覺經에 (云)·無·礙·淸·淨·慧가 皆·依·禪·定·生이라하며
1   2   (뒷구절) 3 4 5 6 8 9 7 9

그러므로 『원각경』에 이르기를, "걸림없는 청정한 지혜가 모두 선정을 의지해서 생겨난다."라 하였으며(云)

法華經에 (云)·在·(於)·閑·處하야 修·攝·其·心호대
1   (뒷구절) 4 (~에) 2 3   6 7 5

『법화경』에 이르기를, "한가한 곳에 있으면서 그 마음을 닦아 거두되

安·住·不動을 如·須彌山이라하시니
 1   2   3   4   5

편안히 머물며 움직이지 않기를 마치 수미산과 같이 한다."라고 하였으니(云)

(是知)·超·凡·越·聖인댄 必·假·靜·緣이요
(뒷구절) 2 1 4 3   5 8 6 7

범부를 초월하고 성인을 뛰어넘으려면 반드시 고요한 인연을 빌려야 하고

坐·脫·立·亡인댄 須·憑·定力이니라
 1 2 3 4   5 7 6

좌탈입망(앉아서 벗어나고 서서 죽음)하려면 반드시 선정의 힘을 의지해야 함을 이로써 알 수 있다(是知).

一生·取辦하야도 尙·恐·蹉跎온
 1   2   3 5 4

일생 동안 힘쓰더라도 오히려 어긋날까 염려되거늘

況乃·遷延이면 將·何·敵·業이리오
 1   2   4 3 6 5

하물며 (세월을) 그럭저럭 보내다간 무엇을 가지고 업을 대적하리오?

故로 古人이 (云)·若·無·定力이면 甘·伏·死·門하야
 1   2   (뒷구절) 3 4   5   8 9 6 7

그러므로 옛사람이 이르기를, "만약 선정의 힘이 없으면 죽음의 문 앞에 기꺼이 엎드려

掩·目·空·歸에 宛然·流浪하리라하니
　2　1　3　4　　5　　6

눈을 가리고 헛되이 돌아가서 완연히 (생사를) 유랑할 것이다."라고 하였으니(云),

幸·諸·禪友는 三·復·斯文하고
1　2　3　　4　6　5

바라건대 모든 선우들은 세 번(여러번) 이 글을 반복하고

自·利·利·他하야 同·成·正覺이어다
1　2　4　3　　5　7　6

스스로를 이롭게 하고 타인을 이롭게 해서 함께 정각을 이룰지어다.

【어휘해설】

定水澄淸(정수징청): 선정의 물이 맑고 깨끗하다.

心珠自現(심주자현): 마음의 구슬(여의주)이 저절로 나타난다.

是知(시지)~: 이로써(이 때문에, 따라서) ~과 같은 내용을 알 수 있다(알아야 한다).

超凡越聖(초범월성): 범부를 초월하고 성인을 뛰어넘다.

必假靜緣(필가정연): 반드시 고요한 인연(선정 상태)을 빌리다(의지하다).

坐脫立亡(좌탈입망): 앉아서 (생사를) 벗어나고 서서 죽다.

須憑定力(수빙정력): 반드시 선정의 힘에 의지하다.

一生取辦(일생취판): 일생 동안 힘쓰다.

尙恐蹉跎(상공차타): 어긋날까 오히려 염려하다.

況乃遷延(황내천연): 하물며 늘어져서(그럭저럭 세월을 보냄).
　　-況乃 대신에 何況, 況且, 而且가 오기도 함.

將何敵業(장하적업): 장차 무엇으로 업을 대적하겠는가? 또는 將에 '~로써(以)'의 뜻이

있으니, 將何를 '무엇으로써'라고 해석하기도 함.

甘伏死門(감복사문): 죽음의 문에 달게(기꺼이) 엎드려

掩目空歸(엄목공귀): 눈을 감고 헛되이 돌아가다.

宛然流浪(완연유랑): 완연히 (생사고해에) 유랑하다.

幸諸禪友(행제선우): 모든 선객들에게 바라건대.

三復斯文(삼복사문): 이 글을 세 번 되풀이하여 보다. 여러 번 반복해서 본다는 뜻.

【보충설명】

坐脫立亡: 앉은 채로 입적한 자는 무수히 많으며 선 채로 입적한 자 역시 많은데, 등은봉鄧隱峯*은 거꾸로 선 채로 입적하였으니, 선정의 힘이 아니면 어찌 이와 같이 할 수 있겠는가? (性聰)

　*등은봉: 당나라 때의 등은봉 스님은 생몰 연대가 확실치 않고, 『송고승전』·『전등록』 등에 그의 전기가 전한다. 그는 마조의 법을 이어받았으며, 평소에도 아주 괴팍스럽게 수행을 한 것으로 유명하다. 그가 입적할 때에 거꾸로 물구나무를 서서 입적하였으니, 대중들이 다비를 거행하려고 했으나 시신이 꼼짝하지 않고 그대로 서 있었다. 마침 여동생인 비구니가 곁에 가서 "오라버니, 평소에도 괴팍스럽게 수행하시더니 죽어서도 다른 이를 어렵게 만드시렵니까?"라고 하니, 그제서야 몸이 풀어져 다비를 할 수 있었다고 전한다.

三復: 삼복은 『논어』「선진」편에 "남용이 백규의 글을 세 번씩 되풀이하여 읽거늘, 공자가 형의 딸을 그의 아내로 삼아 주었다.(南容三復白圭, 孔子以其兄之子妻之.)"라고 한 데서 온 말이다. 여러 번 되풀이하여 보는 것을 말한다.

독송용

學般若菩薩은 先當起大悲心하야 發弘誓願하며 精修三昧하야
(학반야보살) (선당기대비심)   (발홍서원)   (정수삼매)

誓度衆生이요 不爲一身하야 獨求解脫이니라 爾乃放捨諸緣하야
(서도중생)   (불위일신)   (독구해탈)   (이내방사제연)

休息萬事하고 身心一如하야 動靜無間하며 量其飮食하야 不多
(휴식만사)   (신심일여)   (동정무간)   (양기음식)   (부다)

不少하고 調其睡眠하야 不節不恣니라 欲坐禪時어든 於閑靜處에
(불소)   (조기수면)   (부절부자)   (욕좌선시)   (어한정처)

厚敷坐物하고 寬繫衣帶하야 令威儀로 齊整然後에 結跏趺坐호대
(후부좌물)   (관계의대)   (영위의)   (제정연후)   (결가부좌)

先以右足으로 安左䏶上하고 左足으로 安右䏶上하며 或半跏趺라도
(선이우족)   (안좌폐상)   (좌족)   (안우폐상)   (혹반가부)

亦可니 但以左足으로 壓右足而已니라 次以右手로 安左足上하고
(역가) (단이좌족)   (압우족이이)   (차이우수)   (안좌족상)

左掌으로 安右掌上하며 以兩手大拇指面으로 相拄하고 徐徐擧
(좌장)   (안우장상)   (이양수대무지면)   (상주)   (서서거)

身前向하며 復左右搖振하고 乃正身端坐호대 不得左傾右側하고
(신전향)   (부좌우요진)   (내정신단좌)   (부득좌경우측)

前躬後仰하며 令腰脊頭項骨節로 相拄호대 狀如浮屠하며 又不
(전궁후앙)   (영요척두항골절) (상주)   (상여부도)   (우부)

得聳身太過하야 令人氣急不安하고 要令耳與肩對하며 鼻與臍
(득용신태과)   (영인기급불안)   (요령이여견대)   (비여제)

對하고 舌拄上齶하야 脣齒相着하며 目須微開하야 免致昏睡니 若
得禪定이면 其力이 最勝하리라 古有習定高僧이 坐常開目하고 向에
法雲圓通禪師도 亦訶人閉目坐禪호대 以爲黑山鬼窟이라하니
蓋有深旨라 達者는 知焉이니라 身相을 旣定하고 氣息을 旣調然
後에 寬放臍腹하야 一切善惡을 都莫思量하며 念起卽覺이니 覺
之卽失이라 久久忘緣하면 自成一片하리니 此는 坐禪之要術也니라
竊爲坐禪은 乃安樂法門이어늘 而人多致疾者는 蓋不善用心
故也니라 若善得此意則自然四大輕安하고 精神이 爽利하며 正
念이 分明하야 法味資神일새 寂然淸樂하리라 若已有發明者인댄
可謂如龍得水하고 似虎靠山이며 若未有發明者라도 亦乃因風
吹火라 用力이 不多하리니 但辦肯心하라 必不相賺이니라 然而道
高魔盛하야 逆順萬端이니 但能正念現前하면 一切不能留礙라
如楞嚴經과 天台止觀과 圭峰修證儀에 具明魔事하야 預備不

虞者하니 不可不知也니라 若欲出定커든 徐徐動身하야 安詳而
起하고 不得卒暴하며 出定之後에는 一切時中에 常依方便하야
護持定力호대 如護嬰兒하면 卽定力을 易成矣리라 夫禪定一門이
最爲急務니 若不安禪靜慮하면 到遮裏하야 總須茫然이라 所以로
探珠에 宜靜浪이니 動水하면 取應難이니라 定水澄淸하면 心珠自
現하리니 故로 圓覺經에 云無礙淸淨慧가 皆依禪定生이라하며
法華經에 云在於閑處하야 修攝其心호대 安住不動을 如須彌
山이라하시니 是知超凡越聖인댄 必假靜緣이요 坐脫立亡인댄 須憑
定力이니라 一生取辦하야도 尙恐蹉跎온 況乃遷延이면 將何敵業이리오
故로 古人이 云若無定力이면 甘伏死門하야 掩目空歸에 宛然
流浪하리라하니 幸諸禪友는 三復斯文하고 自利利他하야 同成正覺이어다

탄허 역

　般若를 배우는 菩薩은 먼저 마땅히 大悲心을 起하고 弘誓願을 發하며 三昧를 精修하여 誓願코 衆生을 제도할 것이요 一身을 爲하여 홀로 解脫을 求하지 말지니 네가 이에 諸緣을 放捨하고 萬事를 休息하여 身心이 一如하고 動靜이 無間하며 그 飮食을 헤아려서 많지도 않으며 적지도 않게 하고 그 睡眠을 調하여 節하지도 말며 恣하지도 말지니라. 坐禪하고자 할 때엔 閑靜한 곳에서 坐物을 두텁게 펴고 衣帶를 너그럽게 매어서 威儀로 하여금 齊整케 한 然後에 跏趺를 結해 앉되 먼저 右足으로써 左䏶上에 두고 左足으로 右䏶上에 두며 或은 半跏趺하더라도 또한 可함이니 다만 左足으로써 右足을 壓할 따름이니라. 다음엔 右手로써 左足上에 두고 左掌으로 右掌上에 두어서 兩手의 大拇指面으로써 서로 버티게 하고 徐徐히 몸을 들어 앞으로 向하며 다시 左右로 搖振하여 이에 正身端坐하되 시러금 左傾右側하며 前躬後仰하지 말고 腰脊·頭頂·骨節로 하여금 서로 버티게 하되 狀을 浮屠와 같이 하며 또는 시러금 聳身을 太過히 하여 사람으로 하여금 氣息이 急해 不安케 하지 말고 종요로이 하여금 耳는 肩으로 더불어 對하며 鼻는 臍로 더불어 對하게 하고 舌을 上齶에 버텨서 脣齒가 相着하며 目은 모름지기 작게 열어서 昏睡가 됨을 免케 할지니 만일 禪定을 얻으면 그 力이 가장 勝하니라. 古者에

習定하는 高僧이 있어 앉으매 늘 눈을 열고 向者에 法雲圓通禪師도 또한 사람의 閉目坐禪함을 꾸짖되 써 黑山下 鬼窟이 된다 하시니 대개 深旨가 있는지라 達者는 알아야 할지니라. 身相이 이미 定하고 氣食이 이미 調한 然後에 臍腹을 寬放하여 一切善惡을 모두 思量하지 말며 念이 起하면 곧 覺할지니 覺하면 곧 없는지라 久久히 하여 緣을 잊으면 스스로 一片을 이루리니 此는 坐禪의 要術이니라. 그윽히 생각건대 坐禪은 이에 安樂한 法門이어늘 사람이 많이 病을 이루는 것은 대개 잘 用心하지 못한 연고니 만일 잘 此意를 얻은 즉 自然히 四大가 輕安하고 精神이 爽利하며 正念이 分明하고 法味가 神을 도와서 寂然히 淸樂하리라. 만일 이미 發明함이 있는 者일진대 可謂 龍이 물을 얻음과 같고 범이 山을 依함과 같을 것이며 만일 함이 있지 못한 者라도 또한 이에 風을 因해 火를 吹함이라 用力이 많지 않으리니 다만 肯心을 辦斷하라 반드시 서로 속이지 않음이니라. 그러나 道가 높으매 魔가 盛하여 逆順이 萬端이니 다만 能히 正念이 現前하면 一切가 能히 留碍하지 못하나니라. 저 楞嚴經과 天台止觀과 圭峰修證儀에 魔事를 具明하여 헤아리지 못한 이를 豫備했으니 可히 알지 아니지 못할지니라. 만일 出定코자 할진대 徐徐히 動身하여 安詳히 起하고 시러금 卒暴하지 말며 出定한 後엔 一切時中에 늘 方便을 依하여 定力을 護持하되 嬰兒를 外護함과 같이 하면 곧 定力을 쉽게 成就하리라. 대저 禪定의 一門이 가장 急務가 되나니 만일 安禪靜慮하지 않으면 이 속에 이르러서 總히 모름지기 茫然할지니라. 所以로 玄珠를 探求하매 마땅히 靜浪에 할지라 動水엔 取하기 應當 어렵나니 定水가 澄淸하면 心珠가 스스로 나타나리라. 故로 圓覺經에 이르되 無碍淸淨慧가 다 禪定을 依해 난다 하며 法華經에 이르되 閑處에 있어서 그 마음을 修攝하되 安住不動함을 須彌山과 같이 하라 하시니 이 알라 超凡·越聖은 반드시 靜緣을 假하고 坐脫·立亡은 모름지기 定力을 依憑할지니라. 一生에 取辦할지라도 오히려 蹉跎할까 두렵거든 하물며 이에 遷延하면 무엇을 가져 業을 對敵하리오. 故로 古人이 이르되 만일 定力이 없으면 死門에 甘伏하여 눈을 감고 속절없이 돌아가매 宛然히 流浪한다 하시니 바라건대 모든 禪友는 斯文을 三復하고 自利利他하여 같이 正覺을 이룰지어다.

16. 勸參禪文

참선을 권유하는 글

夫解須圓解인댄 還他明眼宗師요 修必圓修인댄
分付叢林道伴이니라 初心에 薄福하야 不善親依하고
見解偏枯하야 修行懶惰하며 或高推聖境하야 孤負己靈이어니
寧知德相神通이리오 不信凡夫悟道로다 或自恃天眞하야
撥無因果하며 但向胸襟流出이요 不依地位修行하나니 所以로
麤解法師는 不通敎眼이요 虛頭禪客은 不貴行門하나니
此는 偏枯之罪也니라 或則渾身破碎하고 滿面風埃라

삼천세행   전무   팔만위의   총결   혹즉추배인사
三千細行이 **全無**하고 **八萬威儀**가 **總缺**이로다 **或則追陪人事**하고
석/천/작을/행할 온전/없을   여덟/만/위의/거동 모두/빠질   혹/곧/쫓을/모실/사람/일

집리문도   신유시정지간   심염여염지태
緝理門徒하야 **身遊市井之間**하며 **心染閭閻之態**하나니
모을/다스릴/문/무리 몸/노닐/시장/우물/조사/사이 마음/물들/마을/〃/조사/모양

소이   산야상승   미면농부지초   성황석자
所以로 **山野常僧**은 **未免農夫之誚**하고 **城隍釋子**는
바/써   뫼/들/항상/중   아닐/면할/농사/지아비/조사/꾸짖을 도읍/해자/석가/아들

반위유사지수   차   나타지죄야
反爲儒士之羞하나니 **此**는 **懶惰之罪也**니라
도리어/될/선비/〃/조사/수치   이   게으를/〃/조사/죄/종결사

하부재리번뇌지가   중할진로지망
何不再離煩惱之家하고 **重割塵勞之網**하야
어찌/아니/다시/떠날/번뇌/〃/조사/집   거듭/벨/티끌/수고/조사/그물

음청풍이방도류   탐미언이심지기   징신조역
飮淸風而訪道流하고 **探微言而尋知己**하야 **澄神祖域**하며
마실/맑을/바람/말이을/방문/도/부류 찾을/작을/말/말이을/찾을/알/자기 맑을/정신/조사/경계

식의종승   정실허당   영선의이연좌   청산녹수
息意宗乘하야 **靜室虛堂**에 **斂禪衣而宴坐**하고 **靑山綠水**에
쉴/뜻/마루/탈   고요할/방/빌/집 거둘/참선/옷/말이을/편안할/앉을 푸를/뫼/푸를/물

휴석장이경행   홀약심광   투루   응체빙소
携錫杖以經行이어뇨 **忽若心光**이 **透漏**하야 **凝滯氷消**하면
끌/석장/지팡이/써/가벼울/갈   문득/만약/마음/빛 뚫을/샐   엉길/막힐/얼음/녹을

직하분명   기매삼기지극과   본래구족
直下分明이라 **豈昧三祇之極果**며 **本來具足**이라
곧/아래/분명할/밝을   어찌/어둘/석/클/조사/지극할/결과 근본/올/갖출/족할

何妨萬行之因華리오 由是로 宗說兼通은 若杲日이
麗虛空之界하고 心身이 俱靜은 如琉璃가 含寶月之光이라
可謂蓬生麻中에 不扶自直이요 衆流入海에 總號天池니라
反觀前非하면 方知大錯하리라 忠言이 逆耳나 敢冀銘心하노니
此世他生에 同爲法侶어다

| 저자 |

자각종색 선사: 12쪽 참조.

| 요지 |

견해와 수행이 원만하고자 할진댄 명안종사와 총림의 도반을 의지하여 참선하고, 계행을 지켜서 위의를 잃어서는 안 된다. 견해가 편벽되고 거친 이들, 수행을 게을리한 이들의 잘못을 경계하고, 조사의 가르침 속에서 생각과 정신을 맑혀 종통과 설통을 겸비하여 마음에 새길 것을 권유하였다.

| 해석1 |

夫·解·須·圓·解인댄　還·他·明眼·宗師요
　1　2　3　4　5　　　　9　6　　7　　8

무릇 이해가 반드시 원만한 이해일진댄 저 눈 밝은 종사에게 돌아가야 하고

修·必·圓·修인댄　分付·叢林·道伴이니라
　1　2　3　4　　　　8　　6　　7

수행이 반드시 원만한 수행일진댄 총림의 도반에게 분부(의지)해야 한다.

初心에　薄福하야　不·善·親·依하고
　1　　　　2　　　6　5　3　4

초심에 박복하여 (종사와 도반을) 가까이하고 의지함을 잘 하지 못하고

見解·偏枯하야　修行·懶惰하며
　1　　2　　　　3　　4

견해가 치우쳐서 수행이 게을러지며

或·高·推·聖·境하야　孤負·己·靈이어니
1　4　5　2　3　　　　8　　6　7

혹 성인의 경계라고 높이 추앙하여 자기의 영명함을 저버리게 되니

寧·知·德相·神通이리오　不信·凡夫·悟道로다
3　4　1　　2　　　　　　　7　　5　　6

(자신의) 덕스러운 모습과 신통을 어찌 알겠는가? 범부도 도를 깨달을 수 있음을 믿지 않도다.

16. 勸參禪文　297

或·自·恃·天眞하야 撥無·因果하며
　1　2　4　3　　　　　6　　5

혹은 스스로 천진함만 믿고서 인과를 무시해 버리며

但·(向)·胸襟·流出이요 不·依·地位·修行하나니
　1　(~에서)　2　　3　　　　7　5　4　　6

다만 흉금에서 흘러나올 뿐이요, 지위에 의지해서 수행하지 않으니

所以로 麤解·法師는 不通·敎·眼이요
　1　　　2　　3　　6　　4　5

그러므로 견해가 거친 법사는 교리의 안목을 통달하지 못하고

虛頭·禪客은 不貴·行門하나니
　1　　2　　　4　　3

허황된(골 빈) 선객은 수행의 문을 귀하게 여기지 않으니

此는 偏·枯·(之)·罪·(也)니라
　1　　2　3　(~한)　4　(종결)

이것은 (견해가) 편벽되고 고루한 잘못이다.

【어휘해설】

解須圓解(해수원해): 이해가 반드시 원만한 이해일진댄, 이해는 원만한 이해를 필요로 한다. 이해를 해야 한다면 반드시 원만한 이해를 해야 한다는 뜻.
　　-修必圓修도 같은 유형임.

不善親依(불선친의): (명안종사에게) 가까이하고 (도반에게) 의지함을 잘하지 못하다.

見解偏枯(견해편고): 견해가 편벽되고 고루한 것.

高推聖境(고추성경): 성인의 경계라고 높이 추앙하다. 즉 성인만 되고 자기는 안 된다고 여김.

孤負己靈(고부기령): 자기의 신령스러움(본래 갖춰져 있는 불성)을 저버리다.
- 孤: 저버리다, 멀다. 負: 저버리다, 배반하다, 잃다.

自恃天眞(자시천진): (자신의) 천진한 불성만 스스로 믿고 (수행을 하지 않음).

撥無因果(발무인과): 인과를 뽑아서 없애버리다(무시하다).

向胸襟流出(향흉금유출): 흉금에서 나오는대로 (제멋대로) 한다.
- 向: ~에서(於).

地位修行(지위수행): 보살의 수행 계위로는 52단계를 거치니, 십신 → 십주 → 십행 → 십회향 → 십지 → 등각 → 묘각이 있다.

所以(소이): ~한 까닭에, 그러므로.

麤解(추해): 아는 것이 정밀하지 못함. 거친 견해.

不通敎眼(불통교안): 교리의 안목에 통달하지 못하다.
- 敎眼: 가르침의 안목. 불교 교리를 이해하는 안목.

虛頭禪客(허두선객): 골 빈 선객, 허황된 선객.

不貴行門(불귀행문): 수행의 문(방편)을 귀하게 여기지 않고(→ 본래의 자성불만을 믿고서 수행은 하지 않는다는 말).

偏枯之罪(편고지죄): 편벽되고 고루한 잘못.

【보충설명】

叢林: 총림이란 승려들이 몸을 의탁하여 도를 수행하는 곳이다. 풀이 어지럽지 않게 나는 것을 '叢'이라 하고, 나무가 어지럽지 않게 자라는 것을 '林'이라 하니, (총림은) 그 내부에 규율과 법도가 있음을 말한다. 또 『대지도론』에서는 "무리를 이룬 많은 비구들이 한 곳에서 화합하며 지내는 것을 '승가'라 하는데, 비유하면 큰 나무들이 떼 지어

모여 숲을 이룬 것과 같다. 나무 한 그루를 숲이라 부르지 않듯이 한 명의 비구를 '僧'이라 이름하지 않으니, 모든 비구들이 화합하여 정연히 모인 곳이라야 총림이라 할 수 있다."라고 하였다. ㉮

| 해석2 |

或·(則)·渾身·破碎하고 滿面·風埃라
　1　(~은)　2　　3　　　4　　5

혹은 온몸이 부서지고 온 얼굴이 풍진인지라

三千·細行이 全·無하고 八萬·威儀가 總·缺이로다
　1　　2　　3　　4　　　5　　6　　　7　　8

3천 가지 세밀한 계행이 전혀 없고, 8만 가지 위의가 모두 부족하도다.

或·(則)·追陪·人事하고 緝·理·門徒하야
　1　(~은)　3　　2　　　5　6　　4

혹은 (세속의) 인사를 좇아다니고 문도를 모아 다스려서

身·遊·市井·(之)·間하며 心·染·閭閻·(之)·態하나니
1　2　　2　(~의)　3　　　5　8　　6　(~의)　7

몸은 저잣거리에서 노닐며, 마음은 여염(마을)의 세태에 물들었으니

所以로 山野·常·僧은 未免·農夫·(之)·誚하고
　1　　　2　　3　4　　7　　5　(~의)　6

그러므로 산야의 평범한 승려는 농부의 꾸지람을 면하지 못하고

城隍·釋子는 反·爲·儒士·(之)·羞하나니
　　1　　2　　　3　4　　　(~의)　5

성황(마을, 도심)의 승려는 도리어 유생의 수치가 되었으니

此는 懶惰·(之)·罪·(也)니라
1　　2　　(~의)　3　(종결)

이것은 (수행을) 게을리한 잘못이다.

【어휘해설】

渾身破碎(혼신파쇄): 온몸이 부서지다. 나돌아 다니므로 계행이 없다는 말.
滿面風埃(만면풍애): 온 얼굴에 흙먼지이다. 바쁜 모습을 형용함.
追陪人事(추배인사): 인사를 좇아다니다. 세속의 명사들과 교류한다는 말.
緝理門徒(집리문도): 문도들을 모아서 다스리다. 세력을 불려서 집단이익을 꾀한다는 말.
身遊市井(신유시정): 몸은 저자거리에 노닐다.
心染閭閻(심염여염): 마음은 세속에 물들다.
城隍(성황): 도심의 마을.

| 해석3 |

何·(不)·再·離·煩惱·(之)·家하고 重·割·塵勞·(之)·網하야
1　(뒷구절)　4　5　　2　　(~의)　3　　8　9　　6　　(~의)　7

어찌하여 번뇌의 집을 다시 여의고 번뇌의 그물을 거듭 베어 내어

飮·淸風·(而)·訪·道流하고 探·微言·(而)·尋·知己하야
　2　1　(순접)　4　3　　　6　5　(순접)　8　7

맑은 바람을 마시면서 도인들을 방문하고, 미묘한 언어를 탐색하면서 자기를 알아주는 벗을 찾아

澄·神·祖·域하며 息·意·宗·乘하야
4　3　1　2　　8　7　5　6

조사의 영역에서 정신을 맑히고, 교리의 가르침에서 뜻(생각)을 쉬어

靜·室·虛·堂에 斂·禪衣·(而)·宴·坐하고
1　2　3　4　　6　5　(순접)　7　8

고요한 방, 빈 당우에서 승복을 여미어 입고 편안히 앉으며

靑山·綠水에 携·錫杖·(以)·經行이어뇨
　　1　　2　3　(순접)　5

청산녹수에서 석장을 짚고서 경행하지 않는가(不)?

忽若·心光이 透·漏하야 凝滯·氷·消하면
1　2　　4　3　　5　6　7

가령 마음의 빛이 번뇌(漏)를 뚫어서 막혔던 응어리가 얼음 녹듯 하면

直下·分明이라 豈·昧·三祇·(之)·極·果며
1　2　　3　7　4　(~의)　5　6

그 자리에서 분명한지라, 어찌 삼아승지겁의(을 닦아 얻는) 지극한 불과佛果에 미혹하며

本來·具足이라 **何·妨·萬行·(之)·因華**리오
　1　　2　　　3　6　4　(~의)　5

본래 갖추어져 있는지라, 어찌 만행의 인화에 방해되리오?

【어휘해설】

重割塵勞(중할진로); 번뇌를 다시 끊다.
　　-塵勞: 마음이나 몸을 괴롭히는 노여움이나 욕망 따위의 망념. 세속적인 노고.
訪道流(방도류): 도 닦는 이들을 만나다.
探微言而尋知己(탐미언이심지기): (공안·어록 속의) 은미한 말을 탐색하면서 자기를
　　알아주는 벗을 찾아다니다.
澄神祖域(징신조역): 조사의 영역에서 정신을 맑히다. 조사선을 참구한다는 말.
斂禪衣而宴坐(염선의이연좌): 참선할 때에 옷을 (단정히) 여미고 편안히 앉다.
携錫杖以經行(휴석장이경행): 석장을 짚고서 가볍게(經) 걷다. 經은 輕과 통함.
忽若(홀약): 가령, 만약.
凝滯氷消(응체빙소): 막혔던 응어리(본참공안)가 얼음 녹듯하다. 한소식 뚫리게 됨을 말함.
直下分明(직하분명): 그 자리에서 분명해지다.
何妨萬行之因華(하방만행지인화): 어찌 만행의 인화에 방해되리오?
　　삼아승지겁 동안 점차로 닦은 因地 수행에 방해롭지 않고 서로 융통한다는 말.
　　-因華: 因地 단계에서의 수행을 꽃에 비유.

| 해석4 |

由·是로 宗·說·兼通은 若·杲日이 麗·虛空·(之)·界하고
　2　　1　　3　　4　　5　　6　　7　　10　8　　(~의)　9

이로 말미암아(이러한 까닭에) 종통宗通과 설통說通을 겸한 것은 마치 밝은 해가 허공 세계에 걸린 것 같고

心身이 俱·靜은 如·琉璃가 含·寶月·(之)·光이라
　1　　2　3　　4　5　　8　6　　(~의)　7

마음과 몸이 모두 고요함은 마치 유리가 보배로운 달의 광명을 머금은 듯한지라

(可謂)蓬·生·麻中에 不·扶·自·直이요
(뒷구절)　1　3　　2　　5　4　6　7

쑥이 삼밭에서 나옴에 북돋우지 않아도 저절로 곧고

衆·流·入·海에 總·號·天池니라
　1　2　4　3　　5　7　6

여러 물줄기들이 바다로 들어감에 통틀어 '천지'라고 부를 만하도다(可謂).

反·觀·前·非하면 方·知·大·錯하리라
　3　4　1　2　　　7　8　5　6

예전의 잘못을 돌이켜보면 크게 잘못되었음을 비로소 알리라.

忠·言이 逆·耳나 敢·冀·銘·心하노니
　1　2　　4　3　　7　8　6　5

충직한 말이 귀에 거슬리나 마음에 새기기를 감히 바라니

此世·他生에 同·爲·法侶어다
　1　　2　　　3　5　4

이생과 내생에 함께 불법의 도반이 될지어다.

【어휘해설】

宗說兼通(종설겸통): 종통과 설통을 겸한 것. 종통은 종지에 통달한 것이고, 설통은 설법에 통달한 것이다. 종통은 자리행自利行, 설통은 이타행利他行이다. 종통은 스스로 수행함이고, 설통은 아직 깨닫지 못한 이에게 보여주는 것이다.

不扶自直(불부자직): (얕은 쑥 덤불을) 곧게 붙들지 않아도 저절로 곧다.

反觀前非(반관전비): 지난날의 잘못을 돌이켜보다.

方知大錯(방지대착): 크게 어그러진 것을 비로소 알다.

同爲法侶(동위법려): 함께 불법을 닦는 도반이 되다.

독송용

夫解須圓解_{부해수원해}인댄 還他明眼宗師_{환타명안종사}요 修必圓修_{수필원수}인댄 分付叢林道伴_{분부총림도반}이니라

初心_{초심}에 薄福_{박복}하야 不善親依_{불선친의}하고 見解偏枯_{견해편고}하야 修行懶惰_{수행나타}하며 或_혹

高推聖境_{고추성경}하야 孤負己靈_{고부기령}이어니 寧知德相神通_{영지덕상신통}이리오 不信凡夫_{불신범부}

悟道_{오도}로다 或自恃天眞_{혹자시천진}하야 撥無因果_{발무인과}하며 但向胸襟流出_{단향흉금류출}이요 不_불

依地位修行_{의지위수행}하나니 所以_{소이}로 䚀解法師_{추해법사}는 不通敎眼_{불통교안}이요 虛頭禪客_{허두선객}은

不貴行門_{불귀행문}하나니 此_차는 偏枯之罪也_{편고지죄야}니라 或則渾身破碎_{혹즉혼신파쇄}하고 滿面_{만면}

風埃_{풍애}라 三千細行_{삼천세행}이 全無_{전무}하고 八萬威儀_{팔만위의}가 總缺_{총결}이로다 或則追陪_{혹즉추배}

人事_{인사}하고 緝理門徒_{집리문도}하야 身遊市井之間_{신유시정지간}하며 心染閭閻之態_{심염여염지태}하나니

所以_{소이}로 山野常僧_{산야상승}은 未免農夫之誚_{미면농부지초}하고 城隍釋子_{성황석자}는 反爲儒士_{반위유사}

之羞_{지수}하나니 此_차는 懶惰之罪也_{나타지죄야}니라 何不再離煩惱之家_{하부재리번뇌지가}하고 重割_{중할}

塵勞之網_{진로지망}하야 飮淸風而訪道流_{음청풍이방도류}하고 探微言而尋知己_{탐미언이심지기}하야 澄神_{징신}

祖_조域_역하며 息_식意_의宗_종乘_승하야 靜_정室_실虛_허堂_당에 斂_염禪_선衣_의而_이宴_연坐_좌하고 靑_청山_산

綠_녹水_수에 携_휴錫_석杖_장以_이經_경行_행이어뇨 忽_홀若_약心_심光_광이 透_투漏_루하야 凝_응滯_체氷_빙消_소하면

直_직下_하分_분明_명이라 豈_기昧_매三_삼祇_기之_지極_극果_과며 本_본來_래具_구足_족이라 何_하妨_방萬_만行_행之_지

因_인華_화리오 由_유是_시로 宗_종說_설兼_겸通_통은 若_약杲_고日_일이 麗_려虛_허空_공之_지界_계하고 心_심身_신이

俱_구靜_정은 如_여琉_유璃_리가 含_함寶_보月_월之_지光_광이라 可_가謂_위蓬_봉生_생麻_마中_중에 不_불扶_부自_자

直_직이요 衆_중流_류入_입海_해에 總_총號_호天_천池_지니라 反_반觀_관前_전非_비하면 方_방知_지大_대錯_착하리라

忠_충言_언이 逆_역耳_이나 敢_감冀_기銘_명心_심하노니 此_차世_세他_타生_생에 同_동爲_위法_법侶_려어다

탄허 역

　대저 解를 모름지기 圓解할진대 저 明眼宗師에게 돌릴 것이요 修를 반드시 圓修할진대 叢林道伴에게 分付할 것이어늘 初心이 薄福하여 잘 親依하지 않을새 見解가 偏枯하고 修行이 懶惰하며 或은 聖境에 高推하여 自己의 靈을 저버리거니 어찌 德相과 神通을 알리오 凡夫의 悟道도 信치 않도다. 或은 天眞만 自恃하고 因果를 撥無하여 다만 胸襟을 向해 流出하고 地位를 依해 修行하지 않는지라 所以로 麤解法師는 敎眼을 通치 못하고 虛頭禪客은 行門을 貴히 여기지 않나니 此는 偏枯의 罪니라. 或은 곧 渾身이 破碎하고 滿面의 風埃라 三千細行이 全無하고 八萬威儀가 總缺하며 或은 곧 人事를 追陪하고 門徒를 緝理하여 身은 市井의 間에 遊하고 心은 閭閻의 態에 染한지라 所以로 山野의 常僧은 農夫의 誚嫌을 免치 못하고 城隍의 釋子는 도리어 儒士의 羞恥가 되나니 此는 懶惰의 罪니라. 어찌 煩惱의 家를 再離하고 塵勞의 網을 重割하여 淸風을 마셔 道流를 訪問하고 微言을 探求해 知己를 찾아서 神을 祖域에 맑히며 意를 宗乘에 쉬어서 靜室虛堂에 禪衣를 斂해 晏坐하고 靑山綠水에 錫杖을 끌며 써 經行하지 않는고. 忽然히 만일 心光이 透漏하여 凝滯가 氷消하면 直下에 分明하거니 어찌 三祇의 極果를 昧하며 本來 具足하거니 어찌 萬行의 因華가 妨害로우리오. 이로 말미암아 宗·說을 兼通

함은 杲日이 虛空의 界에 걸림과 같고 心·身이 俱靜함은 琉璃가 寶月의 光을 含함과 같은지라 可謂 蓬이 麻中에 나매 扶하지 않아도 스스로 곧고 衆流가 海에 入하매 總히 天池라 號함이니라. 前非를 反觀하면 바야흐로 大錯함을 알리라. 忠言이 귀에 거슬리나 敢히 銘心하기 바라노니 此世와 他生에 같이 法侶가 될지어다.

十. 示衆

시중示衆은 고승대덕이 참선하는 대중에게 가르쳐 보인 법어이다.

17. 廬山東林混融禪師示衆

여산 동림사의 혼융 선사가 대중에게 법어를 보이다

避萬乘尊榮하시고 受六年飢凍하시며 不離草座하고 成等正覺하사

度無量衆하시니 此가 黃面老爺의 出家樣子어늘 後輩는 忘本하고

反爲口體로다 不務耕桑하고 見成利養으로 爲便하며

不奉君親하고 免事征役으로 爲安하야 假名服竊世緣하며

以鬪諍으로 作佛事하야 老不知悔라가 死爲園菌하니 良可悲夫로다

汝輩出家인댄 當思齊草座之前하고 自省園菌之下가 可爾니라

| 저자 |

동림혼융東林混融: 송대의 선승. 자세한 사항은 알려져 있지 않다.

| 요지 |

부처님께서 태자의 지위를 버리고 출가하여 설산에서 6년간 고행한 후에 정각을 이루어 열반하시는 날까지 중생을 제도하신 모습은 출가의 근본정신을 보여준 본보기이다. 수행자는 부지런히 정진하여 정각을 이루는 것이 부처님과 시주자에게 은혜를 갚는 길이다.

| 해석1 |

避·萬乘·尊榮하시고 受·六年·飢凍하시며
3   1   2   6   4   5

만승의 존귀함과 영화로움을 피하시고 6년간 굶주림과 추위를 받으시며(겪으시며)

不·離·草座하고 成·等正覺하사
3   2   1   5   4

풀 자리를 떠나지 않고 등정각을 이루시어

度·無量·衆하시니 此가 黃面老爺의 出家·樣子어늘
3   1   2   4   5   6   7

무량한 중생을 제도하셨으니, 이것이 황면노야(부처님)의 출가 본보기이거늘

後輩는 忘·本하고 反·爲·口體로다
　1　　3　2　　4　6　5

후배들은 근본을 망각하고 도리어 입과 몸만을 위하도다.

【어휘해설】

萬乘(만승): 만대의 수레로 천자 또는 천자의 자리를 뜻함.

尊榮(존영): 존귀함과 영화로움.

飢凍(기동): 배고픔과 추위.

草座(초좌): 옛 수행자들이 만들어 썼던 풀 깔개.

等正覺(등정각): 부처님의 십호(열 개의 명호) 중 하나. 정등각正等覺 · 정변각正遍覺 · 정변지正遍智라고도 하는데, 부처님의 평등하고 바른 깨달음을 말함.

黃面老爺(황면노야): 얼굴 누런 노인네. 중국에서 부처님의 별칭으로 씀. 황면노자黃面老子라고도 함.

樣子(양자): 모양, 본보기, 모범.

反爲口體(반위구체): 도리어 입과 몸을 위하다.

| 해석2 |

不·務·耕·桑하고 見成·利養으로 爲·便하며
4　3　1　2　　　5　　6　　　8　7

밭 갈거나 누에치는 일에 힘쓰지 않고서 눈앞에 나타난 이양(욕심과 이익)으로 편의를 삼으며

不·奉·君·親하고 免·事·征·役으로 爲·安하야
　4　 3　 1　 2　　 8　 7　 5　 6　　10　9

임금과 어버이를 받들지 않고 군역과 부역 일삼기를 면하는 것으로 안락함을 삼아서

假·名·服·竊·世緣하며 (以)·鬪諍으로 作·佛事하야 老·不知·悔라가
　3　1　2　5　 4　　　(로써)　6　　　8　7　　9　11　10

이름과 옷을 빌리고 세상의 인연을 훔치며 투쟁으로 불사를 삼아 늙도록 뉘우칠 줄 모르다가

死·爲·園菌하니 良·可悲·(夫)로다
　1　3　2　　　4　5　(종결)

죽어서 동산의 버섯이 되었으니 참으로 슬프도다.

汝輩·出家인댄 當·思·齊·草座·(之)·前하고
　1　 2　　 3　7　6　4　(~의)　5

너희들이 출가했을진댄 마땅히 풀 자리 앞(의 부처님)과 같아지기를 생각하고

自·省·園菌·(之)·下가 可·(爾)니라
3　4　 1　(~의)　2　　5　(종결)

동산의 버섯 아래를 스스로 살펴봄이 옳다(살펴보아야 할 것이다).

【어휘해설】

見成利養(현성이양): 눈앞에 나타난 이양. 見은 現과 통함.

爲便(위편): 편안함으로 삼는다.

免事征役(면사정역): 군역과 부역 일삼기를 면하다. 즉 군역과 부역에서 면제되다.

假名服(가명복): (승가의) 이름과 옷을 빌리다.
竊世緣(절세연): 세간의 인연을 도둑질하다.
死爲園菌(사위원균): 죽어서는 동산의 버섯이 되었다는 고사.
良可悲夫(양가비부): 참으로 슬프도다!
　　-夫: 구절 끝에 쓰여 감탄이나 의문을 나타내는 종결사로 쓰임.
思齊草座之前 (사제초좌지전): 풀 자리 앞과(→ 풀로 만든 자리에 앉아 수행하신 부처님과) 같아지기를 생각하다.
自省園菌之下(자성원균지하): 동산의 버섯 아래를 스스로 살피다.
可爾(가이): ~함이 옳다, 마땅하다, ~해야 한다. 爾는 단정을 나타내는 종결사로, 爾 대신에 矣, 也가 와도 마찬가지다.

【보충설명】

園菌: 범마정덕梵摩淨德이라는 이름의 한 장자長者가 있었다. 그의 동산에 있는 나무에서 큰 버섯이 났는데, 그 맛이 매우 좋았으나 오직 장자와 그 둘째 아들만이 따서 먹을 수 있을 뿐, 나머지 식구들은 모두 그것을 볼 수 없었다. 15대 조사인 가라제바迦羅提婆가 그것이 한 비구의 오랜 인과에 의한 것임을 알고는 장자에게 묻기를, "나이가 몇입니까?"라고 하니 "일흔아홉입니다."라고 하였다. 존자가 "그대의 나이가 여든한 살이 되면 이 나무에서 버섯이 나지 않을 것입니다."라고 하였다. 性聰

독송용

避萬乘尊榮하시고 受六年飢凍하시며 不離草座하고 成等正覺하사

度無量衆하시니 此가 黃面老爺의 出家樣子어늘 後輩는 忘本하고

反爲口體로다 不務耕桑하고 見成利養으로 爲便하며 不奉君親하고

免事征役으로 爲安하야 假名服竊世緣하며 以鬪諍으로 作佛事하야

老不知悔라가 死爲園菌하니 良可悲夫로다 汝輩出家인댄 當思

齊草座之前하고 自省園菌之下가 可爾니라

탄허 역

　　萬乘의 尊榮을 避하시고 六年의 飢凍을 받으시며 草座를 여의지 않고 等正覺을 成하사 無量衆을 제도하시니 此는 黃面老爺의 出家한 樣子어늘 後輩는 根本 잊고 도리어 口体만 爲하여 耕桑을 힘쓰지 않고 現成한 利養으로 便宜를 삼으며 君親을 받들지 않고 征役 일삼음을 免함으로 安閑을 삼으며 名服을 假해 世緣을 竊하고 鬪諍으로써 佛事를 삼아서 늙어 뉘우칠 줄 알지 못하다가 죽어 園菌이 되나니 진실로 可히 슬프도다. 汝輩가 出家했을진대 마땅히 草座의 前과 같기를 생각하고 스스로 園菌의 下에 省察함이 可하니라.

十一. 偈讚

게찬(偈讚)은 게송으로 찬탄한 글이다. 여기서는 삼보와 중생을 찬탄하고 죄업을 참회하고 서원을 맹세한 백낙천의 게송 여섯 수를 실었다.

18. 白侍郞六讚偈 【並序】

백 시랑의 찬탄 게송 여섯 수 【서문을 병기함】

樂天이 常有願호대 願以今生世俗文筆之因으로 飜爲來世에

讚佛乘轉法輪之緣也하노이다 今年登七十에 老矣病矣라

與來世로 相去甚邇일새 故作六偈하야 跪唱於佛法僧前하고

欲以起因發緣하야 爲來世張本也하노이다

讚佛

十方世界와 天上天下를

我今盡知호니 無如佛者라

^{당 당 외 외}
堂堂巍巍하야
떳떳할/〃/높을/〃

^{위 천 인 사}
爲天人師일새
될/하늘/사람/스승

^{고 아 예 족}
故我禮足하야
연고/나/예의/발

^{찬 탄 귀 의}
讚歎歸依하노이다
찬탄/탄식/돌아갈/의지할

讚^찬 法^법

^{과 현 당 래}
過現當來의
지날/현재/마땅/올

^{천 만 억 불}
千萬億佛이
천/만/억/부처

^{개 인 법 성}
皆因法成하고
다/원인/법/이룰

^{법 종 경 출}
法從經出하니
법/따를/경서/날

^{시 대 법 륜}
是大法輪이며
이/큰/법/바퀴

^{시 대 보 장}
是大寶藏일새
이/큰/보배/창고

^{고 아 합 장}
故我合掌하야
연고/나/합할/손바닥

^{지 심 회 향}
至心回向하노이다
지극할/마음/돌이킬/향할

讚^찬 僧^승

^{연 각 성 문}
緣覺聲聞과
인연/깨달을/소리/들을

^{제 대 사 문}
諸大沙門이
모두/큰/사문

누 진 과 만
漏盡果滿하야
샐/다할/결과/가득할

중 중 지 존
衆中之尊이라
무리/가운데/조사/존귀할

가 화 합 력
假和合力하야
빌릴/온화할/합할/힘

구 무 상 도
求無上道일새
구할/없을/위/도

고 아 계 수
故我稽首하야
연고/나/숙일/머리

화 남 승 보
和南僧寶하노이다
화남(예경)/중/보배

讚 衆 生

모 도 범 부
毛道凡夫와
털/길/범부/지아비

화 택 중 생
火宅衆生과
불/집/무리/날

태 란 습 화
胎卵濕化인
태/알/젖을/변화

일 체 유 정
一切有情이
한/모두/있을/감정

선 근 구 종
善根苟種이면
착할/뿌리/진실로/뿌릴

불 과 종 성
佛果終成이라
부처/열매/마침내/이룰

아 불 경 여
我不輕汝하노니
나/아니/가벼울/너

여 무 자 경
汝無自輕하라
너/없을/스스로/가벼울

懺悔(참회)

無始劫來(무시겁래)로
없을/시작/겁/올

所造諸罪(소조제죄)에
바/지을/모두/허물

若輕若重(약경약중)과
혹/가벼울/혹/무거울

無大無小(무대무소)를
없을/큰/없을/작을

我求其相(아구기상)호니
나/구할/그/모양

中間內外(중간내외)에
가운데/사이/안/밖

了不可得(요불가득)이라
마침내/아니/가할/얻을

是名懺悔(시명참회)니라
이/이름/뉘우칠/후회

發願(발원)

煩惱願去(번뇌원거)하며
번거로울/괴로울/바랄/갈

涅槃願住(열반원주)하며
열반/바랄/머물

十地願登(십지원등)하며
열/경지/바랄/오를

四生願度(사생원도)하며
넉/날/바랄/건널

佛出世時(불출세시)에
부처/날/세상/때

願我得親(원아득친)하야
바랄/나/얻을/친할

^{최 선 권 청}
最先勸請하야　　^{청 전 법 륜}
請轉法輪하며
가장/먼저/권할/청할　　청할/구를/법/바퀴

^{불 멸 도 시}
佛滅度時에　　^{원 아 득 치}
願我得值하야
부처/없어질/건널/때　　바랄/나/얻을/만날

^{최 후 공 양}
最後供養하고　　^{수 보 리 기}
受菩提記하야지이다
가장/뒤/바칠/기를　　받을/보리/수기

| 저자 |

백거이白居易(772~846): 백낙천白樂天. 향산의 불광여만 선사에게 법을 얻었으며, 스스로 '향산거사'라 불렀다. 『백씨장경집』 75권이 있으며, 원미지元微之가 서문을 썼는데, 그 내용 중에 "계림의 장사치들이 간절히 문집을 사들이려 했으며, 동국의 재상들이 매번 일백 전으로 한 편과 바꾸었다."라고 하였다.

| 요지 |

금생에는 세속의 문장가였지만 내생에는 불법을 찬양하고 법륜을 굴리는 주인공이 되기를 발원하며 여섯 가지 주제로 게송을 지어 스스로 맹세하였다.

| 해석 1 |

樂天이 常·有·願호대 (願)·(以)·今生·世俗·文筆·(之)·因으로
  1   2 3 4   (뒷구절) (로써) 5   6   7 (~의) 8

낙천이(내가) 평소에 바라는 것이 있으니, 금생에 세속에서 문장을 지은 인연으로

翻爲·來世에 讚·佛乘·轉·法輪·(之)·緣·(也)하노이다
  7   1   3   4 2   5 4 (~의) 6 (종결)

내세에는 불법을 찬탄하고 법륜을 굴리는 인연으로 바뀌기를 바라노라(願).

今年·登·七十에 老·(矣)·病·(矣)라
 1   3 2   4 (종결) 5 (종결)

이제 나이가 일흔이 됨에 늙고도 병든지라

與·來世로 相去·甚·邇일새
 2 1   3 4 5

내세와 더불어 서로 떨어짐이 매우 가까우므로(→ 내세와의 거리가 매우 가까우므로)

故·作·六偈하야 跪·唱·(於)·佛法僧·前하고
 1 3 2   6 7 (~에)   4   5

그러므로 여섯 수의 게송을 지어서 불법승 앞에 무릎 꿇고 읊조리며

欲·(以)·起·因·發·緣하야 爲·來世·張本·(也)하노이다
 8 (로써) 2 1 4 3   7   5   6 (종결)

인을 일으키고 연을 일으키는 것으로 내세의 밑거름을 삼고자 한다(欲).

【어휘해설】

老矣病矣(노의병의): 늙고도 병들었도다. 矣는 상태의 변화를 나타내는 종결사. 즉 늙고 병들지 않은 상태에서 늙고 병든 상태로의 변화를 나타냄.

以起因發緣(이기인발연) 爲來世張本也(위내세장본야): 인을 일으키고 연을 일으키는 것으로 내세의 밑거름을 삼다.
 -以A爲B: A로써 B를 삼다, A를 B로 삼다.

| 해석2 |

讚佛
부처님을 찬탄함

十方·世界와 天上·天下를
　1　　2　　　3　　4

시방세계와 천상천하를

我·今·盡·知호니 無·如·佛·者라
1 2 3 4   8 6 5 7

내가 이제 모두 알았노니 부처님만 한 분이 없네.

堂堂·巍巍하야 爲·天人·師일새
 1   2   5   3 4

당당하고 드높아서 천상과 인간의 스승이 되셨기에

故・我・禮・足하야 讚歎・歸依하노이다
　1　2　4　3　　　5　　6

그러므로 내가 발에 예경하며 찬탄하고 귀의하노라.

讚法
법을 찬탄함

過・現・當來의 千萬億佛이
1　2　3　　　4

과거・현재・미래의 천만억 부처님이

皆・因・法・成하고 法・從・經・出하니
1　3　2　4　　　5　7　6　8

모두 법을 의지해서 성취하셨고 법은 경전으로부터 나오니

是・大法輪이며 是・大寶藏일새
1　　2　　　3　　4

이것이 큰 법륜이며 이것이 큰 보배창고이기에

故・我・合掌하야 至心・回向하노이다
1　2　3　　　　4　　5

그러므로 내가 합장하며 지극한 마음으로 회향하노라.

讚僧
승가를 찬탄함

緣覺·聲聞과 **諸·大·沙門**이
　1　　　2　　　3　4　5

연각과 성문과 여러 위대한 사문들이

漏·盡·果·滿하야 **衆·中·(之)·尊**이라
　1　2　3　4　　　5　6　(~의)　7

번뇌가 다하고 불과가 원만하여 무리 중에 존귀한지라.

假·和合·力하야 **求·無上道**일새
　3　1　　2　　　5　4

화합하는 힘을 빌려 위없는 도를 구하니

故·我·稽首하야 **和南·僧寶**하노이다
　1　2　3　　　　5　　4

그러므로 내가 머리 숙여 승보에 예경하노라.

讚衆生
중생을 찬탄함

毛道·凡夫와 **火宅·衆生**과
　1　　2　　　3　　4

털낱 같은 범부와 불난 집의 중생과

胎卵濕化인 **一切有情**이
　　　1　　　　　2

태란습화의 일체 유정이

善根·苟·種이면 **佛果·終·成**이라
　1　　2　3　　　　4　　5　6

선근을 만약 심으면 불과를 끝내 이루리라.

我·不·輕·汝하노니 **汝·無·自·輕**하라
　1　3　2　　　　　5　8　6　7

내가 그대를 가벼이 여기지 않으니 그대도 스스로를 가볍게 여기지 말라.

懺悔
참회

無始·劫·來로 **所造·諸罪**에
　1　2　3　　　　4　　5

시작 없는 겁 이래로(동안) 지어온 모든 죄업들

若·輕·若·重과 **無·大·無·小**를
　1　2　3　4　　　6　5　8　7

혹 가볍거나 혹 무겁거나 큰 것도 없고 작은 것도 없이(큰 것과 작은 것을 막론하고)

我·求·其·相호니 **中間·內外**에
　1　4　2　3　　　　5　　6

내가 그 모습을 찾아보니 중간이나 안팎에도

332　緇門

了·不可得이라 是·名·懺悔니라
　1　　2　　　　　3　5　　4

끝내(전혀) 얻지 못하기에 이를 참회라 한다.

發願
발원

煩惱·願·去하며 涅槃·願·住하며
　1　　3　2　　　　4　　6　5

번뇌를 없애기를 원하고, 열반에 머물기를 원하며

十地·願·登하며 四生·願·度하며
　1　　3　2　　　　4　　6　5

십지에 오르기를 원하고, 사생(태·난·습·화)을 제도하기를 원하며

佛·出世·時에 願·我·得親하야
1　　2　　3　　　4　5　　6

부처님이 세상에 나오실 때에 원컨대 제가 친견하여

最先·勸請하야 請·轉·法輪하며
　1　　2　　　　　5　4　　3

가장 먼저 권청하여 법륜을 굴리시기를 청하며

佛·滅度·時에 願·我·得值하야
1　　2　　3　　　4　5　　6

부처님이 입멸하실 때에 원컨대 제가 만나뵈어서

18. 白侍郎六讚偈

最後·供養하고 受·菩提·記하야지이다
　　1　　2　　　　5　3　　4

최후에 공양 올리고 깨달음의 수기를 받겠나이다.

【보충설명】

和南: 범어 vandana를 음사音寫한 말로, 머리 숙여 공경히 예를 올린다는 뜻.

毛道: 범어 婆羅(Bāla)를 한역하면 '毛道'이니, 마음이 안정되지 못함이 마치 가벼운 털이 바람에 따라 이리저리 나부끼는 것과 같음을 말한다. (性聰)

汝無自輕: 상불경보살이 항상 모든 이에게 예를 올리며 말하기를, "나는 그대를 가벼이 여기지 않는다."라고 하였으며, 보현보살이 "나는 일체중생에게 갖가지로 받들어 공양 올림에 부모님이나 여래께 올리듯이 하여 차별이 없다."라고 하였다. 또 법화법사는 도행이 청정하고도 높아서 대중에게 공경받았다. 그가 길을 갈 때에는 다만 땅을 쳐다보며 걷다가 작은 벌레가 길을 막고 있으면 스스로 생각하기를, "이 불자가 나보다 먼저 득도할지 어찌 알겠는가?"라고 하며 피해서 갔다. 후학들도 이와 같기를 생각하지 않아서야 되겠는가? (性聰)

懺悔: 여기서는 理懺*이다. 만약 事懺이라면 밤낮으로 하루 종일 삼업을 청정히 하고, 존귀한 불상을 대면하여 죄과를 진술하여 다시 덮어 감추지 않으며, 또한 새로이 짓지도 않는 것이다. (性聰)

　*理懺: 이치로 참회하는 것. 죄의 실체가 본래 없어 마음따라 일어남을 깨달아 탐
　　　진치를 일으키는 근원적인 마음을 없애 가는 것.

最後供養: 순타純陀는 한역하면 '묘한 이치를 안다(解妙義)'인데, 구시라성의 대장장이 아들이다. 부처님께서 열반에 드실 때에 일체의 천인들이 공양하는 것을 모두 받지 않으시고 오직 순타의 공양만 받으시며 말씀하시기를, "일체의 모든 부처님이 열반에 드실 때에 최후에 공양 올리는 자는 그 복덕이 어떤 것보다 뛰어나다."라고 하셨다. 또 『열반경』에서는 "부처님께서 열반에 드실 때에 일체의 천인 대중들이 모두 공양을 바

쳤으나 받지 않으시고 오로지 순타의 공양만 받으셨다. 모든 대중들이 나와서 큰 소리로 말하기를, '기이하도다! 순타는 큰 복덕을 지어 여래께서 최후의 공양을 받으시게 하는구나. 우리들은 복이 없어 베풀어 놓은 공양구를 헛되이 버리게 되었구나.'라고 하였다. 여래께서는 몸의 털구멍 하나하나에서 무량한 부처님을 화현해 내시고, 그 각각의 부처님마다 무량한 비구승들이 있었으며, 모든 부처님과 대중은 낱낱이 몸을 나투어 대중의 공양을 받았다. 석가께서는 순타가 올린 공양을 스스로 받았으니, 그 잘 익은 음식이 마갈타국에서 사용하는 용량으로 8곡斛을 채웠는데, 부처님의 신통력으로써 모든 대중을 다 충족시켰다."라고 하였다. ㉥性聰

독송용

^{낙천}樂天이 ^{상유원}常有願호대 ^{원이금생세속문필지인}願以今生世俗文筆之因으로 ^{번위내세}飜爲來世에
^{찬불승전법륜지연야}讚佛乘轉法輪之緣也하노이다 ^{금년등칠십}今年登七十에 ^{노의병의}老矣病矣라
^{여내세}與來世로 ^{상거심이}相去甚邇일새 ^{고작육게}故作六偈하야 ^{궤창어불법승전}跪唱於佛法僧前하고
^{욕이기인발연}欲以起因發緣하야 ^{위내세장본야}爲來世張本也하노이다

^{찬불}讚佛

^{시방세계}十方世界와 ^{천상천하}天上天下를

^{아금진지}我今盡知호니 ^{무여불자}無如佛者라

^{당당외외}堂堂巍巍하야 ^{위천인사}爲天人師일새

^{고아예족}故我禮足하야 ^{찬탄귀의}讚歎歸依하노이다

讚^찬法^법

過^과現^현當^당來^래의 千^천萬^만億^억佛^불이
皆^개因^인法^법成^성하고 法^법從^종經^경出^출하니
是^시大^대法^법輪^륜이며 是^시大^대寶^보藏^장일새
故^고我^아合^합掌^장하야 至^지心^심回^회向^향하노이다

讚^찬僧^승

緣^연覺^각聲^성聞^문과 諸^제大^대沙^사門^문이
漏^누盡^진果^과滿^만하야 衆^중中^중之^지尊^존이라
假^가和^화合^합力^력하야 求^구無^무上^상道^도일새
故^고我^아稽^계首^수하야 和^화南^남僧^승寶^보하노이다

讚衆生(찬중생)

毛道凡夫(모도범부)와　　火宅衆生(화택중생)과

胎卵濕化(태란습화)인　　一切有情(일체유정)이

善根苟種(선근구종)이면　　佛果終成(불과종성)이라

我不輕汝(아불경여)하노니　　汝無自輕(여무자경)하라

懺悔(참회)

無始劫來(무시겁래)로　　所造諸罪(소조제죄)에

若輕若重(약경약중)과　　無大無小(무대무소)를

我求其相(아구기상)호니　　中間內外(중간내외)에

了不可得(요불가득)이라　　是名懺悔(시명참회)니라

發願(발원)

煩惱願去(번뇌원거)하며   涅槃願住(열반원주)하며
十地願登(십지원등)하며   四生願度(사생원도)하며
佛出世時(불출세시)에   願我得親(원아득친)하야
最先勸請(최선권청)하야   請轉法輪(청전법륜)하며
佛滅度時(불멸도시)에   願我得値(원아득치)하야
最後供養(최후공양)하고   受菩提記(수보리기)하야지이다

탄허 역

樂天이 늘 願이 있으되 願컨대 今生 世俗文筆의 因으로써 뒤쳐 來世에 佛乘을 贊하고 法輪을 轉하는 緣이 됨이니 이제 나이 七十에 올라서 늙고 病든지라 來世로 더불어 相去가 甚히 가까울새 故로 六偈를 지어서 佛法僧前에 跪坐하여 唱하고 써 因을 起하며 緣을 發하여 來世의 張本을 삼고자 하노라.

讚佛

十方世界와 天上天下를

내가 이제 다 아니 佛과 같은 것이 없는지라

堂堂하고 巍巍하여 天人의 師가 될새

故로 내가 足에 禮하여 贊歎하고 歸依하노이다.

讚法

過·現·當來에 千萬億佛이

모두 法을 因해 成하고 法은 經으로 좇아 出하니

이는 大法輪이며 이는 大寶藏이라

故로 내가 合掌하여 至心으로 回向하노이다.

讚僧

緣覺·聲聞과 諸大沙門이

漏가 다하고 果가 滿하여 衆中의 尊이라

和合力을 假하여 無上道를 求할새

故로 내가 稽首하여 僧寶에 和南하노이다.

讚衆生

毛道凡夫와 火宅衆生과

胎卵濕化인 一切有情이

善根을 진실로 심으면 佛果를 마침내 成하는지라

내가 너를 輕히 여기지 않노니 네가 스스로 輕히 여기지 말지어다.

懺悔

無始劫에 옴으로 지은 바 諸罪의

이렇듯 輕함과 이렇듯 重함과 大한 것도 없고 小한 것도 없이

내가 그 相을 求하니 中間과 內外에

마침내 可히 얻지 못하는지라 이를 懺悔라 名하나이다.

發願

煩惱를 버리기 願하며 涅槃에 住하기 願하며

十地에 오르기 願하며 四生을 제도하기 願하며

佛이 出世할 때에 願컨대 내가 親近함을 얻고

最先에 勸請하여 法輪 轉하기를 請하며

佛이 滅度할 때에 願컨대 내가 만남을 얻어서

最後에 供養하고 菩提의 記를 받아지이다.

十二. 護法

호법護法은 불법을 옹호하는 내용의 글이다. 여기서는 인종황제가 삼보를 찬탄한 글을 실었다.

19. 仁宗皇帝讚三寶文

인종황제가 삼보를 찬탄한 글

讚佛
찬 불

天上天下에 金僊世尊이시여
천상천하   금선세존
하늘/위/하늘/아래   금/신선/세상/존귀할

一心十號와 四智三身으로
일심십호   사지삼신
한/마음/열/명호   넉/지혜/석/몸

度脫五陰하시고 超蹜六塵하시니
도탈오음   초유육진
건널/벗어날/다섯/그늘   넘을/〃/여섯/티끌

生靈歸敬일새 所謂能仁이샷다
생령귀경   소위능인
날/신령/돌아갈/공경   바/이를/능할/어질

讚法
찬 법

萬法唯心이라 心須至靜이로다
만법유심   심수지정
만/법/오직/마음   마음/반드시/지극할/고요할

^{유 피 일 심}
由彼一心하야　　^{능 생 만 행}
能生萬行하나니
말미암을/저/한/마음　　능할/날/만/행할

^{배 각 위 망}
背覺爲妄이요　　^{오 진 즉 성}
悟眞則聖이라
등질/깨달을/될/망령될　　깨달을/참/곧/성인

^{계 수 법 문}
稽首法門에　　^{소 연 불 성}
昭然佛性하노이다
조아릴/머리/법/문　　밝을/그러할/부처/성품

^{찬 승} 讚僧

^{육 도 무 해}
六度無懈하고　　^{사 은 비 상}
四恩匪常이라
여섯/건널/없을/게으를　　넉/은혜/아닐/항상

^{위 인 안 목}
爲人眼目하야　　^{조 불 진 량}
助佛津梁이로다
될/사람/눈/〃　　도울/부처/나루터/교량

^{체 윤 일 우}
體潤一雨에　　^{심 훈 중 향}
心熏衆香이라
몸/적실/한/비　　마음/스며들/무리/향

^{도 무 부 재}
道無不在여　　^{차 토 타 방}
此土他方이로다
길/없을/아니/있을　　이/흙/다를/방소

| 저자 |

인종황제(1010~1063): 인종仁宗 조정趙禎. 북송의 4대 황제이다. 원래 이름은 수익受益이고, 진종眞宗의 여섯째 아들이다. 수춘왕壽春王, 승왕升王에 봉해졌다가 진종이 위독할 때 태자로 세워졌다. 진종이 죽은 뒤 제위를 이어받아 연호를 천성天聖으로 했다. 재위 기간에 검소한 생활을 했으며, 나라 안팎으로 모두 발전이 있었다.

| 요지 |

오음과 육진을 초월하신 부처님을, 불성을 뚜렷이 드러낸 불법을, 부처님의 진량을 돕는 승려를 게송으로 찬탄하였다.

| 해석 |

讚佛
불보를 찬탄함

天上·天下에 金僊·世尊이시여
  1   2   3   4

하늘 위와 하늘 아래에 금빛 신선 세존이시여!

一心·十號와 四智·三身으로
  1   2   3   4

일심과 십호와 사지와 삼신으로

度脫·五陰하시고 超蹠·六塵하시니
　2　　1　　　　4　　3

오음을 벗어나시고 육진을 초월하셨으니

生靈·歸敬일새 所謂·能仁이샷다
　1　　2　　　　3　　4

중생들이 귀의하여 공경하므로 이른바 능인이라네.

讚 法
법보를 찬탄함

萬法·唯心이라 心·須·至·靜이로다
　1　　2　　　4　5　6　7

모든 법은 오직 마음이라, 마음은 모름지기 지극히 고요하도다.

由·彼·一心하야 (能)·生·萬行하나니
3　1　2　　　　　　　5　4

저 한마음을 말미암아 능히 온갖 행을 내니

背·覺·爲·妄이요 悟·眞·則·聖이라
2　1　4　3　　　6　5　7　8

깨달음을 등지면 망인이 되고, 참된 도리 깨달으면 성인인지라

稽首·法門에 昭然·佛性하노이다
　4　　1　　　2　　3

법문에 환히 드러난 불성에(→ 불성을 뚜렷이 드러낸 법문에) 머리를 조아리노라.

讚僧
승보를 찬탄함

六度·無·懈하고 四恩·匪·常이라
1   3   2   4   6   5

육바라밀에 게으름이 없고 사은에 범상하지 않으니

爲·人·眼目하야 助·佛·津梁이로다
3   1   2   6   4   5

사람들의 안목이 되어 부처님의 진량을 돕도다.

體·潤·一雨에 心·熏·衆香이라
1   3   2   4   6   5

몸은 한 줄기 비에 적시고 마음은 여러 법향에 물들이니

道·無·不在여 此土·他方이로다
1   3   2   4   5

불도가 있지 않은 곳이 없음이여! 이곳과 저곳이로다(→ 불도가 여기저기에 있지 않음이 없도다).

【어휘해설】

度脫(도탈): 건너(오음의 중생신을 벗어나) 해탈함.
超踰(초유): 초월하여 넘다.
能仁(능인): 부처님의 다른 이름.
萬法唯心(만법유심): 만법(만물)이 오직 마음이다. 즉 삼라만상이 모두 중생의 마음에

서 나온다는 것.

萬行(만행): 육바라밀 수행을 말함. 혹은 깨달은 후 보림으로 끝없는 두타행을 하는 것.

稽首(계수): 머리를 숙여 예경하다.

昭然(소연): 훤히 밝은 모양. 밝게 드러남.

四恩匪常(사은비상): 네 가지 은혜에 범상하지 않다, 일상적이지 않다, 특별하다.

津梁(진량): 나루와 교량. 이를 통해서 피안의 세계에 갈 수 있으니, 부처님이 중생을 제도하는 일을 가리킴.

道無不在(도무부재): 도가 있지 아니한 곳이 없다, 어느 곳에나 두루 있다.

【보충설명】

十號: 여래가 지닌 공덕의 모습을 일컫는 열 가지 명호를 '여래십호'라 한다.
여래 · 응공 · 정변지 · 명행족 · 선서 · 세간해 · 무상사 · 조어장부 · 천인사 · 불세존.

四智: 부처님이 갖춘 네 가지 원만한 깨달음의 지혜로 대원경지 · 평등성지 · 묘관찰지 · 성소작지.

三身: 부처님의 몸을 세 가지로 분류한 것으로 법신 · 보신 · 화신.

五陰: 인간을 구성하는 다섯 가지 범주의 요소로 색 · 수 · 상 · 행 · 식.

生靈: 일체중생에게 모두 신령스러운 깨달음이 있으므로 생령이라 한다. (性聽)

四恩: 사은은 국왕 · 부모 · 중생 · 삼보, 또는 국왕 · 부모 · 스승 · 시주의 은혜이다.

독송용

讚 佛
찬 불

<small>천상천하</small>
天上天下에

<small>금선세존</small>
金僊世尊이시여

<small>일심십호</small>
一心十號와

<small>사지삼신</small>
四智三身으로

<small>도탈오음</small>
度脫五陰하시고

<small>초유육진</small>
超踰六塵하시니

<small>생령귀경</small>
生靈歸敬일새

<small>소위능인</small>
所謂能仁이샷다

讚 法
찬 법

<small>만법유심</small>
萬法唯心이라

<small>심수지정</small>
心須至靜이로다

<small>유피일심</small>
由彼一心하야

<small>능생만행</small>
能生萬行하나니

<small>배각위망</small>
背覺爲妄이요

<small>오진즉성</small>
悟眞則聖이라

<small>계수법문</small>
稽首法門에

<small>소연불성</small>
昭然佛性하노이다

讚僧
　찬　승

육도무해
六度無懈하고　　四恩匪常이라
　　　　　　　　사은비상

위인안목
爲人眼目하야　　助佛津梁이로다
　　　　　　　　조불진량

체윤일우
體潤一雨에　　　心熏衆香이라
　　　　　　　　심훈중향

도무부재
道無不在여　　　此土他方이로다
　　　　　　　　차토타방

탄허 역

讚佛

天上과 天下에 金仙世尊이시여

一心의 十號와 四智의 三身으로

五陰을 度脫하시고 六塵을 超踰하시니

生靈이 歸敬할새 所謂 能仁이샷다.

讚法

萬法이 唯心이라 心은 모름지기 至靜할지니

저 一心을 由하여 能히 萬行을 내도다.

覺을 등지매 妄이 되고 眞을 悟하면 곧 聖이니

法門의 昭然한 佛性께 稽首하노이다.

讚僧

六度에 懈怠가 없고 四恩에 匪常한지라

人의 眼目이 되어서 佛의 津梁을 돕도다.

体는 一雨에 潤하고 心은 衆香에 熏하니

道가 있지 않음이 없음이여 此土와 他方이로다.

十三. 雜錄

잡록雜錄은 수행하는 승려에게 필요한 고승대덕의 말씀을 모아 놓은 글이다.

20. 釋難文

승려 되기가 어렵다는 글

希顏首座의 字는 聖徒니 性이 剛果하야 通內外學하고 以風節로

自持러니 遊歷罷에 歸隱故廬하야 跡不入俗하고 常閉門宴坐하며

非行誼高潔者면 莫與友也라 名公貴人이 累以諸刹로

招之호대 堅不答이러니 時有童行하니 名은 參己라 欲爲僧하야

侍左右러니 顏이 識其非器하고 作釋難文하야 以却之曰知子는

莫若父요 知父는 莫若子라하니 若予之參己는 非爲僧器니라

蓋出家爲僧이 豈細事乎아 非求安逸也며 非求溫飽也며

非求蝸角利名也라 爲生死也며 爲衆生也며 爲斷煩惱하고

出三界海하야 續佛慧命也니라 去聖時遙하야 佛法이 大壞어늘

汝가 敢妄爲爾리오 寶梁經에 云比丘가 不修比丘法하면

大千에 無睡處라하고 通慧錄에 云爲僧에 不預十科하면 事佛에

徒勞百載라하니 爲之不難을 得乎아 以是觀之컨대 予도

濫厠僧倫하야 有詒於佛이온 況汝爲之耶아 然이나

出家爲僧호대 苟不知三乘十二分敎와 周公孔子之道하며

不明因果하며 不達己性하며 不知稼穡艱難하며

不念信施難消하고 徒飮酒食肉하며 破齋犯戒하고 行商坐賈하며

偸姦博奕하며 覰覦院舍하고 車蓋出入하야 奉養一己而已라
悲夫인저 有六尺之身而無智慧를 佛謂之癡僧이라하고
有三寸舌而不能說法을 佛謂之啞羊僧이라하고 似僧非僧하며
似俗非俗을 佛謂之鳥鼠僧이라하며 亦曰禿居士라하니라
楞嚴經에 曰云何賊人이 假我衣服하고 裨販如來하야
造種種業고하시니 非濟世舟航也요 地獄種子爾니라
縱饒彌勒下生인들 出得頭來야 身은 已陷鐵圍하야 百刑之痛이
非一朝一夕也니라 若今爲之者가 或百或千이며 至千萬計로대
形服而已라 篤論其中컨댄 何有哉리오 所謂鶩翰而鳳鳴也니라

碌碌之石이 非玉也며 蕭敷艾榮이 非雪山忍草也니라
돌모양/〃/조사/돌 아닐/옥/종결사 쑥/펼/쑥/영화 아닐/눈/뫼/참을/풀/종결사

國家度僧은 本爲祈福이어늘 今反責以丁錢하야 示民於僧不然하니
나라/집/제도할/중 근본/위할/빌/복 이제/도리어/꾸짖을/써/장정/돈 보일/백성/조사/중/아니/그럴

使吾徒로 不足待之之至也로다 只如前日에 育王璉과
하여금/나/무리 아니/만족/대우할/대명사/조사/지극할/종결사 다만/같을/앞/날 육왕 연(법명)

永安嵩과 龍井淨과 靈芝照는 一狐之腋이요 自餘는 千羊之皮라
영안 숭(법명) 용정 정(법명) 영지 조(법명) 한/여우/조사/겨드랑이 부터/나머지 천/양/조사/가죽

何足道哉아 於戲라 佛海穢滓가 未有今日之甚也하니
어찌/만족/말할/종결사 감탄사 부처/바다/더러울/찌꺼기 아닐/있을/지금/날/조사/심할/종결사

可與智者道요 難與俗人言이니라
가할/더불/지혜/사람/말할 어려울/더불어/세속/사람/말씀

| 저자 |

희안希顔: 송대 승려. 법호는 설계雪溪. 성품이 강직하고, 내·외전의 학문을 통달하였으며, 풍모와 절개로써 벗을 가렸다. 밭을 갈다가 벌레가 밟혀 죽는 것을 보고 매년 해태海苔(바다 김) 360근을 사다가 하루에 해태 한 근과 죽만 먹고 살았다고 전해진다.

| 요지 |

'참기參己'라는 행자가 승려가 되려고 희안스님을 시봉하자, 희안은 그가 승려의 그릇이 아닌 줄 알고서 승려되기 어려운 이유를 『보량경』과 『능엄경』의 구절을 인용하여 설명하고서 당시 승려들의 세태를 비판하였다.

| 해석1 |

希顏·首座의 字는 聖徒니
　1　　2　　　3　　4

희안 수좌의 자는 '성도'인데

性이 剛·果하야 通·內外·學하고 (以)·風·節로 自·持러니
1　　2　3　　　6　4　　5　　　(로써) 7　8　　9　10

성품이 강직하고 과감하여 내·외전의 학문을 통달하고, 풍모와 절개로써 스스로 지녔더니

遊歷·罷에 歸·隱·故·廬하야
1　2　3　　3　6　4　5

행각을 마침에 돌아와 옛 오두막에 은거하여

跡·不·入·俗하고 常·閉·門·宴·坐하며
1　4　3　2　　　5　7　6　8　9

자취를 세속에 들이지 않고 항상 문을 닫고 편안히 좌선하였으며

20. 釋難文　361

非·行·誼·高潔·者면 莫·與·友·(也)라
5   1   2   3   4   8 6 7 (종결)

행실과 의리가 고결한 자가 아니면 더불어(함께) 벗하지 않았다.

名公·貴人이 累·(以)·諸刹로 招·(之)호대 堅·不答이러니
  1   2   3 (로써) 4   5 (대명사) 6 7

공경대부와 귀인들이 누차 여러 사찰로써 그를 불렀으되 (그는) 확고하여 응답하지 않았더니

時·有·童·行하니 名은 參己라 欲·爲·僧하야 侍·左右러니
1 4 2 3   5   6   11 8 7   10 9

그때 어린 행자가 있었는데 이름은 '참기'였다.(→ '참기'라 불리는 어린 행자가 있었는데) (그가) 중이 되어 곁에서 (스님을) 시봉하고자 하였더니

顔이 識·其·非·器하고 作·釋難文하야 (以)·却·之·日
 1   5 2 4 3   7   6   (~써) 9 8 10

희안이 그가 법기가 아님을 알고는 「석난문」을 지어 그를 물리치며 다음과 같이 말하였다.
→ 여기까지는 편집자가 서술한 것이고, 아래부터 「석난문」의 내용이다.

【어휘해설】

希顔(희안): 「석난문」의 저자.
首座(수좌): 총림의 높은 수행자.
剛果(강과): (성품이) 강건하고 과감하다.
通內外學(통내외학): 내전과 외전의 학문에 통달하다.

362 緇門

遊歷罷(유력파): 행각(만행, 유행)하는 것을 마치다.
歸隱故廬(귀은고려): 돌아와서는 옛 오두막(토굴)에 은거하다.
莫與友(막여우): 더불어 벗삼지 않다.
名公貴人(명공귀인): 이름이 있는 공경대부와 귀한 사람들.
以諸刹招之(이제찰초지): 여러 사찰로써 그를 부르다. 즉 사찰의 주지로 임명한다는 뜻.
堅不答(견부답): 확고하여 대답하지 않다.
侍左右(시좌우): 옆(좌우)에서 시봉한다.

【보충설명】

內外學: 불가에서는 불경과 선어록을 내전內典으로 삼고, 유교와 도교 등 제자백가를 외전外典으로 삼는다. ㊟性聰

| 해석2 |

知·子는 莫·若·父요 知·父는 莫·若·子라하니
 2   1   5 4 3   7   6   10 9 8

'아들을 아는 자로는 아비만 한 이가 없고, 아비를 아는 자로는 아들만 한 이가 없다.'
라 했으니

若·予·(之)·參己는 非·爲·僧·器니라
 3 1 (~의)   2   7 6 4 5

나의(우리) 참기와 같은 경우는 승려의 법기가 되지 않는다.

20. 釋難文 363

蓋·出家·爲·僧이 豈·細·事·(乎)아
1　2　4　3　　5　6　7　(종결)

대저 출가하여 승려가 되는 것이 어찌 작은 일이겠는가?

非·求·安·逸·(也)며 非·求·溫·飽·(也)며
4　3　1　2　(종결)　8　7　5　6　(종결)

안락하고 편안함을 구하는 것도 아니며, 따뜻하고 배부름을 구하는 것도 아니며

非·求·蝸·角·利·名·(也)라
6　5　1　2　3　4　(종결)

달팽이 뿔 같은 (작은) 이익이나 명예를 구하는 것도 아니다.

爲·生死·(也)며 爲·衆生·(也)며
2　1　(종결)　4　3　(종결)

생사를 (해결하기) 위함이며 중생을 (구제하기) 위함이며

爲·斷·煩惱하고 出·三界·海하야 續·佛·慧命·(也)니라
9　2　1　　5　3　4　　8　6　7　(종결)

번뇌를 끊고 삼계의 고해를 벗어나 부처님의 혜명을 잇기 위함이다.

去·聖·時·遙하야 佛法이 大·壞어늘
3　1　2　4　　5　　6　7

성인이 계셨던 때와의 거리가 멀어져서 불법이 크게 무너졌거늘

汝가 敢·妄·爲·爾리오
1　2　3　5　4

네가 감히 망령되게도 그렇게(스님이) 되리오?

【어휘해설】

豈細事乎(기세사호): 어찌 작은 일이겠는가? 豈~乎: 반어적 표현.

溫飽(온포): 따뜻하고 배부른 것.

蝸角利名(와각이명): 달팽이 뿔과 같은 세속의 이익과 명예. 蝸角은 매우 작은 사물을 비유적으로 표현한 말.

續佛慧命(속불혜명): 부처님의 혜명을 잇다.

去聖時遙(거성시요): 성인의 때(이 계시던 때)와의 거리가 멀다. 즉 부처님이 계셨던 때와는 멀리 떨어져 있다.

敢妄爲爾(감망위이): 감히 망령되이 그렇게(승려가) 되겠는가? 爾는 '그와 같이, 이와 같이'로 해석됨. 즉 승려를 가리킴.

| 해석3 |

寶梁經에 (云)호대 比丘가 不·修·比丘·法하면 大千에 無·唾·處라하고
1   (뒷구절)   2   6 5   3   4   7   10 8 9

『보량경』에 이르되 "비구가 비구의 법을 닦지 않으면 대천세계에 침 뱉을 곳도 없다."라 하였고(云)

通慧錄에 (云)호대 爲僧에 不·預·十科하면 事·佛에 徒·勞·百·載라하니
1   (뒷구절)   2   5 3   7 6   8 9 11 10

『통혜록』에 이르되 "승려가 되어 십과에 참여하지 못하면 부처님을 섬김에 한갓 평생토록 수고로울 뿐이다."라 했으니(云)

爲·(之)·不·難을 得·(乎)아
　1　(대명사)　3　2　　4　(종결)

그것이(승려가) 됨이 어렵지 않음을 얻겠는가?(→ 승려가 됨이 어렵지 않을 수 있겠는가? 승려가 됨이 어렵다는 것을 반어적으로 표현함.)

(以)·是·觀·(之)컨대
(로써)　1　2　(대명사)

이로써 그것을 보건대

予도 濫·厠·僧倫하야 有·詒·(於)·佛이온 況·汝·爲·(之)·(耶)아
1　　2　4　3　　　7　6　(~에)　5　　8　9　10　(대명사)　(종결)

나도 외람되이 승려의 무리에 섞여 부처님께 게으름이 있거늘, 하물며 네가 그것(승려)이 되겠는가?

【어휘해설】

不預十科(불예십과): 십과에 참여하지 못하다.
徒勞百載(도로백재): 한갓(헛되이) 백년(일생)을 고생하다.
濫厠僧倫(남치승륜): 외람되이 승려의 무리에 끼이다(들다).
　　-厠: (측) 측간/(치) 섞이다.
有詒於佛(유태어불): 부처님께 게으름이 있다.

【보충설명】

十科: 당나라 때 도선道宣이 찬술한 『속고승전』에 의하면 승려가 힘써야 할 열 가지 과목으로 번역翻譯, 해의解義, 습선習禪, 명률明律, 감통感通, 유신遺身, 독송讀誦, 호법護法, 흥복興福, 잡과雜科를 나열하였다.

| 해석4 |

然이나 出家·爲·僧호대 苟·不·知·三乘·十二分敎와 周公·孔
1   2 4 3   5 12 11 6   7   8

子·(之)·道하며
9 (~의) 10

그러나 출가하여 승려가 되고서도 진실로 삼승십이분교와 주공·공자의 도를 알지 못하며

不·明·因果하며 不·達·己·性하며
3 2 1   7 6 4 5

인과에 밝지 못하며, 자기의 성품을 통달하지 못하며

不·知·稼·穡·艱難하며 不·念·信·施·難·消하고
5 4 1 2 3   11 10 6 7 9 8

씨뿌리고 거두는 것(농사일)의 어려움을 알지 못하며, 신도들의 시줏물을 녹이기 어려움을 생각하지 못하고

徒·飮·酒·食·肉하며 破·齋·犯·戒하고
1 3 2 5 4   7 6 9 8

한갓 술을 마시고 고기를 먹으며 재법齋法을 깨트리고 계율을 어기고

行·商·坐·賈하며　偸·姦·博·奕하며
1　2　3　4　　5　6　7　8

돌아다니며 장사하고 들어앉아 물건을 팔며, 도둑질과 간음에 장기 두고 바둑 두며,

覬覦·院舍하고　車蓋·出入하야　奉養·一·己·(而已)라　悲·(夫)인저
2　1　　　3　4　　　7　5　6　(종결)　　8　(종결)

사찰을 엿보고, 덮개 달린(화려한) 수레로 출입하면서 하나의 자기 몸만을 봉양할 뿐인지라, 슬프도다!

【어휘해설】

三乘十二分教(삼승십이분교): 삼승은 성문·보살·연각, 십이분교는 부처님의 일대시교를 열두 가지로 분류한 것.

稼穡艱難(가색간난): 농사짓는 것의 어려움.

破齋犯戒(파재범계): 재법을 깨뜨리고 계를 범함. 齋戒는 술과 육식 등을 삼가고 마음과 몸가짐을 깨끗이 하는 것을 말함.

行商坐賈(행상좌고): 돌아다니면서 장사하고 앉아서 파는 것.

偸姦博奕(투간박혁): 도둑질과 간음과 장기와 바둑.

覬覦院舍(기유원사): 사찰을 노리며 엿보다. 사찰을 차지하려고 기회를 엿보는 것을 말함.
　-覬覦: 분수에 넘치는 야심으로 기회를 노리고 엿봄.

車蓋出入(거개출입): 덮개 달린(화려한) 수레로 출입하다.

悲夫(비부): 슬프도다! 夫는 구절 끝에 쓰여 감탄이나 의문을 표시하는 조사로 쓰임.

| 해석5 |

有·六尺·(之)·身·(而)·無·智慧를 佛·謂·(之)·癡僧이라하고
  3   1   (~의) 2 (역접) 5   4   6 8 (대명사) 7

6척의 몸은 있으나 지혜가 없는 이를 부처님께서 그를 '어리석은 중'이라 하였고

有·三寸·舌·(而)·不能·說法을 佛·謂·(之)·啞羊僧이라하고
 3   1   2 (역접) 5   4   6 8 (대명사)   7

세 치 되는 혀가 있으나 설법하지 못하는 이를 부처님께서 그를 '벙어리 염소 중'이라 하였고

似·僧·非·僧하며 似·俗·非·俗을
 2 1 4 3   6 5 8 7

승려 같으나 승려가 아니며 속인 같으나 속인이 아닌 이를

佛·謂·(之)·鳥鼠僧이라하며 亦·曰·禿居士라하니라
 1 3 (대명사) 2   4 6   5

부처님께서 그를 '박쥐 중'이라 하였으며, 또는 '대머리 거사'라 하였다.

楞嚴經에 (曰) 云何·賊人이 假·我·衣服하고
  1   (뒷구절) 2   3   6 4 5

『능엄경』에 이르기를, "어찌하여 도적이 나의 옷을 빌려 입고

裨販·如來하야 造·種種·業고하니
  2   1   5   3   4

여래를 팔아 갖가지 업을 짓는가?"라고 하였으니(曰)

20. 釋難文 369

非·濟·世·舟航·(也)요 地獄·種子·(爾)니라
4　2　1　3　　(종결)　5　6　　(종결)

세상사람들을 구제하는 배가 아니라 지옥 종자일 따름이다.

縱饒·彌勒·下生인들 出得·頭·(來)아
1　　2　　3　　　5　4　(조사)

설령 미륵불이 출생하신들 머리를 내밀 수(나올 수) 있겠는가?

身은 已·陷·鐵圍하야 百·刑·(之)·痛이 非·一朝·一夕·(也)니라
1　　2　4　3　　　5　6　(~의)　7　10　8　9　　(종결)

몸은 이미 철위산에 빠져서 백 가지(온갖) 형벌의 고통이 하루아침이나 하루저녁뿐만이 아니다.

【어휘해설】

癡僧(치승): 어리석은 중.

啞羊僧(아양승): 벙어리 염소 중.

鳥鼠僧(조서승): 박쥐 중.

禿居士(독거사): 대머리 거사.

裨販如來(비판여래): 여래를 팔다.

　-裨販: 소규모 장사, 소상인을 말함. 또는 타인을 경멸하여 부르는 말로 쓰이기도 함.

非濟世舟航(비제세주항): 세상을 구하는(세상사람들을 구제하는, 고해를 건네주는) 배가 아니다.

縱饒彌勒下生(종요미륵하생): 설령 미륵이 하생하시더라도.

　-縱饒: 설사 ~일지라도.

出得頭來(출득두래): 머리를 내밀 수 있겠는가? 나올 수 있겠는가?

-得: 동사 뒤에 쓰여 가능을 나타냄. ~할 수 있다. 來: 구절 끝에 쓰여 의문을 나타내는 조사.

【보충설명】

啞羊僧: 비록 齋法과 계율을 깨트리지는 않았으나 근기가 아둔하고 지혜가 없어 좋고 나쁨과 가볍고 무거움을 구분하지 못하고 죄가 있는지 여부를 알지 못한다. 만약 승가에 일이 있어 두 사람이 다투더라도 제대로 결단을 내리지 못하고 묵묵히 말이 없으니, 마치 벙어리 양을 사람이 죽이더라도 양이 소리를 지르지 못하는 것과 같다. 또는 두 가지 뜻을 각기 비유하였으니, '啞'는 설법할 능력이 없는 것이고, '羊'은 법을 듣는 작용이 없는 것이다. ⁽性聰⁾

鳥鼠僧: 『정법염처경』에서는 "박쥐는 사람들이 새를 잡을 때는 구멍으로 들어가 쥐가 되고, 사람들이 쥐를 잡을 때는 구멍에서 나와서 새가 된다."라고 하였는데, 승가를 회피하고 세속도 회피하는 것을 '鳥鼠'라 하니, 부처님이 이를 취하여 비유로 삼았다. ⁽性聰⁾

禿居士: 승려의 모습으로 속인의 행위를 하는 자를 독거사라 한다. ⁽性⁾

| 해석6 |

若·今·爲·(之)·者가 或百·或千이며 至·千萬·計로되 形·
1　2　3　(대명사)　4　　5　　6　　　　9　7　　8　　10

服·(而已)라
11　　(종결)

과연 지금에 그것이(승려가) 된 자가 혹 백 명, 혹 천 명, 천만 명을 헤아림에 이르되 외형만 옷을 입었을 뿐인지라.

篤·論·其中컨댄 何·有·(哉)리오
　2　3　　1　　　4　5　(종결)

그 속을 오로지 따져본다면 어찌 (제대로 된 승려가) 있겠는가?

所謂·鷙·翰·(而)·鳳·鳴·(也)니라
　1　　2　3　(역접)　4　5　(종결)

이른바 맹금의 날갯짓에 봉황의 울음(을 내는 격)이다.

碌碌·(之)·石이 非·玉·(也)며
　1　(~한)　2　4　3　(종결)

자질구레한 돌멩이가 옥석은 아니며

蕭·敷·艾·榮이 非·雪山·忍草·(也)니라
1　2　3　4　　7　　5　　6　(종결)

대쑥(蕭)이 흩어져 있고, 쑥(艾)이 무성한 것(→ 흩어져 있는 대쑥과 무성한 쑥)이 설산의 인내초는 아니다.

【어휘해설】

至千萬計(지천만계): 천만을 헤아림에 이르다, 심지어 천만 명을 헤아리다.

篤論其中(독론기중): 그 속(실상)을 확실히 논한다면(따져본다면).

鷙翰而鳳鳴(지한이봉명): 맹금의 날개에 봉황의 울음.

碌碌之石(녹록지석): 이런저런 일반적인(평범한) 돌.

蕭敷艾榮(소부애영): 蕭가 흩어져 있고, 艾가 무성한 것. 드문드문 있는 쑥과 풍부하게 있는 쑥.

| 해석7 |

國家·度·僧은 本·(爲)·祈·福이어늘
　1　　3　2　　4　(위할)　6　5

나라에서 승려를 득도시킴(에게 도첩을 줌)은 본래 복을 빌기 위함인데

今·反·責·(以)·丁錢하야 示·民·(於)·僧·不然하니
1　2　4　(로써)　3　　　8　5　(~에)　6　7

지금은 도리어 정전으로써 책임지워(징수하여) 백성들에게 승려가 그렇게(기복의 역할) 하지 못함을 보이니

(使)·吾徒로 不·足·待·(之)·(之)·至·(也)로다
(하여금)　1　　4　2　3　(그것)　(~이)　5　(종결)

우리들로 하여금 족히(충분히) 그들을(승려로) 우대하지 않음이 지극하다(심하다).

只如·前日에 育王璉과 永安嵩과 龍井淨과 靈芝照는 一·
　1　　2　　　3　　　　4　　　　5　　　　6　　　7

狐·(之)·腋이요
8　(~의)　9

다만 예전의 육왕연과 영안숭과 용정정과 영지조 같은 이들은 한 마리 여우의 겨드랑이 가죽이고

自餘는 千·羊·(之)·皮라 何·足·道·(哉)아
　1　　2　3　(~의)　4　　5　6　7　(종결)

그 나머지는 천 마리 양의 가죽인지라, 어찌 충분히 말하겠는가(말해서 무엇하겠는가, 무슨 말할 가치가 있겠는가)?

於戱라 佛·海·穢·滓가 未有·今日·(之)·甚·(也)하니
　1　　2　3　4　5　　8　　6　（~의） 7　（종결）

오호라! 부처님의 바다가 더럽혀지고 때가 낀 것이 오늘날의 심함이(오늘날처럼 심한 적이) 없었으니

可·與·智者·道요 難·與·俗人·言이니라
4　2　　1　　3　　8　6　　5　　7

지혜로운 자와 더불어 말할 수 있을 뿐이요, 속인과 더불어 말하기 어렵도다."

【어휘해설】

本爲祈福(본위기복): 본래 복을 빌기 위함이다.
責以丁錢(책이정전): 정전으로 책임지우다(징수하다).
不足待之至也(부족대지지야): 족히 승려를 우대하지 않음이 지극하다.
　　　즉, 충분히 대우하지 못함이 심하다는 말임.
一狐之腋(일호지액): 한 마리 여우의 겨드랑이 털. 한 마리 여우의 겨드랑이 밑에 난 희고 아름다운 털이라는 뜻으로, 아주 값비싼 물건을 이르는 말.
自餘(자여): 그 나머지는. 같은 표현으로 其餘, 以外, 此外가 있다.
佛海穢滓(불해예재): 불법 바다의 쓰레기와 더러운 것.
於戱(오호): 감탄사. 원래 음은 '어희'이나 감탄사로 쓰일 때에는 '오호(嗚呼)'로 읽음.
可與智者道(가여지자도): 지혜로운 자와 더불어 말할 수 있다.
難與俗人言(난여속인언): 속인들과는 함께 말하기 어렵다.

독송용

希顏首座의 字는 聖徒니 性이 剛果하야 通內外學하고 以風節로
自持러니 遊歷罷에 歸隱故廬하야 跡不入俗하고 常閉門宴坐하며
非行誼高潔者면 莫與友也라 名公貴人이 累以諸刹로 招之호대
堅不答이러니 時有童行하니 名은 參己라 欲爲僧하야 侍左右러니
顏이 識其非器하고 作釋難文하야 以却之曰知子는 莫若父요
知父는 莫若子라하니 若予之參己는 非爲僧器니라 蓋出家爲僧이
豈細事乎아 非求安逸也며 非求溫飽也며 非求蝸角利名也라
爲生死也며 爲衆生也며 爲斷煩惱하고 出三界海하야 續佛慧
命也니라 去聖時遙하야 佛法이 大壞어늘 汝가 敢望爲爾리오 寶
梁經에 云比丘가 不修比丘法하면 大千에 無唾處라하고 通慧錄에
云爲僧에 不豫十科하면 事佛에 徒勞百載라하니 爲之不難을 得

乎아 以是觀之컨대 予도 濫厠僧倫하야 有詁於佛이온 況汝爲之
耶아 然이나 出家爲僧호대 苟不知三乘十二分教와 周公孔子之
道하며 不明因果하며 不達己性하며 不知稼穡艱難하며 不念信
施難消하고 徒飮酒食肉하며 破齋犯戒하고 行商坐賈하며 偸姦
博奕하며 覬覦院舍하고 車蓋出入하야 奉養一已而已라 悲夫인저 有
六尺之身而無智慧를 佛謂之癡僧이라하고 有三寸舌而不能說
法을 佛謂之啞羊僧이라하고 似僧非僧하며 似俗非俗을 佛謂之
鳥鼠僧이라하며 亦曰禿居士라하나라 楞嚴經에 曰云何賊人이 假
我衣服하고 裨販如來하야 造種種業고하니 非濟世舟航也요 地
獄種子爾니라 縱饒彌勒下生인들 出得頭來아 身은 已陷鐵圍하야
百刑之痛이 非一朝一夕也니라 若今爲之者가 或百或千이며
至千萬計로대 形服而已라 篤論其中컨댄 何有哉리오 所謂鷽翰
而鳳鳴也니라 碌碌之石이 非玉也며 蕭敷艾榮이 非雪山忍草

也니라 國家度僧은 本爲祈福이어늘 今反責以丁錢하야 示民於僧

不然하니 使吾徒로 不足待之之至也로다 只如前日에 育王璉과

永安嵩과 龍井淨과 靈芝照는 一狐之腋이요 自餘는 千羊之皮라

何足道哉아 於戲라 佛海穢滓가 未有今日之甚也하니 可與智

者道요 難與俗人言이니라

탄허 역

　　希顔首座의 字는 聖徒니 性이 剛果하고 內外學을 通하여 風節로써 스스로 가지더니 遊歷을 罷하매 故廬에 歸隱하여 자취가 俗에 入하지 않고 늘 閉門하고 晏坐하여 行誼가 高潔한 者가 아니면 더불어 벗할 수 없더라. 名公과 貴人이 여러 번 諸刹로써 招請하되 굳게 答하지 않더니 時에 童行이 있으니 名은 參己라 僧이 되어서 左右에 侍奉하고자 하거늘 顔이 法器가 아님을 알고 釋難文을 지어서 써 물리쳐 이르되 子를 앎은 父만 같음이 없고 父를 앎은 子만 같음이 없나니 나의 參己와 같은 이는 僧器가 됨이 아니로다. 대개 出家해 僧이 됨이 어찌 작은 일이랴. 安逸을 求함도 아니며 溫飽를 求함도 아니며 蝸角의 利名을 求함도 아니라 生死를 爲함이며 衆生을 爲함이며 煩惱를 끊고 三界海에 뛰어나서 佛의 慧命을 잇기 爲함이니라. 聖人에 감이 때가 멀매 佛法이 大壞했거늘 네가 敢히 되기를 바라리오. 寶梁經에 이르되 比丘가 比丘의 法을 닦지 않으면 大千에 침뱉을 곳이 없다 하고 通慧錄에 이르되 僧이 됨에 十科에 參預하지 못하면 佛을 섬김에 한갓 百載를 수고로이 한다 하니 되기가 어렵지 않다 한들 얻으랴. 이로써 觀하건대 나도 猥濫히 僧倫에 섞여서 佛에 속임이 있거든 하물며 네가 하랴. 그러나 出家해 僧이 되되 진실로 三乘十二分敎와 周公·孔子의 道를 알지 못하면 因果를 밝히지 못하며 自己의 性을 達하지 못하며 稼穡의 艱難을 알지 못하며 信施의 녹이기 어려움을 생각하지 않고 한갓 飮酒·食肉하여 齋를 破하고 戒를 犯하며 行商하거나 坐賈하고 偸姦하거나 博奕하며 院舍를 覬覦하고 車蓋로 出入하여 한 몸을 奉養할 따름이니라. 슬프다. 六尺의 身이 있으되 智慧가 없음을 佛이 痴僧이라 말하며 三寸의 舌이 있으되 能히 說法하지 못함을 佛이 啞羊僧이라 말하며 僧과 같되 僧이 아니요 俗과 같되 俗이 아님을 佛이 鳥鼠僧이라 말하며 또한 禿居士라고도 말한다 하시니라. 楞嚴經에 이르되 어찌하여 賊人이 나의 衣服을 假借하고 如來를 裨販하여 種種의 業을 짓는고 하시니 濟世의 舟航이 아니요 地獄의 種子니라 비록 넉넉히 彌勒이 下生한들 머리를 出得해 오랴. 몸이 이미 鐵圍에 陷하여 百刑의 痛이 一朝一夕이 아니니라. 若今에 하는 者가 或 百과 或 千으로 千萬計에 至하되 形服일 따름이라 그 中에 篤論컨대 무엇이 있으랴 이른바 鵞의 날개요 鳳의 鳴이니라. 碌碌한 石이 玉이 아니며 蕭敷와 艾榮이 雪山의 忍草가 아니니라. 國家에서 僧을 만드는 것은 本來 祈福하기 爲함이어늘 이제 도리어 丁錢으로써 責하여 民을 僧에게 보임이 그렇지 않으니 吾徒로 하여금 足히 優待하지 않음이 至極하도다. 다만 저 前日에 育王璉과 永安崇과 龍井淨과 靈芝照는 一狐의 腋이요 自餘는 千羊의 皮라 어찌 足히 말하랴. 於戲라. 佛海의 穢滓가 今日보다 甚함이 있지 않나니 可히 智者로 더불어 말할 것이요 俗人으로 더불어 말하기 어렵도다.

교육교재 편찬추진위원회

위원장 : 서봉스님 (대한불교조계종 교육원장 직무대행)

위원
정덕스님(동국대학교 불교학부 교수)
법장스님(해인사승가대학 학감)
오인스님(중앙승가대학교 불교학부 교수)
원법스님(운문사승가대학 교수)
박찬욱(밝은사람들 연구소장)
석길암(동국대학교 경주캠퍼스 불교학부 교수)
이자랑(동국대학교 불교학술원 HK 교수)
황순일(동국대학교 불교학부 교수)

집필진
무애스님(전 해인사승가대학 학장)
선암스님(동국대학교 불교학술원 전문연구원)

편찬 실무
대한불교조계종 교육원 불학연구소